HENRI MEISTER

SOUVENIRS
DE
MON DERNIER VOYAGE
A PARIS (1795)

PUBLIÉS
POUR LA SOCIÉTÉ D'HISTOIRE CONTEMPORAINE

PAR

PAUL USTERI
Docteur en philosophie,
Ancien professeur à l'École cantonale
de Zurich.

et

EUGÈNE RITTER
Docteur ès lettres,
Professeur honoraire de l'Université
de Genève.

PARIS
ALPHONSE PICARD ET FILS
LIBRAIRES DE LA SOCIÉTÉ D'HISTOIRE CONTEMPORAINE
Rue Bonaparte, 82

49. 1910

BESANÇON. — IMPRIMERIE JACQUIN.

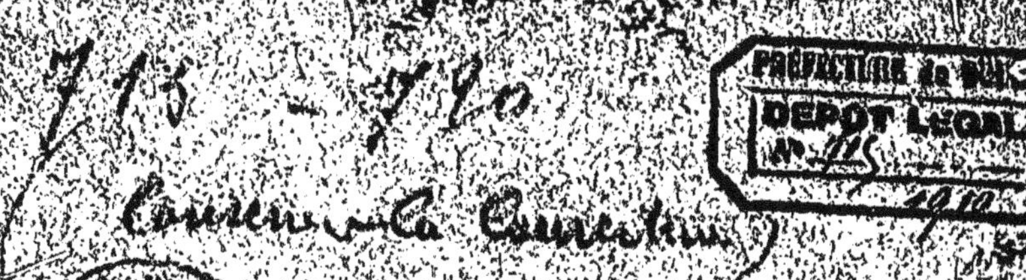

HENRI MEISTER

SOUVENIRS DE MON DERNIER VOYAGE A PARIS (1795)

PUBLIÉS
POUR LA SOCIÉTÉ D'HISTOIRE CONTEMPORAINE

PAR

PAUL USTERI
Docteur en philosophie,
Ancien professeur à l'École cantonale de Zurich,

ET

EUGÈNE RITTER
Docteur ès lettres,
Professeur honoraire de l'Université de Genève.

PARIS
ALPHONSE PICARD ET FILS
LIBRAIRES DE LA SOCIÉTÉ D'HISTOIRE CONTEMPORAINE
Rue Bonaparte, 82

1910

VOYAGE A PARIS

(1795)

EXTRAIT DU RÈGLEMENT

Art. 14. — Le Conseil désigne les ouvrages à publier et choisit les personnes auxquelles il en confiera le soin.

Il nomme pour chaque ouvrage un commissaire responsable, chargé de surveiller la publication.

Le nom de l'éditeur sera placé en tête de chaque volume.

Aucun volume ne pourra paraître sous le nom de la Société sans l'autorisation du Conseil, et s'il n'est accompagné d'une déclaration du commissaire responsable, portant que le travail lui a paru digne d'être publié par la Société.

Le commissaire responsable soussigné déclare que l'ouvrage : Souvenirs de mon dernier voyage a Paris, par Henri Meister, *lui a paru digne d'être publié par la* Société d'histoire contemporaine.

Fait à Paris, le 10 avril 1910.

Signé : Maurice Tourneux.

Certifié :

Le secrétaire de la Société d'histoire contemporaine,

B. de Lacombe.

INTRODUCTION

INTRODUCTION

I.

HENRI MEISTER. LES ANNÉES DE DÉBUT

Fils et petit-fils de pasteurs de l'Église réformée, Henri Meister [1], après avoir terminé ses études à Zurich, et avoir été consacré au saint ministère, était venu à Paris au printemps de 1766, — il n'avait pas encore vingt-deux ans, — pour y être précepteur du fils d'une jeune et jolie veuve, Mme de Vermenoux.

Dans la grande ville, il se trouva bientôt acclimaté. Sa mère appartenait à une famille française et protestante, qui s'était réfugiée en Allemagne, en sorte que la langue française était sa langue maternelle, dans le sens précis de ce mot.

En 1764, voyageant en Suisse et s'étant présenté à Jean-Jacques Rousseau dans les montagnes du Jura, et à Voltaire dans son château de Ferney, Meister avait su leur plaire. Il avait, en effet, un esprit ouvert et précoce, le charme et l'élan du jeune âge : les deux philosophes lui avaient fait un accueil flatteur.

À Paris aussi, il sut réussir dans la société lettrée où il se trouva introduit. Mme de Vermenoux était amie

1. En tête des *Lettres inédites de Mme de Staël à Henri Meister* (Paris, lib. Hachette, 1903) nous avons publié sur notre auteur une notice étendue, et nous y renvoyons le lecteur qui voudrait être renseigné plus abondamment que nous ne pouvons le faire ici.

de Mme Necker, et celle-ci avait commencé déjà à réunir autour d'elle des hommes d'esprit, des écrivains, et, parmi eux, les plus distingués de cette époque : Buffon, Diderot, d'Alembert : « C'est une petite Académie », écrivait Meister à son père, en lui parlant des réunions auxquelles il avait pu assister [1]; il fut bientôt initié à la vie littéraire de la France.

Quelques années se passèrent ainsi pour lui : heureux temps de loisir, de vie mondaine, de conversations et d'études. Quand l'éducation du jeune Auguste de Vermenoux se trouva terminée, une autre occupation se présenta pour Meister à point nommé.

Melchior Grimm, — qui comme lui était sorti d'une famille de la bonne bourgeoisie d'une ville allemande, qui comme lui était fils d'un pasteur, et comme lui était venu de bonne heure à Paris, — rédigeait depuis près de vingt ans une Correspondance littéraire qu'il adressait chaque mois à quelques princes des pays du Nord. Mais Grimm, en cela très différent de Meister, était un ambitieux, et il aspirait à quelque emploi plus décoratif. Au commencement de 1773, il allait entreprendre, à cet effet, une espèce de voyage de découverte dans les cours auxquelles il adressait sa Correspondance. Il ne s'abusait point sur ses chances d'avenir : il réussit, en effet, à plaire à l'impératrice Catherine II, et, dès lors, une nouvelle carrière s'ouvrit à lui.

Au moment de son départ, et dans l'incertitude où il était naturellement sur l'issue de son expédition, Grimm voulut que sa Correspondance littéraire continuât à paraître pendant son absence, et il eut la main heureuse en choisissant pour cela notre Meister, qui s'acquitta très

1. M. d'Haussonville a fait un intéressant tableau de ce groupe d'élite : *Le salon de Mme Necker*. Paris, 1882.

bien de cette charge. Aussi Grimm, de retour à Paris, se trouvant appelé par la confiance de l'impératrice de Russie à s'occuper d'objets plus importants, abandonna à son jeune remplaçant les bénéfices et les charges de cette Correspondance, qui devint la chose de Meister [1] et sa principale occupation. Quatorze années durant, il s'y consacra tout entier.

Dans les dernières années du règne de Louis XVI, le moment vint où Meister, qui n'avait fait jusqu'alors que rendre compte des ouvrages d'autrui, et qui était arrivé à l'âge mûr, se jugea enfin capable d'entrer à son tour dans la lice. Son premier écrit fut un traité *De la morale naturelle*, 1787, qui eut plusieurs éditions, et fut traduit en allemand par Wieland. Un petit volume, intitulé : *Des premiers principes du système social, appliqués à la révolution présente*, 1790, eut aussi plus d'une édition. Nous lui emprunterons un chapitre : *Quelques aperçus sur les causes de la révolution actuelle*, qu'on trouvera dans nos appendices.

Meister publia ensuite des brochures de circonstance : les *Conversations patriotiques*, 1791, qui eurent trois éditions en quinze jours ; un *Entretien d'un feuillant et d'un jacobin*, 1792, réimprimé dans une édition développée des *Conversations patriotiques* [2], qui se terminait par les *Idées de milord Backward*. En anglais, *backward* signifie : *En arrière !* Meister était bien vite devenu réactionnaire, et il ne s'en cachait pas.

1. On sait que la *Correspondance littéraire* de Grimm et Meister a eu trois éditions, chacune de seize volumes. La dernière, qui est très supérieure aux autres, a été publiée par M. Maurice Tourneux : Paris, lib. Garnier, 1877-1882.

2. Mme Necker a fait compliment sur cet ouvrage à l'auteur, dans une lettre qui a été publiée : *Mélanges extraits des manuscrits de Mme Necker*. Paris, 1798, II, 133.

On verra plus loin, comme nous l'avons dit, quelques pages qui nous ont paru dignes d'être remises en lumière ; nous ne nous arrêterons pas au reste. Les *Souvenirs d'un voyage en Angleterre* sont un ouvrage meilleur.

Ils ont eu deux éditions : Meister publia la première en 1791, aussitôt après un séjour à Londres, qui n'avait pas duré plus de quinze jours, a-t-il dit : ce n'avait été pour lui qu'une courte distraction, après laquelle il revint à Paris, comme si cette ville allait demeurer habitable. Il y était encore au 10 août 1792, et dans les semaines de trouble qui suivirent cette journée, il reconnut qu'il avait trop tardé à se mettre en sûreté. Avec quelque peine, il réussit à sortir de France et il se réfugia en Angleterre, où, cette fois, il passa six mois.

La Suisse était sa patrie ; il y avait des parents, des amis ; il alla les rejoindre à Zurich, et c'est là qu'il passa la seconde moitié de sa vie, dans une modeste aisance, en philosophe, en homme de lettres. Un de ses premiers soins fut de reprendre et de développer ses *Souvenirs d'un voyage en Angleterre* [1].

Depuis le temps où, sous les Valois, le poète Claude de Buttet disait à un ami inconnu :

> Tu verras donc l'écartée Angleterre,
> Et les terrois du froid Septentrion !

il y a beaucoup de Français qui, après un séjour dans les îles britanniques, ont raconté leurs impressions à leurs compatriotes. Béat de Muralt [2], Voltaire, — et Taine de

1. La première édition, publiée à Paris, n'avait qu'un seul volume de 168 pages in-18. La seconde édition (*Souvenirs de mes voyages en Angleterre*, Zurich, 1795, in-12 ; tome Ier, xij et 301 pages ; tome II, 300 pages) dut avoir quelque succès ; car elle fut réimprimée : Zurich et Paris, an IV, 1795, in-8 ; tome Ier, 169 pages ; tome II, 219 pages.

2. L'un de nous a donné une édition de son livre : *Lettres sur les An-*

nos jours, dans ses *Notes sur l'Angleterre*, — ont mérité les premières places dans ce groupe nombreux et divers. Mais ceux du second rang sont intéressants aussi à lire. On peut citer, entre autres, quelques pages de Davity [1], qui est le premier en date, et quelques lettres de Le Pays [2]. Le lecteur ne trouvera pas mauvais que nous placions ici des extraits des *Souvenirs* de Meister. Ils se rapportent, les uns à son premier voyage, les autres au séjour qu'il a fait à Londres pendant les six premiers mois du gouvernement de la Convention.

II.

PREMIER VOYAGE EN ANGLETERRE

La première impression que j'ai reçue, au sortir de l'agonie où j'avais été pendant les dix ou douze heures que dura notre traversée, est cette espèce de surprise dont il est impossible de se défendre, en voyant combien un pays placé à si peu de distance de notre continent offre d'aspects tout à fait divers, relativement à la nature même du sol, à celle de l'atmosphère qui l'entoure, aux formes de l'architecture, aux coutumes, au langage, au maintien des hommes qui l'habitent.

Je n'avais pas encore fait cinquante pas sur le rivage britannique, que je crus avoir, de la liberté de mon existence, un sentiment que je n'avais jamais éprouvé au

glais et les Français (1725) publiées avec une notice sur l'auteur, par Eugène Ritter. Berne et Paris, 1897, xx et 394 pages.

1. *Les États, empires et principautés du monde*, 1613. Le livre de ce cosmographe trop oublié a eu un grand et long succès; il peut encore être feuilleté avec agrément, et consulté avec profit. Il a compté plus de quinze éditions : celle de 1637 a cinq volumes in-folio, et celle de 1660 en a six. Pierre Davity était le Reclus de son époque; il valait bien le nôtre.

2. *Amitiés, amours et amourettes*. Livre II, lettres 33 et 36.

même point, pas même le jour où, à la suite d'autres héros curieux comme moi, j'eus l'honneur de fouler d'un pas triomphant les premiers décombres de la Bastille.

Je veux bien croire qu'il n'est point de pays où la liberté ne puisse établir son auguste empire; mais elle régnera toujours plus facilement au milieu des orages de la mer, ou à l'abri de rochers escarpés, que dans de vastes et fertiles plaines [1]. L'insulaire, protégé par l'élément qui l'environne, tant qu'il a cette puissance pour amie, n'en a point d'autre à redouter, et tout l'invite à se la rendre favorable : car les soins qu'il est obligé de prendre habituellement pour assurer sa subsistance ou pour accroître sa richesse, deviennent en même temps pour lui les moyens les plus puissants de force et de défense; sa marine est tout à la fois son industrie et son armée. Il est chez lui quand il veut; il n'est chez les autres qu'autant qu'il en a besoin. Un peuple insulaire est appelé, par la force même des circonstances, au commerce, à la liberté, à l'égoïsme : à cet égoïsme du moins qui l'isole en quelque manière des autres nations, et lui permet de n'entretenir avec elles que les seuls rapports qui peuvent convenir à ses goûts, à ses intérêts, à son ambition.

Je n'ai vu de l'Angleterre que la route de Douvres à Londres, et quelques campagnes aux environs de la capitale; mais ce qui m'avait frappé d'abord en arrivant : je ne sais quel air de propreté, de propriété, de sécurité, que je n'avais encore vu nulle part, m'a frappé également dans tous les lieux que j'ai parcourus; c'est là vraiment le charme qui distingue et qui embellit cette heureuse contrée, à qui d'ailleurs la nature a refusé bien des

1. C'est ce qui faisait dire un jour à M. Walpole : « Il n'y a qu'à noyer la moitié de l'Europe, pour assurer le bonheur de l'autre. » *(Note de Meister.)*

avantages qu'elle s'est plu à prodiguer à d'autres climats.

Il me semble qu'en attachant au mot de liberté ces idées superficielles dont le vulgaire des hommes, et quelquefois même celui des philosophes, s'enivre si facilement, l'étranger qui n'en eût jugé que sur le premier coup d'œil, aurait pu préjuger qu'il existait en France, et longtemps avant la Révolution, plus de liberté qu'il n'en existe en Angleterre. On ne retrouve point chez les Anglais cette légèreté, cette facilité de maintien, d'habitude, de mouvement, qui semble éloigner toute apparence de gêne et de contrainte. En France, le peuple conservait, sous les haillons mêmes de la misère, je ne sais quel air de confiance, et de courage prêt à tout affronter. Quelque pesante que fût sa chaîne, il la soulevait si gaiement que sa démarche n'en paraissait ni plus timide, ni plus embarrassée. Abandonné à lui-même, on ne voyait pas ce qui pouvait l'arrêter ou le contenir; placé entre son insouciance et sa vanité, heureux esclave, il avait l'air d'être plus libre que tous les sages et tous les rois de la terre.

Si j'ose en croire ce premier aperçu, sur lequel on juge quelquefois mieux que sur de lentes observations la physionomie d'un peuple comme celle d'un individu, les Anglais me paraissent plutôt porter dans leur extérieur le caractère d'une assurance réfléchie, que celui de cette aisance naturelle qui ne doute de rien, qui se met au-dessus de tout, et qu'on est fort tenté de prendre pour de la liberté, lorsqu'on ne s'est pas encore fait une juste idée de la seule espèce de liberté dont une société bien ordonnée puisse être susceptible.

Un Français, sous l'ancien régime, par son air, par ses manières, semblait dire à l'univers : « Je suis le maître de faire tout ce qui me plaît. Il est d'étranges caprices dont mon existence peut dépendre à chaque instant; mais avec de la grâce et de l'adresse, avec de la bravoure et de l'honneur, il n'est point de pouvoir, quelque arbitraire qu'il soit, auquel je n'aie le moyen d'échapper plus ou moins heureusement. Peu m'importent tous les liens dont on cherche à m'envelopper, lorsqu'il n'en est aucun que je ne parvienne à rompre à force d'esprit, d'audace et d'impatience. »

Un Anglais annonce un sentiment de son être moins vague et moins métaphysique. Il est un empire auquel il a l'habitude d'être soumis ; mais cet empire, il l'aime, il le respecte : c'est celui de la loi. Il sait tout ce que cette loi lui permet ; ce qu'il sait mieux encore, c'est tout ce qu'elle lui assure ; et là-dessus reposent la douce confiance et la noble sécurité de sa pensée et de son maintien. Il ne croit pas pouvoir tout oser ; mais satisfait de ses droits, il est bien sûr de ce qu'il est, de ce qu'il a, de ce qu'il peut, de ce que lui doivent les autres, de ce qu'il leur doit lui-même.

C'est une remarque dont je fus frappé d'abord dans une circonstance assez peu importante, et c'est par cette raison peut-être qu'elle me frappa davantage : au premier pourboire que me demandèrent les porteurs du paquebot, je ne reconnus point cette importunité tour à tour indiscrète et polie, à laquelle on est si accoutumé en France ; c'était un compte précis, détaillé pour chaque objet, dont on exigeait le paiement, sans rudesse, à la vérité, mais sans aucun de ces artifices avec lesquels on tâche de séduire, au hasard d'obtenir quelquefois beaucoup plus, quelquefois beaucoup moins qu'il n'est dû. Chacun dans ce pays, depuis le premier lord jusqu'au dernier *coachman*, paraît savoir plus précisément que partout ailleurs *what is fair*, quel est le droit de chacun [1].

1. Littéralement : *ce qui est juste*.

En Angleterre, tout vous annonce que la simple dignité de l'homme y est plus respectée qu'en aucun pays du monde. Les individus des dernières classes y sont tous mieux vêtus, mieux nourris, mieux logés, souvent même, à ce qu'on m'a dit, sans avoir plus de moyens et de ressources que nos pauvres journaliers français. L'opinion, je ne sais quel respect public, les engage à prendre plus de soins d'eux-mêmes, à vivre avec plus d'ordre et de prévoyance. Chez nous, l'espèce des gueux, comme celle des grands seigneurs, semble portée naturellement à la magnificence, à la dissipation ; on peut être prodigue de ses guenilles comme de ses châteaux ; on peut porter l'esprit de calcul et d'économie jusque dans l'emploi du plus modique produit de ses peines et de son labeur.

La route de Douvres à Londres est, comme vous pouvez croire, une des plus fréquentées ; c'est dans la plus belle saison, et par une des plus belles journées, que j'ai fait cette route, sans rencontrer plus de deux voyageurs à pied, et c'étaient des garçons de métier, étrangers : car ils chantaient une chanson allemande.

Ce que je n'ai pu me lasser d'admirer, c'est cette multitude d'enclos de haie vive, bien soignés, bien entretenus ; c'est la grande propreté qui décore les habitations les plus simples, qui donne, même dans les villages, aux plus minces boutiques, un air d'abondance et de richesse.

Accoutumé, comme je l'étais, au bruit tumultueux de notre Assemblée nationale, vous ne serez pas surpris si je le fus beaucoup, la première fois que j'assistai à une séance de la Chambre des communes, d'y trouver tant de décence, d'ordre et de tranquillité. Quel ne fut pas encore mon étonnement, lorsque j'entendis l'orateur (*the speaker, le président*) de la Chambre ouvrir la séance par une assez longue prière, qui me parut écoutée par toute l'assemblée avec le recueillement du respect! Je n'y voyais pourtant ni archevêque, ni curé, ni moine, ni vicaire. Il est aussi très vrai que la nation qui occupait les tribunes de cette salle ne ressemblait guère à la nation qui remplit avec tant de majesté celles de notre auguste Manège [1]; je n'y remarquai personne qui ne fût fort honnêtement vêtu : ce qui seul vous montre assez combien l'aristocratie conserve encore d'influence chez ce peuple prétendu libre. On m'assura que pour peu que l'auditoire se rendît importun, il suffisait de la réquisition d'un seul membre de la Chambre pour en être débarrassé.

Les règlements de discipline intérieure sont aussi d'une grande sévérité: un honorable membre qui, par ses discours ou par ses actions, aurait osé les enfreindre, est fort bien envoyé sur-le-champ à la Tour; et si la faute est plus grave, condamné même à demander pardon à genoux, à la barre de la Chambre.

On me montra un de ces messieurs, à qui des discours fort inconsidérés firent éprouver, il y a quelques années, une pareille humiliation. C'était un mauvais plaisant : il s'y soumit; mais en se levant, il s'essuya les genoux avec son coude, et dit, assez haut pour être entendu : *I never saw so dirty a house in my life* : « De mes jours, je ne vis une chambre si sale. »

J'ose vous prédire qu'après les terribles secousses que vient d'éprouver la France, ce ne sera jamais qu'avec la plus extrême réserve, qu'avec la plus excessive circonspection, qu'ils [*les Anglais*] tenteront de perfectionner le mode de leur représentation nationale, ou d'en préve-

1. C'est dans la salle du Manège que l'Assemblée constituante, l'Assemblée législative et la Convention ont successivement siégé, depuis l'automne de 1789 jusqu'au printemps de 1793.

nir les abus. Ils penseront comme ce spirituel israélite [1], à qui nos jacobins demandaient bonnement s'il n'était pas persuadé que la révolution de France gagnerait incessamment tout le reste de l'Europe : « Je ne sais, leur répondit-il ; mais il me semble qu'en général ce n'est que lorsqu'on est bien sûr d'être malade, qu'on se détermine à passer les grands remèdes. »

Je me suis fait conduire l'autre jour à [la prison de] Newgate. Oh ! quel affreux spectacle ! En traversant les cours où sont rassemblés les prisonniers qu'on laisse jouir de cette faveur, j'en fus assailli comme d'un essaim de harpies ; je n'en fus délivré qu'en leur jetant une poignée de petite monnaie, sur laquelle ils se précipitèrent avec autant de rapacité que le pourraient faire des animaux sauvages sur la nourriture dont ils auraient été privés depuis plusieurs jours. Ceux qui sont renfermés me tendaient la main à travers les barreaux, avec des cris tout à fait déchirants. Le geôlier qui m'accompagnait, d'un mot, d'un geste, se faisait obéir au milieu de tous ces hurlements, comme un piqueur par une meute de chiens. Il me montra la fenêtre de la chambre qu'occupait milord Gordon, pour avoir fait un libelle contre la reine de France.

En France, c'est lorsque nos ci-devant grands seigneurs s'étaient ruinés, qu'ils allaient s'exiler dans leurs châteaux. En Angleterre, quand leur fortune est dérangée, ils vont se cacher à Londres, ou voyagent, car les voyages sont pour eux une véritable économie ; ils n'habitent leurs terres qu'autant qu'ils peuvent y faire la dépense convenable à leur rang et à leur naissance. Jugez par ce seul trait de l'espèce de considération très différente dont la

1. M. Ephraim, de Berlin, alors chargé d'affaires de la cour de Prusse à Paris. (*Note de Meister.*)

haute noblesse devait jouir dans les deux royaumes. Dans l'un, elle ne se montre au peuple des provinces que pour y répandre l'abondance et le bonheur; dans l'autre, on ne l'y voyait que pour chercher des ressources, et quelquefois avec toute l'injustice et toute l'humeur que donnent l'embarras et l'ennui de la mauvaise fortune.

On sait qu'au retour de son voyage en Angleterre, M. de Lauraguais eut l'impolitesse de dire : « Qu'il n'avait trouvé dans ce pays de poli que l'acier, de fruits mûrs que les pommes cuites. »

III.

SECOND SÉJOUR A LONDRES

Je vous avais dit, après mon premier voyage à Londres, que j'y croyais avoir remarqué plus de beaux hommes que de belles femmes. Depuis que j'ai vu cette ville en hiver, dans toute la richesse de sa population, je ne tiens plus à ma remarque. Je pense qu'il n'existe peut-être nulle part en Europe autant de belles personnes des deux sexes, surtout autant de formes de visage aussi régulières, je dirais volontiers : aussi *largement*, aussi complètement finies.

Il semble impossible d'être belle comme une Anglaise, sans éprouver habituellement ce calme, cette sérénité d'âme qui supposent toujours, ou l'indépendance la plus parfaite de tout besoin pénible, ou beaucoup d'empire sur soi-même, une grande supériorité d'esprit, de force ou de caractère. Chez ce peuple, tous les traits, tous les linéaments de la figure sont plus pleins, plus terminés qu'on ne les voit en France, en Suisse, en Allemagne; ils le sont — du moins dans les belles têtes de *femmes* — sans dureté, sans exagération. Ce qu'un œil trop sévère en pourrait apercevoir encore, se perd heureusement dans le caractère de douceur qui ne distingue pas moins leur physionomie que cet air de repos et de dignité, sans lequel la beauté même cesserait d'être belle.

A Paris, on serait tenté de croire que la nature n'a souvent fait qu'ébaucher le visage de nos jolies femmes, pour laisser à leur coquetterie le soin de varier ou d'achever son ouvrage à leur fantaisie, peut-être aussi, crainte de gâter l'extrême bonheur d'une première idée. C'est vous dire assez, je pense, que mon admiration pour les beautés anglaises n'a pu me faire oublier combien nos femmes jolies sont jolies, ni quelle grâce vive et piquante pare, anime, embellit celles même qui le sont le moins.

Des Italiens m'ont avoué qu'ils ne croyaient pas avoir rencontré, dans toute l'Italie, autant de têtes régulièrement belles qu'à Londres et dans les environs. Ce qui fait ressortir sans doute encore la régularité des traits, c'est la blancheur éclatante de la peau. Sous ce rapport, les inconvénients du ciel nébuleux de l'Angleterre sont peut-être aussi favorables à la fraîcheur du teint qu'à celle des gazons et de toutes les espèces différentes de verdure, qui donnent aux jardins anglais tant d'agrément et de charme.

Je ne puis m'empêcher cependant d'observer ici que le teint des beautés anglaises a peut-être, en général, moins d'attrait qu'il n'a d'éclat. De loin, c'est une blancheur éblouissante; de près, on pourrait la désirer plus vive, plus animée.

La manière de vivre la plus habituelle des femmes anglaises diffère beaucoup de celle des nôtres, et doit produire des effets fort différents. D'abord, elles vivent beaucoup plus entre elles, et beaucoup plus séparées de la société des hommes. La disposition même de l'intérieur des maisons, l'arrangement du service domestique, leur imposent une gêne continuelle. On ne sait presque pas à Londres ce que c'est qu'un suisse ou un portier. On ne reçoit les visites que dans un salon, dans une espèce de parloir, et cette pièce est presque toujours au rez-de chaussée. La chambre à coucher d'une femme est un sanctuaire dont un étranger n'approche jamais.

Tous ces embarras sont tellement réels, tellement pénibles, que la femme même la plus galante ne saurait l'être chez elle. Quelque grande dame qu'elle puisse être, elle est réduite à donner ses rendez-vous dans des maisons secrètes, à la sortie des promenades, du bal ou des spectacles.

Les hommes, en Angleterre, passent à cheval, dans les promenades, à la chasse, aux spectacles, dans les tavernes, et surtout dans leurs clubs, tout le temps qu'ils peuvent se dispenser de donner aux affaires publiques, ou bien à leurs affaires particulières. Dans l'intérieur du ménage, il n'y a même qu'une petite partie des longues heures consacrées au plaisir de la table, où les femmes soient admises à partager la société des hommes. Quand on a levé la nappe, et qu'on l'a remplacée par de petits mouchoirs de toile peinte, quand les bouteilles de madère ou de bourgogne, de claret ou de porto, commencent à se pousser un peu vivement sur le brillant glacis de leurs belles tables d'acajou, les dames ne manquent jamais de se retirer dans leur appartement, et les messieurs oublient quelquefois tout à fait qu'après quelques heures de retraite, il leur serait permis de les y suivre.

J'ai vu sans doute des assemblées de jeu, de danse, des espèces de fêtes où les personnes des deux sexes se trouvent réunies. Mais ces rassemblements de la bonne compagnie ne sont jamais plus admirés que lorsqu'ils sont excessivement nombreux, lorsqu'ils ont tout l'inconvénient d'une véritable cohue. On est bien loin de pouvoir s'y parler, car c'est un hasard heureux de pouvoir s'y reconnaître. Mme la princesse d'A[nspach], à qui l'on avait voulu donner les honneurs d'une pareille soirée, la trouva si magnifique et si brillante, qu'arrivée un peu tard, il lui fut impossible de pénétrer jusqu'au haut de l'escalier de la maison où l'on avait préparé si péniblement l'étrange fête dont elle était le principal objet.

Ici comme en France, on ne parle, on ne lit, on ne rêve que révolution : ceux qui la craignent et ceux qui l'espèrent s'en occupent également. Le nombre des ouvrages, des pamphlets et des caricatures révolutionnaires qui ont paru depuis dix-huit mois, est prodigieux. Dans le nombre des premiers, il faut distinguer les écrits de Thomas Payne, dont l'influence eut déjà tant de part à la révolution de l'Amérique. Le succès de ses *Rights of man* ne peut se comparer qu'à celui qu'eurent en France les premières brochures d'Emmanuel Sieyès.

Il n'y a guère que deux papiers-nouvelles[1] qui soient rigoureusement dans le sens de la Révolution : le *Morning Chronicle* et le *Gazetteer* ; mais tous les autres, pour conserver leurs abonnés, n'en sont pas moins forcés d'entrer dans de grands détails sur les affaires de France. Ainsi, par ceux qui veulent en dire du mal, comme par ceux qui en disent du bien, le peuple n'en est pas moins entretenu sans cesse des nouvelles les plus propres à l'étonner, à l'intéresser, à le séduire. Il n'y a que la Gazette de la cour qui n'en parle presque jamais.

Le peuple anglais est, au fond, trop juste, trop bon, trop sensible, pour méconnaître tous les avantages dont sa Constitution l'a fait jouir depuis plus d'un siècle : il

1. *Newspapers*, journaux.

conserve donc pour cette Constitution un assez grand attachement, je ne saurais en douter ; mais il n'a sûrement plus pour elle le même respect, la même idolâtrie. Les mots consacrés *King and Church* ne frappent plus aussi superstitieusement son oreille : on leur a trop associé ceux d'impôts et de taxes, pour ne pas en diminuer un peu l'enchantement. Aux spectacles, on applaudit toujours avec transport *God save the King;* mais on a vu lire plus d'une fois, sans trop de surprise, sans trop d'indignation, ces terribles mots tracés en grosses lettres au coin des rues : *No King, no Parliament.*

IV.

VOYAGE A PARIS EN 1795

Au moment où Meister venait de publier ces *Souvenirs de mes voyages en Angleterre*[1], l'horizon se rassérénait du côté de Paris. Depuis plus d'une année, l'odieux régime de la Terreur avait pris fin ; et la tentative de le rétablir, aux journées de prairial, avait heureusement échoué[2]. La République française avait signé en 1795 une suite de traités de paix : avec la Prusse, le 5 avril ; avec la Hollande, le 16 mai ; avec l'Espagne, le 22 juillet. Victorieuse, et fière d'avoir surmonté d'épouvantables crises, la Convention allait déposer ses pouvoirs, et les remettre aux Conseils établis par la Constitution de l'an III.

Mme de Staël, passionnée de Paris, y était arrivée au

1. Dans une lettre datée de Coppet, 29 septembre 1795, Necker remercie Meister de l'envoi d'un exemplaire de cet ouvrage.

2. « Le triomphe de la Convention a été aussi complet que son courage a été sublime. Les hommes de sang sont écrasés.... On veut l'ordre, la paix et la République ; et on les aura. » Lettre de Benjamin Constant à sa tante, 6 prairial an III (25 mai 1795).

printemps de 1795 [1]. Sans y voir, comme elle, le paradis, Meister aimait aussi cette ville, où il avait passé tant d'heureuses années; le soin de ses affaires l'y appelait d'ailleurs.

Quand il s'était enfui de Paris, au mois de septembre 1792, il y avait laissé ses meubles et ses livres. Les autorités révolutionnaires avaient mis les scellés sur son appartement, et puis les avaient levés, à la suite de démarches faites par son amie, Mme de Vandeul, et par Berthet, son factotum : voilà tout ce que nous savons. Ce que Meister dit, dans les premières lignes de ses *Souvenirs de mon dernier voyage*, laisse supposer qu'en revenant à Paris après trois ans d'absence, il n'y a retrouvé que quelques débris de son petit avoir.

Toujours est-il que dans l'intérêt de la correspondance littéraire qu'il avait reprise avec les princes du Nord, il lui importait de se rendre à Paris pour y renouer des relations avec les gens de lettres. Il y avait laissé des amis qu'il désirait revoir; il tenait aussi à se rendre compte du nouvel aspect que présentait cette belle ville, après de si terribles bouleversements. Étranger, et citoyen d'une République avec laquelle la France était demeurée en paix, il avait moins qu'un autre à craindre d'y retourner. A la fin de l'été de 1795, il se décida à tenter cette excursion. Il avait un compagnon de voyage, le général Montesquiou.

Celui-ci, qui avait fait la conquête de la Savoie en 1792, était devenu suspect presque aussitôt, et il avait évité la mort en passant en Suisse. Quand les temps redevinrent plus calmes, il fut un des premiers à obtenir l'autorisation

1. Elle écrivait de Lausanne à Meister, le 1er mai : « Je pars pour Paris le 10. » — Elle resta dans cette ville jusqu'au 20 décembre.

de rentrer. La Convention, dans sa séance du 30 août 1795, présidée par Chénier, entendit la lecture d'une lettre de Montesquiou, datée de Bremgarten en Argovie, où il exposait que lorsqu'un décret d'accusation vint menacer sa vie, on était « dans cette période malheureuse où le citoyen intègre a pu cesser d'obéir à des lois qui cessaient de le protéger. » Il rappelait que la Convention, au mois de décembre 1792, ayant reçu de lui un mémoire justificatif, elle avait ordonné qu'on lui en présentât l'analyse : ce qui ne fut pas exécuté. « Je demande, disait-il, l'exécution de ce décret. » Le 3 septembre, sur le rapport de Doulcet, Montesquiou fut autorisé à venir en France [1].

Meister et lui avaient atteint la cinquantaine ; tous deux avaient vécu heureux sous l'ancien régime ; ils s'entendaient ensemble en politique, leurs idées étant sages et libérales ; ils aimaient et cultivaient les lettres ; le marquis de Montesquiou avait été membre de l'Académie française ; Meister plus d'une fois, dans sa *Correspondance littéraire*, avait mentionné avec éloge, sans toutefois les surfaire, les chansons et les autres opuscules de Montesquiou.

Ils arrivèrent à Paris le mardi 22 septembre, et Meister se logea rue Gaillon. Son séjour ne dura pas deux mois : car un billet que lui adressa Montesquiou, au moment de son départ [2], est daté du 13 novembre : « Je ne puis vous répéter assez, lui écrivait-il, combien je vous regrette et combien je vous porte envie. » Pour le dire en passant,

1. Quelques jours après, le 18 septembre, Benjamin Constant écrivait à son oncle : « J'ai les meilleures espérances sur les destinées de la République. Vous aurez vu que l'on rappelle les hommes qui se sont montrés les vrais amis de la liberté. Vous aurez pris part à la justice rendue à Montesquiou. »

2. Deux jours auparavant, le mercredi 11, ils dînaient ensemble chez M. de Staël.

ces derniers mots étonnent un peu, de la part d'un exilé qui venait de rentrer dans sa patrie. On en peut conclure que Montesquiou avait trouvé en Suisse un agréable asile, et que, revenu en France, il ne s'y trouvait pas entièrement satisfait : ce qui était naturel dans un temps si troublé. Benjamin Constant, par exemple, que nous avons vu tout à l'heure assez content de la situation, écrivait un peu plus tard, le 8 décembre : « Je ne puis vous peindre mon impatience de quitter Paris : tout rend ce séjour insupportable. »

Ce n'était pas là le sentiment de Meister : il a eu un plaisir évident à se retrouver à Paris ; le charme de ce séjour l'avait aussitôt ressaisi ; son témoignage atteste que si l'orage avait rudement secoué le vieux navire de la ville, le *nec mergitur* de sa devise demeurait toujours vrai. Ce témoignage est précieux : Meister était un vrai connaisseur, judicieux, expérimenté ; l'accent de sincérité est ce qui frappe dans son livre : il y dit ce qu'il a vu, ce qu'il a pensé, tout simplement.

Les *Souvenirs de mon dernier voyage à Paris* ont été rédigés sous forme de lettres ; mais ces lettres ont été écrites après le retour de Meister à Zurich. Il dit en effet, lettre V :

« A l'époque où j'ai revu Paris, il y avait.... », et lettre VI :

« J'étais encore à Paris lorsqu'on décréta.... »

Et s'il dit ailleurs, lettre V :

« Il n'y a guère plus d'un an *(du 9 thermidor an II, 27 juillet 1794, au 22 septembre 1795, jour de son arrivée à Paris)* que Paris n'était encore qu'une vaste prison.... », c'est qu'il se reporte par la pensée au temps de son séjour dans cette ville.

La rédaction de ses *Souvenirs* a occupé Meister pendant toute l'année 1796 : preuve en soit ce que lui écrivait Mme de Staël :

« 5 avril 1796. Votre récit de votre premier voyage en France sera-t-il conçu de manière à rendre le second impossible? Vous devriez me le montrer.... »

« 10 octobre 1796. Vous me demandez si je permets l'impression de votre voyage à Paris? Quoique les Français soient battus [1], je vous demande de n'y pas mettre votre nom : il ne faut jamais se fermer la porte du paradis. »

Cette rédaction n'était pas encore terminée à la fin de l'année, puisque Meister a cité dans une de ses notes un document du 22 nivôse an V (11 janvier 1797). La date de la lettre (21 août 1797) où Pitra rend compte de la lecture qu'il a faite des *Souvenirs*, établit que ce volume a été mis en vente dans l'été de 1797.

Il n'existe des *Souvenirs* qu'une seule édition; un certain nombre d'exemplaires portent sur le titre la mention de Zurich, et les autres celle de Paris; mais ils se ressemblent d'ailleurs entièrement, ils ont les mêmes fautes d'impression, assez nombreuses. La date de 1797 est inscrite sur les exemplaires qui furent mis en vente à Zurich; tandis que le titre de ceux qui étaient destinés à Paris porte :

A PARIS
chez Fuchs; rue des Mathurins
maison de Cluny. Nr. 334.
L'an .V. de la République.

La forme allemande : Nr. 334, au lieu de N° 334, et les deux points qui encadrent le chiffre V, indiquent assez que ce titre a été imprimé à Zurich.

1. L'archiduc Charles venait de remporter quelques succès en Allemagne.

V.

LETTRES ADRESSÉES A MEISTER AU SUJET DE SON LIVRE

Il est toujours intéressant de savoir comment les ouvrages ont été appréciés au moment de leur apparition. Nous avons des lettres de quelques amis de Meister, qui nous renseignent sur l'accueil qu'ils firent à son livre. On y trouvera d'affectueux compliments, c'est tout simple; mais sous l'expression d'un attachement cordial, on distinguera bien la sincère estime et la juste approbation de lecteurs compétents.

Une lettre, datée de Paris, est écrite par Pitra; on verra plus loin ce que Meister raconte de ce personnage qui avait collaboré à la *Correspondance littéraire*. Le neveu de Meister, Hess, qui était précepteur des enfants de Mme Rilliet-Huber, une amie de Mme de Staël, faisait avec eux un séjour à Paris, qui durait déjà depuis quelques semaines, quand Pitra le rencontra par hasard; aussi sa lettre à Meister commence par un amical reproche :

« Paris, le 4 fructidor an V (21 août 1797).

« Non, mon ami, je ne commencerai pas à vous gronder comme vous le méritez, après deux ans de silence. Je me bornerai à vous dire que, si jamais j'envoie un neveu à Zurich, je n'en dirai pas le mot à l'ami que j'ai aimé le plus tendrement, et que je laisserai au hasard le soin de le lui faire connaître. Le vôtre vous ressemble beaucoup; j'ai cru même, en l'entendant, reconnaître votre voix et la grâce de votre esprit. Parlons du vôtre. J'ai dévoré votre nouvel ouvrage. Il n'est pas possible de soutenir une hérésie politique avec plus d'adresse et de séduction. Quel charme dans votre diction, quelle finesse dans vos aperçus, dans l'analyse de ce que vous avez vu! On voit avec vous, et rien n'échappe à votre lecteur que vous traînez à votre suite, et à qui vous offrez un tableau émouvant des lieux, des personnes et des événements qui ont servi de cadre au besoin que vous aviez essentiellement de manifester vos opinions. Vous savez qu'elles ne sont pas les miennes, et ce n'est pas sous le rapport de dissemblance de sentiments que je me permettrai de regretter que vous ayez employé tant d'esprit et de talent à écrire ces lettres sur votre voyage en France en vendémiaire. Ah! mon ami, vous ne les eussiez pas publiées à Paris. Les deux ans qui se sont écoulés depuis cet événement sont deux siècles. Rien ne ressemble plus à l'état où était la France, et surtout Paris, dans ces jours. Ce qui était digne d'être écrit et analysé par l'auteur de ces charmantes lettres, c'est le changement magique de notre situation. On ne le croira jamais.

« L'aristocratie des fermiers, ainsi que vous l'appelez avec raison, est encore toujours dans l'opulence, et leur bien-être a influé d'une manière étonnante sur les moindres cultivateurs. La disette a, de fait, et selon l'usage, procuré l'abondance par un moyen qui ne peut être instantané. Il n'y a pas un coin de terre qui n'ait été mis en valeur. Mais nous commençons seulement à payer 3 sols la livre un pain, le plus beau, le meilleur que j'aie jamais mangé, et jusqu'à ces jours nous ne l'avons payé que 10 et 11 sols les 4 livres. La première viande ne vaut que 11 sols, l'inférieure de 7 à 9 sols. Jamais Paris n'a mieux ressemblé à l'office d'une grande maison; dans toutes les rues se sont multipliées les boutiques de friandises; on ne voit que pâtissiers, traiteurs, marchands de comestibles les plus recherchés. Tout stimule la gourmandise, et ces objets sont, par leur abondance, à bas prix. Mon ami, Paris est pavé de marchands de choses délicates, fournies avec bien plus d'abondance et de recherche qu'un des premiers instituteurs de ce genre de recherches gourmandes, au Palais-Royal, chez lequel vous satisfaisiez chaque jour votre sensualité.

« Jamais les lieux publics n'ont été si fréquentés. Que ne venez-vous voir nos Tivolis, nos Élysées, nos Idalies, nos jardins Birons, nos Bagatelles! Quelle foule! quelle joie! quel délire! Non, ce n'est plus la même France. Elle n'avait besoin que d'un gouvernement. Paris, ce Paris ruiné, déchiré, est plus fou, plus brillant qu'il ne l'a jamais été. Et nos femmes! que leurs accoutrements sont bien plus dignes de la volupté de vos pinceaux! Leurs formes varient chaque jour; chaque jour, en s'approchant et même un peu trop de l'antique, l'ondoyant de leurs étoffes légères couvre légèrement, en les embrassant de plus près, les formes et les mouvements de leurs corps, que ces vêtements semblent encore prononcer davantage. Il est presque impossible d'être vieux à Paris; les femmes y sont plus jeunes, plus jolies que jamais. Venez vous y rajeunir.

« Ce tableau très vrai que je ne puis qu'esquisser, la tranquillité dont nous jouissons, et que ne troublera pas la querelle finie [1] des autorités, est un miracle que l'on conçoit à peine. Non, il n'est pas possible de croire que ce soit le même peuple. Non, la France ne ressemble plus à cette France, à ce Paris que vous avez vu et décrit en vendémiaire. Voilà pourquoi vos charmantes lettres semblent avoir été écrites au temps de la Fronde. « Cela est charmant, comme cela se fait lire! » dit-on; et l'on semble

1. La querelle n'était pas finie : quinze jours après cette lettre, avait lieu le coup d'État du 18 fructidor.

chercher à se rappeler le siècle dans lequel se sont passés les événements dont parlent ces lettres, et cette France que vous avez peinte avec les couleurs qui appartenaient au temps de votre voyage. Il n'y a que deux ans; mais ces deux ans ont été deux siècles, je vous le répète. Venez en juger vous-même, venez être heureux et faire mes délices. Laissez nos journaux annoncer la guerre, il n'y a qu'eux qui semblent la désirer. Vous êtes sûr qu'ils ne feront pas même semblant de vouloir la faire. Je vous embrasse, mon ami. »

Nous avons parlé ailleurs[1] de l'attachement que la fille de Diderot, Mme de Vandeul, portait à notre Meister. Quelques lignes d'une lettre qu'elle lui écrivit au mois de septembre 1795, peu après l'arrivée de Meister à Paris, pour lui exprimer sa joie de le revoir, en seront un suffisant témoignage :

« Accoutumée, lui dit-elle, à souffrir des peines violentes, je ne devinais point du tout l'impression que le bonheur et l'extrême joie pouvaient faire sur moi. Je n'aurais jamais pu me persuader le genre de dérangement d'âme, l'espèce de trouble continuel qui s'est emparé de toutes mes facultés. Je tâche de rattraper l'ombre de ma raison, ou du moins l'apparence de ma tranquillité, et cet effort me brise encore : n'est-ce pas là un bel état pour écrire des lettres douces?

« Je le voudrais pourtant, puisqu'une des peines qui se glissent dans cette île enchantée où je vis pour ainsi dire depuis huit jours, est de sentir douloureusement que je ne puis jamais vous donner la millième partie du bonheur que vous me donnez.... »

1. *Lettres inédites de Mme de Staël à Henri Meister*. Paris, lib. Hachette, 1903, pages 55 à 66.

Deux ans plus tard, quand Mme de Vandeul eut reçu les *Souvenirs de mon dernier voyage à Paris*, elle écrivit à l'auteur une lettre qui est perdue ; la réponse qu'elle reçut lui fit adresser à celui qu'elle appelle *notre voyageur* une longue lettre d'explications ; nous n'en donnons que des fragments :

« Oui, mon ami, j'ai tort, mais ce n'est pas celui que notre voyageur me suppose. Le tort réel est dans la détestable tournure de mon caractère. Je ne sais plus éprouver une impression douce, sans être entièrement bouleversée d'âme et de tête, sans être assez longtemps la proie de mille idées cruelles; je n'y puis remédier, non plus qu'à la fièvre; mais quand je le puis, je tâche de ne pas la donner : je sens qu'il n'y a rime ni raison à tourmenter les autres par sa folie.

« Plus j'ai osé me flatter que notre voyageur avait eu l'intention de me donner un instant de bonheur, plus j'ai dû éloigner celle de le tracasser par toute mon agitation. J'ai espéré du temps la facilité de dire doucement, tendrement, sans tristesse, ce que je ne pouvais alors.

« Depuis la première page de ce livre jusqu'à la dernière, je pourrais dire que je me suis rappelé, non les journées, mais, je crois, toutes les heures de ce voyage. Je n'ai pu m'empêcher chez le fermier de m'y désoler tout à mon aise ; — *ce fermier (lettre III) demeurait près de Langres : ce qui rappelle à Mme de Vandeul les souvenirs de famille qui se rattachaient pour elle à la ville où son père était né.* — Il ne faut pas la moitié de l'éloquence de cette feuille pour se livrer au souvenir le plus douloureux, si d'autres idées tristes viennent encore s'y joindre.

« Alors, je pouvais encore reposer dans ce lieu ma pensée sur quelque objet qui me fut cher, je pouvais trouver une sorte de bonheur à penser à cet asile. Rien de ce qui m'aimait là n'existe : tout a disparu ; je ne sais même si les murs où mon père est né existent encore ; un étranger a bouleversé tout l'intérieur de cette tranquille demeure ; tous les vieux meubles ont été portés ailleurs. Je n'ai pu obtenir qu'on m'envoyât le portrait de mon grand-père ; un déménagement total ne laisse plus qu'au fond de mon cœur le souvenir de parents, de famille ; il me restait encore des biens, il y a deux ans. Suis-je maîtresse de renverser toutes ces idées ? N'est-il pas plus sage souvent de garder le silence ?

« J'ai espéré, par un des morceaux le plus sensible et le plus doux (dans la dernière lettre), que quelquefois vous aviez trouvé près de moi le sentiment qui semble l'avoir dicté ; mais de quelle mélancolie cette privation me remplit-elle pour le reste de la vie !

« C'est en cherchant sur quel point du globe il restait trace des sociétés décrites dans la dernière lettre, que je me serai expliquée bêtement, et de manière à faire croire à notre voyageur qu'il ne serait pas lu, simplement parce que je n'ai pu me défendre de la comparaison des temps ; en tenant pour rien tout ce que je dédaigne, je n'ai pu m'empêcher de regretter tous ceux qui existaient les vingt premières années de ma vie, et qui lisaient, jugeaient, louaient d'une autre manière.

« Mon Esculape, qui a déterré le livre, a voulu le lire ; je le lui ai fait un peu acheter, en l'assurant que tout ce qui n'extravaguait pas, devait faire sur lui l'effet de l'eau aux enragés. Soit amour-propre de sa part, soit qu'il ait de bons moments, il m'en a paru enchanté. Ce qui l'a surtout ravi, c'est la note sur Sieyès ; il n'a rien trouvé de sa vie de plus ressemblant à son gré que ce portrait, de mieux fait, de mieux écrit.

« Le voyageur sera content de l'opinion de M. d'Holbach (*fils du célèbre baron d'Holbach, qui était mort en 1789*). Sans avoir hérité de toutes les connaissances de son père, il lit, et met au moins un grand prix aux ouvrages intéressants; je lui ai fait un grand plaisir en le lui prêtant; il aime et estime l'homme; il croit que ce voyage restera comme monument de l'histoire de cette époque; il m'a chargé de lui témoigner tout le plaisir que lui avait fait cette lecture. Il m'a rendue fort heureuse toute une soirée, en me louant l'individu, en le regrettant avec moi. J'ai promis de faire sa commission; il m'a si obligeamment priée deux ou trois fois de ne pas l'oublier, que si j'eusse osé, je l'aurais remercié de la peur.

« J'espère qu'il ne vous a pas passé par la tête que je fusse insensible au souvenir de mon père, que je n'aie pas senti bien tendrement ce genre de souvenir et de soin, amené avec tant d'adresse et d'air de négligence.

« Le joli volume est sous mon chevet, en attendant que les voleurs, qui ont pris ma maison à gré, me tordent le cou. Je n'étais séparée d'eux que par un volet, la dernière fois que je vous écrivais; il y a quatre jours, ils ont voulu enfoncer ma fenêtre; la petite chienne m'a tirée de leurs pattes. Ce qu'il y a de pis, c'est que je suis plus tracassée des précautions que de toute autre peur. Il a fallu par prudence coucher mon fils chez son père, le domestique dans le salon; leurs rondes, leurs recherches, ne me laissent paix ni repos, ce qui est insupportable.

« Adieu, mon aimable ami, je mourrai sans savoir écrire moins longuement; il faut bien que vous supportiez un défaut auquel je ne puis remédier. »

Dans sa retraite de Coppet, Necker avait été l'un des premiers à recevoir le livre nouveau. Il avait pour l'auteur une amitié de trente ans : aussi le vieillard, frappé par l'orage, avait été préoccupé de quelque crainte en voyant Meister se hasarder à traiter un sujet si délicat. Nous donnons sa lettre tout entière : on y voit à nu l'embarras de l'ancien homme d'État, en face des remuements auxquels il assiste, impuissant et désorienté !

« J'ai lu, et je vais relire votre excellent ouvrage ; car, par intérêt pour votre succès, une sorte d'inquiétude me distrayait à la première lecture ; je vais la reprendre maintenant avec confiance. Vous dites, avec beaucoup de sagesse, presque toutes les vérités, et en mêlant des anecdotes piquantes à vos réflexions, vous satisfaites tous les genres de lecteurs. Le récit du langage de la maîtresse d'auberge de Lunéville, et la scène du vieux fermier, ne s'effacera jamais de la mémoire des personnes sensibles ; et *le ci-devant pouilleux* deviendra proverbe.

« Que vous nous reposez agréablement par votre tableau si fin et si spirituel de l'ancienne société de Paris ! Vos *Souvenirs* de la France s'associeront parfaitement avec vos *Souvenirs* de l'Angleterre, et feront une collection précieuse pour les bibliothèques. Quel dommage pour nous tous, que les troubles de l'Europe vous empêchent d'étendre votre entreprise à toutes les nations ! Je me passerais à ce prix de voyager moi-même : j'aurais ainsi le plaisir sans la peine. Et comme votre style est parfait !

« Recevez tous mes compliments. Un de vos exemplaires courra mes connaissances.

« Ma fille, dans sa lettre du 13, me dit que les plénipotentiaires français, à Lille [1], ont commencé par demander une renonciation au titre de Roi de France, et une reconnaissance des lois constitutionnelles des réunions [2]. La

1. A Lille, le 6 juillet, s'étaient ouvertes des négociations avec l'Angleterre, en vue de la paix. Elles furent rompues au mois de septembre.

2. Celles qui avaient réuni au territoire de la République quelques pays situés sur ses frontières.

première demande ne fera, je le présume, aucune difficulté; mais la seconde demande, comme acte préliminaire, et avant d'avoir discuté les articles et les moyens de paix, me paraît une disposition bien despotique. Qui empêcherait le Roi et le Parlement d'Angleterre de faire aussi des réunions constitutionnelles ou législatives?

« Les partis règnent avec violence à Paris, et je vois un camp se *former* près de *Lyon*, une section de l'armée italienne prête à passer le Var; et cette fois, comme d'autres, le triomphe pourra bien être aux plus habiles et aux plus ardents. On songe à organiser une garde nationale; c'est bien nécessaire comme balance, mais y réussira-t-on? L'ensemble est un horizon tempêtueux.

« Votre ami Barthélemy a dîné chez ma fille. On l'aime, on l'estime généralement, mais je doute que son crédit soit signifiant. C'est le pot de terre contre le pot de fer; et Carnot [1], qui a vu les modérés se tourner vers le nouveau venu, semble se démettre de ce caractère. »

Bonstetten, qui était pour Meister un contemporain, qui comme lui était un Allemand épris de la culture française, et qui alors remplissait les fonctions de bailli bernois dans la vallée italienne du Tessin, était venu passer ses vacances dans le pays de Vaud : c'est là qu'il avait reçu le livre qui venait de paraître.

« Valeyres, 30 septembre 1797.

« J'ai reçu de votre part votre *Voyage à Paris*, comme j'allais faire celui d'Italie. Je l'ai d'abord lu et relu, j'allais vous écrire, Monsieur, pour vous en remercier, mais les idées se pressaient sous ma plume et semblaient me demander plus de temps que je n'en avais alors pour

1. Barthélemy et Carnot, qui étaient membres du Directoire, furent proscrits tous les deux quelques semaines après, lors du coup d'État du 18 fructidor (4 septembre 1797).

achever ce que j'avais à vous dire. Il n'y a plus d'auteur aimable que vous, Monsieur; votre style est de l'ancien régime, et presque du beau siècle passé. Avec quel plaisir on y retrouve cette urbanité, cette politesse, cette grâce, ces égards pour le public, qui nous rappellent un monde, une société qui n'est plus !

« Dans tout ce que j'ai lu de vous, je préfère l'observateur à l'homme qui discute. Le tact qui vous rend éminemment aimable dans le monde, se retrouve dans tous les objets que vous observez. On dirait quelquefois que vous ignorez vous-même votre talent. Il semble, chez vous, tenir au cœur autant qu'à l'esprit; on dirait que c'est l'honnêteté, la vérité de votre âme qui a passé dans l'esprit pour lui inspirer cette justesse et cette finesse que l'on admire dans vos écrits.

« Vos observations sur le ton de la société sont la satire du ton du jour. J'ai néanmoins regret que vous n'ayez pas daigné peindre la société d'aujourd'hui. Il y a tant de choses neuves à dire, que je ne conçois pas que vous ayez pu n'en pas parler. Il n'y aurait sans doute rien là pour le goût, mais beaucoup pour la pensée.

« Adieu, Monsieur, croyez-moi, avec une estime bien distinguée, votre obéissant serviteur. »

VI.

LES TRADUCTIONS DU LIVRE DE MEISTER

Les *Souvenirs de mon dernier voyage à Paris* sont aujourd'hui pour nous un tableau fidèle et vivant qui ramasse sous les yeux du lecteur les traits caractéristiques d'un temps glorieux et terrible. On y voit, dessiné d'une main experte, le lendemain, encore troublé, d'une crise douloureuse.

Mais à cette époque, les journaux, les lettres, les conversations, tout était plein de pareilles descriptions ; et les détails intimes qu'on pouvait recueillir de toutes parts, l'accent personnel, le ton vibrant que les témoins mettaient à leurs récits, faisaient pâlir les pages, écrites avec une modération voulue, par un étranger, d'esprit cosmopolite, qui avait mis son effort à rester impartial. D'ailleurs, Paris se voyait assez lui-même, et n'avait pas besoin d'écouter celui qui le décrivait : l'ouvrage de Meister ne pouvait pas y avoir de succès. On s'explique ainsi qu'il n'ait pas eu de seconde édition.

Il faut rappeler aussi qu'au moment où ce livre parvint à Paris, quelques semaines avant le coup d'État du 18 fructidor, il était en retard de vingt mois : c'est ce que Pitra, on vient de le voir, a remarqué tout de suite. Il décrivait un état de choses qui avait déjà disparu. Comment eût-il pu plaire au public français qui, sans cesse attentif au cours des événements, ne voyait jamais que le moment actuel, et n'était préoccupé que de ce qui se préparait pour le lendemain ?

Au public étranger, au contraire, il était agréable d'avoir des renseignements si nets et de si bon aloi, sur une des phases de cette terrible Révolution qu'on suivait partout avec des sentiments bien divers, mais toujours vifs et profonds.

Nous ne savons pas, à vrai dire, si quelques exemplaires du livre de Meister ont pu passer en Angleterre ; les Anglais d'ailleurs se méfient des continentaux, et tiennent à être informés par un des leurs. Mais une traduction allemande et une traduction italienne ont paru en 1798.

La traduction allemande [1] est l'œuvre de Jean-Henri-

1. *Meine letzte Reise nach Paris.* [Zurich.] Orell, Füssli und Comp., 1798, in-12, 2 feuillets, 216 pages, et un feuillet pour la table.

Guillaume Ziegenbein (1766-1824), pasteur à Brunswick, assez fécond écrivain. On peut supposer que c'est M. de Féronce qui lui suggéra cette entreprise, et lui donna les renseignements qui lui ont permis d'écrire tout au long un certain nombre de noms de personnes que Meister, suivant une habitude invétérée chez lui [1], n'avait indiqués que par des initiales. Nous avons suivi le bon exemple que nous donnait là ce traducteur. C'est tout ce que nous avons à dire sur son œuvre.

La traduction italienne est l'œuvre d'un inconnu, qui, au titre du livre : *Souvenirs de mon dernier voyage à Paris*, a ajouté de son chef : *Lettres de M. Carnot à M. Mallet-du Pan* [2].

Le traducteur italien attribue donc au grand Carnot les *Souvenirs*, qui sont anonymes dans l'original. *Per tutto vi si scorge*, dit-il de ce livre, *il carattere maestoso e liberale del suo autore*. Il aurait dû voir que les qualifications élogieuses qu'on lit à la fin de la lettre X, eussent été singulièrement déplacées sous la plume de Carnot, et qu'elles suffisaient à écarter son hypothèse.

On ne sait si le traducteur a été dupe de sa propre imagination, ou de quelque ami qui a pu lui donner un renseignement erroné, — ou s'il a voulu, de propos délibéré, en vue de la vente, accroître l'intérêt de l'ouvrage en l'attribuant à un personnage célèbre. Quoi qu'il en soit, en adoptant ou en choisissant le nom de Carnot, que d'ailleurs Meister a justement loué, il oubliait les déclarations si nettes du commencement de la première lettre :

1. Cf. *Lettres de Mme de Staël à H. Meister*, pages 32 et 108.

2. *Rimembranza dell' ultimo mio viaggio a Parigi, ossia carteggio di M. Carnot a M. Mallet-Dupan*. Berna, 1797, 119 p. in-8. — Le nom de Berne est sans doute une indication fausse, faite en vue de dépister ceux qui auraient voulu savoir où et par qui la traduction avait été faite.

idées et sentiments entièrement étrangers à tous les membres de la Convention.

Il se rapprochait davantage de la vérité, en nommant Mallet-du Pan, au lieu de M. de Féronce, comme celui à qui les lettres étaient adressées. Mallet-du Pan et M. de Féronce étaient tous deux d'origine genevoise; si le dernier était né en Allemagne et y occupait une place importante, c'est à Genève qu'il avait fait ses études [1]. Tous deux étaient, comme Meister, familiers, par leurs traditions et leurs souvenirs, avec l'idée d'une liberté qui sait observer le respect de l'ordre établi.

L'anonyme italien a traduit assez littéralement l'ouvrage de Meister; un puriste lui pourrait reprocher beaucoup de gallicismes, à ce que nous dit un connaisseur. Il a laissé de côté une partie des notes de son auteur; trois notes, qu'il a ajoutées de son chef, sont insignifiantes.

En tête du livre, il a placé une préface boursouflée, pas très claire, précieuse cependant, parce qu'elle donne une idée de l'impression que le livre a pu faire chez les Italiens, à un moment où leur pays venait d'être bouleversé par le général Bonaparte. En conséquence, nous avons traduit, ou plutôt paraphrasé, ces deux ou trois pages :

« Ce livre est assurément le plus honnête et le plus instructif que je puisse offrir au public, en vue de détromper les mortels aveuglés et stupides.

« On n'y trouvera pas ces sarcasmes, ces blâmes, ces plaisanteries obscènes qu'amoncellent avec empressement tous les écrivailleurs de notre âge, qui font ainsi à la bonne cause plus de tort que d'honneur. Loin de là, l'au-

1. Le registre de l'Académie de Genève le mentionne à son entrée dans l'auditoire de Belles-lettres (mai 1740) et dans l'auditoire de Philosophie (mai 1742).

teur de cet ouvrage y montre un jugement élevé, qui perce les plus épaisses ténèbres pour mettre la vérité en lumière, cette éloquence victorieuse et mâle qui sait maîtriser tous les cœurs. Sa manière de s'exprimer est candide et modeste : qualités sans lesquelles, en parlant de politique et d'histoire, on tombe dans le vilain ton qui est celui d'un sectaire, d'un méchant.

« On découvre partout dans ce livre le caractère noble et libéral de l'auteur ; toutefois, quand il vient aux sujets les plus pénibles, il emploie cette arme du ridicule qui est si difficile à manier, mais si terrible pour combattre le fanatisme :

Ridiculum acri
Fortius ac melius,... plerumque secat res [1].

« Le style est piquant et plein de charme, en sorte que la lecture de l'ouvrage est des plus agréables. Mais, que celui qui ouvre ce livre sache tout d'abord qu'il n'est pas fait pour plaire aux fanatiques, de quelque parti qu'ils soient. Et certes, sans ce caractère d'impartialité, je n'eusse pas voulu le traduire, moi qui ai le fanatisme en horreur! On y trouvera comme un modèle de la manière dont il faut raisonner sur une grande révolution politique, en envisageant les principes d'abord, les personnalités ensuite; en s'appliquant à bien discerner les vrais sentiments des acteurs du drame, au milieu de spectacles horribles, où sont confondus innocents et coupables, où les crimes des méchants semblent compromettre la vertu même.

« Quand les opinions admises sont appelées à de grands changements, quand les principes reconnus sont bouleversés par les révolutions, en sorte qu'on se sent comme trans-

1. Horace, *Satires*, I, x, 14-15.

porté dans un autre monde, où le mieux semble être de renoncer à avoir du caractère, et de prendre à chaque instant le masque nouveau que réclame la fortune changeante, alors de vrais Brutus sont appelés oppresseurs de la liberté latine, alors on entend faire l'apologie de Catilina !

« Notre auteur a su éviter un écueil contre lequel sont venus échouer tous ceux qui ont écrit sur la Révolution française, et qui n'ont droit qu'à la désignation de *contre-révolutionnaires* : on ne trouve pas chez eux un jugement sain sur les affaires politiques.

« On doit reconnaître que le style de notre auteur, en certains endroits [1], a quelque chose d'oraculeux, et trahit un esprit romanesque qui ne s'accorde pas avec un sujet aussi élevé. Mais je crois y voir un effort pour relier les théories de l'auteur et les faits, pour jeter un pont entre des idées, qui autrement sembleraient contradictoires ou funestes à la société.

« Je me résume en disant que l'auteur semble avoir voulu être calme dans un sujet qui met les passions en jeu ; il a eu en vue un avenir heureux, et s'est attaché à écarter les fantômes que crée l'inquiétude ; il a recherché tout ce qui est pur, doux, magnanime, en repoussant les idées fausses, serviles et désordonnées. Plût à Dieu qu'il y eût beaucoup de partisans de ces grandes et nobles aspirations ! Ames tendres et vertueuses, c'est la paix que vous devez appeler de vos cris, une paix éternelle, qui console le pauvre genre humain. Ah ! ce devrait être l'unique vœu de tous les cœurs !

« Et vous, imaginations échauffées, c'est par vous seules que l'humanité est en proie aux tourments ! »

1. Le traducteur italien a ici en vue un paragraphe qui est au milieu de la première lettre : « Je ne dissimulerai point encore.... »

Une traduction tout à fait littérale de ce morceau n'eût fait que le rendre encore plus ridicule, et notre paraphrase ne nous satisfait qu'à moitié. Cette préface est l'œuvre d'un inconnu, à la tête échauffée, et qui garde néanmoins la prudence, la réserve que des siècles de servitude avaient rendues innées aux Italiens de son temps. Il parle, et on a peine à savoir ce qu'il a voulu dire. Il faut le deviner, au risque de s'égarer.

Mais ce bouillonnement d'idées troubles est un symptôme frappant de la fermentation qu'avaient créée en Italie le spectacle de la Révolution française, la marche victorieuse de l'armée de Bonaparte, et l'établissement de républiques éphémères.

Pendant toute la durée du XIXe siècle, les *Souvenirs de mon dernier voyage à Paris* n'ont été mentionnés que par un seul écrivain, M. Taine, qui n'a pas su en identifier l'auteur. Dans les *Origines de la France contemporaine*, aux tomes II et III de *la Révolution*, notre Meister, qui est cité seize fois, est toujours nommé Meissner. L'Index qui termine le tome dernier des *Origines*, indique ce nom avec plus de détails : « MEISSNER (Auguste-Gottlieb), littérateur allemand. » — Ce Meissner (1753-1807) a fait des romans et d'autres ouvrages ; on a ses œuvres en 36 volumes in-8.

L'erreur de Taine a été relevée par M. Aulard (*Taine, historien de la Révolution française*. Paris, 1907, p. 210).

Sainte-Beuve, qui n'a pas connu les *Souvenirs*, a toujours parlé de Meister avec éloges : « Homme aimable, dit-il, écrivain distingué en français, et qui n'avait pris du XVIIIe siècle que ce qu'il avait de fin et d'honnête. » — Et ailleurs : « Un auteur à qui la France doit un souvenir, puisqu'il est du petit nombre des étrangers aimables qui ont le mieux écrit en français [1]. »

Quoique Henri Meister ait publié des vers, des nouvelles, un roman, des dialogues, des *Lettres sur l'imagination*, et d'autres ouvrages encore, son vrai talent était celui de l'observation : c'était un excellent informateur. Pendant vingt ans, 1773-1792, il a suivi le mouvement de la littérature française avec précision, et l'esprit sans cesse éveillé : le tableau qu'il en a laissé est encore et sera toujours consulté avec fruit.

Mais son chef-d'œuvre est le livre que nous rééditons. A l'une des étapes de la Révolution, il a pu saisir sur le vif un des aspects mouvants de cette ville de Paris où s'était déroulé le grand drame. Pendant que les acteurs n'étaient occupés que de leur rôle et de leurs adversaires, tandis que les spectateurs ne songeaient qu'à deviner quel dénouement allait venir, Meister a appliqué toute son attention à bien voir, à se rendre un compte exact de ce qui se passait sous ses yeux, à prendre un rapide croquis du moment fugitif; il en voulait fixer les traits, pour quelques amateurs étrangers seulement, car il était modeste et n'avait pas en vue la postérité. Celle-ci est venue cependant, et nous croyons qu'elle saura lui rendre justice.

1. *Causeries du lundi*, t. V, 8 mars 1852, et t. IX, 14 novembre 1853.

VOYAGE A PARIS

VERS LA FIN DE 1795

A M. F. DE R. *(Féronce de Rothenkreuz.)*

J'ai revu ce Paris, que j'avais tant aimé....

SOUVENIRS

DE

MON DERNIER VOYAGE

A PARIS

AVERTISSEMENT

Je n'ai peint, ou plutôt, je n'ai voulu peindre de la France qu'un seul moment, celui dans lequel je l'ai revue. Ce moment, dont le souvenir m'a paru, sous plus d'un rapport, utile à conserver, diffère sans doute également de tous ceux qui l'ont précédé, de tous ceux qui l'ont suivi; mais on ne doit le trouver en contradiction avec aucun; car je suis bien trompé si l'on n'y voit pas toujours, quoique dans une crise fort singulière, le développement des mêmes principes, l'influence naturelle du plus grand, du plus terrible de tous les phénomènes politiques, sur le caractère ineffaçable du plus léger, du plus étonnant de tous les peuples.

Pour me montrer impartial, je n'ai point affecté de

cacher mes opinions particulières, mes affections personnelles; mais je ne pense pas leur avoir jamais permis d'altérer la bonne foi de mes observations. C'est le seul mérite dont j'ose être jaloux, le seul que je m'affligerais encore de voir disputer à mes faibles écrits.

LETTRE PREMIÈRE

Des intérêts de fortune me rappelaient depuis longtemps à Paris ; ce motif, grâce aux circonstances, devenu malheureusement fort léger, était soutenu par le besoin pressant de revoir les amis que m'avait laissés la Révolution; il s'y mêlait encore une extrême curiosité de vérifier par moi-même les rapports si divers que j'avais entendu faire, depuis quelques années, des changements arrivés dans l'intérieur de la France.

Vous voulez, Monsieur [1], que je vous rende un compte fidèle de mes observations ; je vous le dois sans doute à plus d'un titre, et je vous promets bien de ne vous dire que ce que j'ai cru voir; mais comme on ne peut voir, hélas ! qu'avec ses yeux, c'est-à-dire avec les préventions à travers lesquelles on regarde et l'on examine tout, peut-être n'est-il qu'une manière de tromper un peu moins ceux qui daignent nous écouter; c'est de leur exposer d'abord avec beaucoup de franchise ces mêmes préventions, ou, si l'on veut s'exprimer plus poliment sur son

1. Une fois décidé à écrire sous forme de lettres le récit de son voyage, Meister avait choisi M. Féronce de Rothenkreuz, — ou, comme on disait habituellement, M. de Féronce, — premier ministre du duc de Brunswick, pour être le correspondant idéal auquel il pensait en écrivant.

Le nom de M. de Féronce revient souvent dans les lettres de Benjamin Constant, au temps de son séjour à la cour de Brunswick.

propre compte, la véritable disposition où l'on croyait être à l'égard des objets que l'on a pris à tâche de considérer.

En suivant cette maxime, je commencerai, Monsieur, par vous dire franchement que je déteste et détesterai toujours les révolutions. Le mal qu'elles produisent est certain; le bien qui peut en résulter tient à une suite de chances trop périlleuses, trop indépendantes des calculs de notre sagesse et de notre prévoyance.

Tout homme qui se croit appelé par la destinée à faire une grande révolution, sera donc toujours, à mon sens, un être fort dangereux et fort immoral [1], dût-il porter le nom le plus vénéré du monde; il risque de faire le malheur et le désespoir de toute une génération; le fruit qu'il en attend pour les générations futures sera peut-être également perdu pour elles, et peut-être aussi l'eussent-elles obtenu par des sacrifices moins sensibles, moins douloureux, je dirais volontiers, moins impies, moins parricides. N'est-ce pas le nom qu'il faut donner aux mesures qui, pour faire la fortune prétendue des enfants, condamnent les pères aux horreurs d'une vie misérable, d'une mort prompte, ou d'un long supplice?

Mais, cela dit une fois, je tâcherai, s'il est possible, de ne plus le répéter. Il ne s'agit pas, dans ce moment, de savoir si l'on devait faire une révolution en France, ou non; elle est faite, elle est entreprise du moins, avec des frais immenses, les ressources du monde les plus extraor-

1. Jésus-Christ, — on ne le considère ici que sous des rapports purement historiques, — Jésus-Christ, Socrate, Confucius, n'ont point fait de révolution; et les deux premiers ne périrent peut-être si malheureusement, que parce qu'ils ne voulurent pas en faire. — Rousseau, l'un des grands oracles de la Révolution française, a dit qu'il ne connaissait point de révolution qui ne fût trop achetée par l'effusion du sang d'un seul homme. (*Note de Meister.*)

dinaires; et c'est surtout en politique qu'il ne faut jamais, je pense, vouloir partir que du point où l'on est. *Quel marin*, disait M. de Pange, *s'imposerait la loi de faire toujours les mêmes manœuvres, quel que fût le vent?* Rien de plus naturel, sans doute, mais rien de plus vain que de stériles regrets sur le passé.

Depuis la chute de l'horrible dictature de Robespierre, j'avais cru reconnaître dans les procédés de la Convention des efforts assez soutenus pour ramener, ou pour suivre l'opinion publique, vers les grands principes de l'ordre et de la justice. Le système du vandalisme [1], les profondes théories de rapine et de brigandage, auxquelles on avait associé si longtemps les beaux noms d'égalité, de liberté, de droits de l'homme, le ridicule projet de la république universelle, l'épouvantable manie du *propagandisme*, toutes ces folies si funestes et si révoltantes, me paraissaient à peu près abandonnées. Je ne craignais plus de voir anéantir la civilisation de la plus belle contrée de la terre, et peut-être avec elle le repos et le bonheur de

1. Connaissez-vous une prédiction plus claire du vandalisme, que celle-ci?

« Je ne veux point entrer dans des détails odieux pour les États et pour les particuliers, et je me contenterai de dire que l'esprit philosophique qui rend les hommes si raisonnables et, pour ainsi dire, si conséquents, fera bientôt d'une grande partie de l'Europe ce qu'en firent autrefois les Goths et les Vandales: supposé qu'il continue à faire les mêmes progrès qu'il a faits depuis soixante-dix ans. Je vois les arts nécessaires négligés, les préjugés les plus utiles à la conservation de la société, s'abolir, et les raisonnements spéculatifs préférés à la pratique. Nous nous conduisons sans égards pour l'expérience, le meilleur maître qu'ait le genre humain, et nous avons l'imprudence d'agir comme si nous étions la première génération qui eût su raisonner. »

(*Réflexions critiques sur la poésie et sur la peinture*: par l'abbé du Bos, 2e partie, section 33; édition de 1740.)

A propos de prédiction, en est-il une plus remarquable encore que celle-ci, sur les succès du robespierrisme?

Quivi una bestia uscir della foresta....

(*Orlando furioso*, chant 26, stances 31 et suivantes.) (*Note de Meister.*)

l'Europe entière. Je m'étais persuadé que tant de factions diverses, parvenues tour à tour à devenir le parti gouvernant, toutes avaient appris enfin de leur propre expérience que l'esprit du jacobinisme est, par sa nature même, destructif de toute espèce de gouvernement; qu'à côté d'un institut aussi désorganisateur, la république la plus démocrate ne se soutiendrait pas mieux que la monarchie la plus illimitée.

J'avouerai même qu'avec tous ses défauts, la mauvaise organisation de son pouvoir exécutif, l'organisation plus défectueuse encore de ses assemblées primaires, la Constitution proposée par le comité des Onze me paraissait au moins plus conséquente et moins antisociale que les trois [1] qui l'avaient précédée; je me disais enfin :

« La philosophie vient de former l'entreprise la plus hasardée qu'on ait jamais osé tenter [2]; elle a réussi, du moins sous quelques rapports; elle nous a montré des prodiges de puissance et de destruction. Il est vrai que pour parvenir à son but, elle n'a pas craint d'engager dans ses intérêts tous les crimes d'une populace effrénée; elle n'a pas craint d'appeler à son secours les passions les plus

1. Deux de ces trois constitutions sont celles de 1791 et de 1793. Nous ne savons pas si pour arriver au chiffre de trois, il faut compter l'ancien régime, ou bien l'état de fait qui s'était établi quand on eut ajourné l'application de la Constitution du 24 juin 1793.

2. Rien ne contribua davantage au succès de cette entreprise, que la presque impossibilité d'y croire. Ne fallait-il pas avoir et l'esprit et le cœur étrangement faits, pour oser prévoir tous les crimes d'un parti, tout l'aveuglement, toute l'ineptie des autres; l'extrême avilissement de tous; une banqueroute effrontée, sous le prétexte de rétablir les finances; des extorsions sans exemple, sous le prétexte de soulager le peuple du poids des impôts; un despotisme inouï, sous le prétexte de fonder pour la première fois la véritable liberté; le triomphe du vandalisme, au milieu d'un siècle de lumières; celui de la cruauté la plus inouïe, au milieu des mœurs les plus douces; celui de la lâcheté la plus révoltante sur le peuple naturellement le plus brave et le plus généreux? Ah! qui voudrait se féliciter d'avoir été prophète à ce prix! (*Note de Meister.*)

odieuses, celles de la haine et de la vengeance, tous les excès du fanatisme, toutes les violences de la tyrannie la plus injuste et la plus cruelle, les perfidies et les ressources du despotisme le plus ingénieux et le plus subtil. Tous les tyrans ensemble n'ont peut-être pas fait répandre autant de soupirs et de larmes, qu'elle en a fait verser à la nation la plus douce et la plus gaie de l'Europe [1]. Le sol le plus heureux de la terre, elle l'a couvert de victimes et de débris, de sang et d'horreur; mais ce même sol, elle l'a pourtant su défendre contre la réunion de puis-

1. Comment nier que c'est à la philosophie qu'appartiennent tous les honneurs de la Révolution ? Les hommes qui l'ont préparée, les hommes qui l'ont faite, les hommes qui l'ont conduite, ne s'appelaient-ils pas philosophes, depuis Rousseau jusqu'à Robespierre, depuis Condorcet jusqu'à Marat ? Et de quel droit en effet leur refuser ce titre ? Robespierre lui-même, ce monstre altéré de larmes et de sang, ne s'était-il pas fait connaître dans la ,première législature par un rapport très philosophique, très philanthropique, sur l'abolition de la peine de mort ? Il est plus évident encore que c'est sous la bannière des principes philosophiques, que la Révolution s'est montrée, qu'elle a combattu, qu'elle a triomphé. Ses efforts ont eu constamment pour objet la destruction de tous les préjugés politiques et religieux. C'est dans la destruction même de ces préjugés, qu'elle a prétendu trouver ses armes, ses moyens, ses plus puissantes ressources. Voilà ce qui la distingue essentiellement de toutes les révolutions connues. Mais on me dira : « Comment osez-vous attribuer à la philosophie ce long amas de forfaits et de malheurs? » — Avec autant de raison qu'en eut Lucrèce pour s'écrier :

Tantum religio potuit suadere malorum!

Rousseau veut bien convenir (*Émile*, livre premier, *in medio*) que la médecine ne ferait jamais de mal, si elle pouvait venir à notre secours sans le médecin. A la bonne heure! Convenons de même que la philosophie et la religion n'auraient jamais fait que du bien, si elles avaient pu venir à notre secours sans les philosophes et sans les prêtres. Mais tant qu'ils viendront ensemble, il y aura beaucoup à craindre. Quelque devise que porte le drapeau sous lequel on fait marcher le pauvre genre humain, ce sont toujours ses propres passions, ou celles de ses chefs, qui le guident et l'entraînent. Je m'obstine donc à dire qu'après les crimes et les malheurs de la Révolution, faite au nom de la philosophie et par les philosophes, il est trop prouvé que désormais les prêtres et les philosophes n'auront plus rien à se reprocher. (*Note de Meister.*)

C'est à la philosophie qu'il faut faire honneur de tout ce qui s'est passé à la Révolution. C'est ainsi que nous comprenons la première phrase de cette note, qui paraît au premier abord un peu étrange.

sances la plus formidable ; ce même sol qu'elle a souillé de tant d'opprobre et de forfaits, elle l'a pourtant entouré de conquêtes, de gloire et de forces invincibles ! »

Je ne perds point de vue ici cette chaîne imposante de lignes et de forteresses qui s'étend depuis Dunkerque jusqu'à Landau ; je n'oublie point les grandes ressources qui restaient de l'ancien régime dans le corps du génie et de l'artillerie ; je sais que, sous ce point de vue, on peut dire avec beaucoup de raison que la République dut avant tout la plus sûre défense de ses limites à l'ambition de Louis XIV, au génie de Vauban, à la sagesse de Gribeauval [1], à l'ingénieuse sagacité de ses élèves. Mais, pour être impartial, il faut laisser une grande part des succès aux terribles mesures du génie révolutionnaire, à l'enthousiasme républicain, aux talents distingués de quelques généraux qui, dans toute autre circonstance, n'eussent peut-être jamais trouvé l'occasion de se signaler avec tant d'éclat et de bonheur.

Cependant, quel est donc le but qu'annoncèrent les premiers efforts de cette philosophie si nouvelle dans ses projets, si dévastatrice dans ses moyens ? Celui de régénérer une nation corrompue, de forcer, par son exemple et par ses succès, tous les gouvernements à rétablir la prospérité de l'ordre social sur des bases plus pures et plus solides.

Écartons un moment de ce projet tout ce qu'il a de plus chimérique et de plus extravagant : nous verrons que le grand secret de ces sublimes théories se borne à ces deux points essentiels : celui d'introduire partout le gouvernement représentatif, celui d'en exclure toute espèce de droit héréditaire.

1. M. de Gribeauval avait été longtemps, et jusqu'à sa mort en 1789, placé à la tête de l'artillerie française, qu'il avait mise sur un excellent pied.

J'ose penser qu'ainsi même réduit aux termes les plus simples et les plus raisonnables, ce nouveau système pourrait bien n'être qu'une brillante erreur : 1° parce qu'il n'est point de constitution qui puisse convenir également à tous les peuples ; 2° parce qu'il est aussi cruel qu'absurde d'imaginer qu'on puisse faire changer à une nation de lois et de coutumes, comme on change de coiffure et d'habits ; 3° parce que le principe d'hérédité me paraît tenir à la puissance même des choses, et surtout à la série naturelle de nos sentiments et de nos affections.

Je ne dissimulerai point encore que tous les frais de la terrible expérience étant faits, tous les malheurs et tous les crimes qui devaient en assurer le succès étant accomplis, j'osai presque désirer, pour l'instruction des races futures, que l'on permît à ceux qui n'avaient pas frémi de l'entreprendre, de l'achever à leur gré. Seulement, je pleurais encore de regret qu'une si cruelle expérience n'eût pas été tentée aux extrémités de l'Afrique ou de l'Asie, plutôt que dans l'aimable pays auquel j'avais attaché tous mes romans de bonheur : romans qui ne s'arrangeaient guère, comme vous pouvez croire, avec les sombres rêveries de nos modernes Lycurgues.

Voilà bien naïvement, Monsieur, dans quelle disposition d'âme je me trouvais relativement à l'état actuel des choses, au moment où je repartis pour la France.

C'était au commencement de septembre 1795, car il importe aujourd'hui plus que jamais de marquer avec exactitude la date de ses observations. J'entrai sur le territoire de la nouvelle République par Bourglibre [1], Gros-Kems,

1. Bourglibre est le nom dont, au temps de la Révolution, on avait affublé Saint-Louis, la première localité alsacienne qu'on rencontre en partant de Bâle.

Gros-Kems, au bord du Rhin, est à douze kilomètres au nord de Saint-Louis. Le petit Kems est sur la rive badoise du fleuve.

et je gagnai la route de Nancy, qu'on m'avait indiquée comme la meilleure à tous égards, pour l'entretien des chemins, pour la commodité des auberges et pour le service des postes; on y trouve, en effet, des chevaux partout; il ne s'agit que de les attendre avec patience et de les payer de bonne grâce, suivant la fantaisie particulière de chaque maître de poste, tantôt en argent, tantôt en papier, depuis 30 fr. en assignats, par cheval, jusqu'à 4 fr. en espèces.

Je ne sais si vous connaissez les environs de Sainte-Marie-aux-Mines, à l'entrée des Vosges, où, après avoir traversé quelques plaines de l'Alsace, on croit se retrouver tout à coup dans les montagnes de la Suisse. Si vous saviez, Monsieur, quel intérêt ont repris à mes yeux les sites agrestes de ma patrie, vous me pardonneriez la douce surprise que me causa l'aspect de cette contrée que je n'avais jamais vue; elle réveilla dans mon imagination une foule de souvenirs tendres et mélancoliques, dont un beau clair de lune augmentait encore dans ce moment le charme et l'illusion. Mais je comprends à merveille que ce n'est point des impressions de ce genre dont vous désirez que je vous entretienne. Vous m'excuserez plutôt de vous dire un mot de mon admiration pour les détours et retours ingénieux de la superbe chaussée et des magnifiques ponts, au moyen desquels on a rendu si facile le passage d'une chaîne de monts très hauts, très escarpés, couverts d'énormes masses de rochers, et coupés encore en tout sens par des précipices, des torrents et de profondes ravines. Pourquoi n'est-ce pas avec la même patience, avec le même génie que l'on s'applique à surmonter les obstacles qui ne manquent jamais de s'opposer aux révolutions utiles? Cette route importante n'est pas nouvelle; mais, à la manière dont elle est conservée, il faut qu'elle soit bien entretenue, ou qu'elle ait été construite avec un soin extrême. En général, tous les grands chemins que j'ai parcourus étaient fort peu dégradés; dans quelques endroits même, on voyait des traces de réparations faites récemment, et des dispositions pour en faire de nouvelles. Tout n'est donc pas détruit, et comment l'ouvrage d'une si longue période de richesse et de puissance pourrait-il l'être déjà? Je ne puis vous exprimer, Monsieur, combien j'admire, combien je vénère ces grands établissements d'utilité publique, dont la durée résiste à toutes les vicissitudes du gouvernement, de l'opinion, des siècles; quelque trésor, quelque sacrifice qu'il en ait coûté, le résultat est si beau, si grand, qu'on ne saurait trouver qu'il soit acheté trop cher.

Dans toute l'étendue des pays que mes yeux ont pu découvrir, les terres paraissent assez bien cultivées; je n'en veux pas conclure qu'elles le soient également partout; le contraire est trop bien prouvé par les énormes dévastations de la Vendée, de quelques départements voisins des frontières, et de plusieurs cantons des provinces du Midi; mais je conçois que différentes circonstances ont empêché que l'agriculture en France n'ait souffert autant qu'il y avait lieu de le craindre.

En supposant que la guerre ait enlevé, comme on le présume, un grand cinquième, et peut-être plus, de la population vouée communément à la culture des terres [1], ce vide effrayant paraît avoir été suppléé, du moins en grande partie, par d'autres bras plus faibles, mais dont l'activité

1. Pour donner une idée de l'énorme multitude d'hommes sacrifiés dans cette malheureuse guerre, je ne rapporterai qu'un fait. Un bon républicain, chargé pendant quinze mois des approvisionnements de l'armée de la Vendée, m'a protesté que, sur 200,000 hommes qu'il avait vus se précipiter dans ce gouffre, il n'en était pas ressorti plus de 10,000. (*Note de Meister.*)

constante s'est vue aiguillonnée encore, d'abord par l'intérêt d'une jouissance nouvelle, par l'espoir de ne plus partager le fruit de leurs peines avec l'avidité fiscale, ensuite par l'impérieuse nécessité de la terreur, ou de l'extrême besoin. Il est assez ordinaire de voir des femmes conduire seules la charrue, ou n'avoir pour aides que des vieillards et des enfants. Ce qui dut manquer aussi, depuis quelques années, au succès des travaux rustiques, c'est sans doute l'engrais, le secours des bestiaux dont la France s'est trouvée excessivement dépourvue par la prodigieuse consommation qui s'en est faite dans les armées de la République; et c'est bien, je crois, une des causes les plus remarquables de la disette effective dont souffre aujourd'hui l'intérieur du pays; il faut se rappeler cependant l'immensité des approvisionnements tirés de l'étranger à tout prix; il faut se souvenir encore qu'il est beaucoup de terres en France dont la fécondité n'exige pas autant d'engrais qu'ailleurs, parce qu'elles sont naturellement grasses et légères.

Je dois ajouter qu'il est au moins quelques contrées, comme aux environs de Ligny, de Bar-sur-Aube, où l'on voit encore des troupeaux assez nombreux de vaches, de moutons, et même de chevaux.

Je ne sais si la moindre quantité d'hommes, dans les villes et dans les campagnes, fait ressortir davantage le grand nombre des enfants; mais il me semble que je n'en ai jamais tant vu. Ceci me rappelle une autre observation qui n'est peut-être pas à négliger ici; c'est que, quoique la masse monstrueuse des armées françaises ait dû épuiser toutes les classes de la population, il n'en est pas moins certain qu'aucune guerre moderne n'a tiré plus de ressources des villes. C'est dans les villes, à commencer par la capitale, que se formèrent, et que subsistent encore tous les grands foyers du fanatisme révolutionnaire. Le charme de l'uniforme, des plumes, de la cocarde, enivra d'abord la vanité de tous nos bourgeois beaucoup plus empressés, du moins alors, de s'égaler à la noblesse militaire que de s'élever à l'austère dignité de citoyen. La guerre déclarée tout à coup, comment reculer, sans craindre la honte ou le ridicule? Ceux que l'ambition et le point d'honneur n'auraient pas poussés hors de leurs foyers, en furent chassés ensuite par la terreur; car ce n'est point exagérer, de dire que depuis le 2 septembre 1792, jusqu'au 9 thermidor, la plupart des habitants des villes durent trouver dans les camps plus de moyens de subsistance, et plus de sécurité même, que dans l'enceinte de leurs murs.

Grâce à cette terrible circonstance, les réquisitions, devenues plus abondantes et plus faciles dans les cités, ont épargné du moins aux campagnes une partie de l'extrême fardeau que dans d'autres temps elles eussent supporté, pour ainsi dire, exclusivement. On estime que, depuis quatre ans, la seule ville de Paris a pu fournir aux armées plus de 150,000 hommes, moins robustes peut-être que des paysans, mais d'une intelligence plus exercée, plus lestes, plus adroits et beaucoup d'entre eux avec plus ou moins de ressources personnelles. Je connais un père, qui, pour déterminer son fils à partir plus gaiement pour l'armée, non seulement remplit ses poches d'or, mais assura même à sa maîtresse, que le jeune homme craignait de laisser dans le besoin, une rente viagère de cent louis; et ce n'est pas le seul exemple de ce genre que je pourrais citer.

Au moment où les habitants de la capitale n'obtenaient qu'avec beaucoup de peine quelques onces de mauvais pain par jour et quelques livres de viande par mois, les défenseurs de la patrie se trouvaient approvisionnés avec une abondance qu'aucune armée du monde n'avait peut-être jamais connue jusqu'ici. Depuis quelque temps, les choses ont un peu changé. En Alsace du moins, on m'a bien assuré qu'il serait impossible au soldat de vivre aujourd'hui de ses quinze sous en assignats et de ses deux sous en monnaie, s'il ne s'emparait pas de tout ce qui se trouve à sa portée dans les champs et dans les habitations de son voisinage.

LETTRE II

Sous certains rapports, j'ai trouvé la partie de la France que j'ai parcourue, fort changée; sous d'autres, je me suis étonné souvent qu'elle le fût si peu. Quoique les dévastations du torrent révolutionnaire se soient répandues partout, et souvent avec la rapidité la plus incroyable, il est des contrées où elles n'ont laissé presque aucune trace funeste. J'ai traversé des villages, des villes, peut-être même des cantons entiers où, se soumettant aux formes nouvelles, sans passion comme sans murmure, l'influence heureuse de quelques hommes de bien, de quelques familles considérées, a su prévenir habilement les manœuvres de l'intrigue, conjurer les violences de la tyrannie, et maintenir à ce prix l'ordre et la paix.

Le bonheur de ces lieux isolés repose l'âme; c'est pour elle, ce que seraient pour nos yeux ces couches éparses de gazon, ces bouquets d'arbres verts que l'on découvre encore, dit-on, de temps en temps, au milieu des plaines desséchées qu'inondèrent les flots d'une lave brûlante.

On a pillé, ravagé, détruit beaucoup de châteaux en France; mais il y en avait un si grand nombre, que ceux qui subsistent encore ne permettent guère au voyageur de s'apercevoir que ce nombre est diminué. Sur toute la longue route que je viens de faire, je ne pense pas avoir aperçu plus de trois ou quatre monuments remarquables de destruction, dans ce genre. Ce qui a été le moins épargné, ce sont les couvents, les abbayes, les cloches, et surtout les croix. On n'en voyait guère en France que dans les cimetières, sur le faîte des églises; c'est une merveille aujourd'hui d'en rencontrer une ; sur la pointe des édifices publics, on les a remplacées le plus communément par le bonnet rouge, ou par le drapeau tricolore. Le bruit des cloches qui m'avait tant ennuyé dans le Brabant, quoiqu'il n'y en ait peut-être nulle part dont les sons soient aussi brillants, aussi mélodieux, je l'ai regretté souvent en France; trop continuel, comme il l'est dans plusieurs pays catholiques, ce bruit devient sans doute importun; mais son absence totale a, je vous assure, quelque chose de triste et de sauvage.

Lorsque le temps s'écoule pour nous avec une lenteur si pénible, ce qui marque d'une manière éclatante les termes par lesquels il se divise, semble soulager un peu l'imagination. Le son des cloches nous rappelle d'ailleurs, même dans la plus profonde retraite, que nous ne sommes point seuls, qu'il est encore des hommes autour de nous, que les mêmes devoirs, le même culte, les mêmes sentiments rassemblent quelquefois; c'est une impression de bienveillance, de rapports religieux, de sociabilité, qui me touche et m'intéresse.

Concevez-vous ici, Monsieur, l'extrême malheur d'un bon catholique aux bords du Rhin, qui tous les jours entend sonner la messe sur l'autre rive, et ne l'entend plus sur celle qu'il habite! Je suis convaincu que cette seule circonstance a décidé l'émigration d'une foule de pauvres Alsaciens.

A Schlestadt, je vis la première belle église entièrement dépouillée de tous ses ornements, et transformée en magasin de fourrage. Sans attacher trop de prix à toutes les pratiques extérieures du culte religieux, je ne puis vous exprimer combien cet aspect m'attrista. Je me représentai vivement la profonde douleur de tant d'âmes simples et pieuses, qui venaient chercher autrefois dans ce temple la consolation de leurs peines les plus vives, le gage de leurs plus douces espérances, et qui ne l'y trouvent plus. Combien me parut ridicule et révoltante l'inscription gravée en grosses lettres sur le frontispice de ce temple profané :

Le peuple français reconnaît l'existence de l'Être suprême, et l'immortalité de l'âme.

Égalité, Fraternité, ou la Mort.

Ces trois derniers mots, *ou la Mort*, avaient été rayés à la vérité, grâce à la clémence mise à l'ordre du jour depuis le 4 prairial [1]; on y avait même substitué : *Humanité;* mais si maladroitement qu'à travers les lettres du mot consolateur, on apercevait encore trop distinctement les traits sanglants de *la Mort*. Grand Dieu! quelle preuve pour l'existence de l'Être des êtres, que l'aveu d'un peuple qui vient de briser tous les liens d'une autorité légitime, pour se courber sous le joug honteux du plus féroce et du plus méprisable des tyrans! Quelle preuve pour l'immortalité de l'âme, que l'aveu d'un peuple souillé de sang et de crimes, d'un peuple qui n'a pas craint de fouler aux pieds tout ce qui peut entretenir les espérances de la vertu, tout ce qui peut consoler l'humanité souffrante!

Le philosophe doit trouver une pareille déclaration aussi vaine qu'absurde; l'homme religieux doit la trouver

1. La journée dramatique du 1er prairial an III, où Boissy d'Anglas montra tant de courage, est celle dont la postérité a gardé la mémoire; tandis qu'un contemporain a pu attacher plus d'importance au 4 prairial, jour du combat décisif où les terroristes furent écrasés.

plus absurde encore. N'est-ce pas à ses yeux comme si le peuple français eût déclaré qu'il reconnaît l'existence du soleil, et le retour des saisons qui fécondent la terre? *Solem quis dicere falsum audeat*[1]? Comment oser démentir l'évidence du soleil!

Les proscriptions, les brigandages de toute espèce, l'admirable théorie de l'égalité qui leur servit de titre ou de prétexte, les énormes dépenses du plus dissipateur et du plus prodigue des gouvernements, m'avaient persuadé, je l'avoue, et je m'en sais aujourd'hui mauvais gré, que d'un côté je verrais moins de richesse et moins de luxe; de l'autre, plus d'aisance et plus de propreté. Je vous proteste qu'il n'en est rien; j'ai vu dans les campagnes autant de misère et de haillons que ci-devant; dans les villes, les symptômes de l'indigence la plus effrayante, beaucoup plus terribles, beaucoup plus communs, avec les mêmes inégalités de fortune, quoique manifestées d'une manière différente, parce que les richesses ont changé de place, et parce que plus d'un genre de dépense est devenu physiquement impossible, comme le faste des voitures et des chevaux.

Il est donc vrai, qu'à moins d'introduire dans un pays toute la sévérité des lois agraires, ou plutôt encore le régime et l'éducation publique de Sparte, on n'empêchera jamais que le petit nombre ne soit riche, et le grand nombre, pauvre. Quelque faciles que soient dans certaines circonstances les moyens d'acquérir, de prendre ou de voler, il n'y a pourtant jamais que des hommes hardis, astucieux, capables d'une sorte de suite et d'énergie, ou singulièrement favorisés par le hasard, qui puissent en tirer un avantage durable; ce ne sera jamais la grande masse du peuple. En France, — conformément au grand

1. Virgile, *Géorgiques*, I, 463-464.

principe de l'abbé Sieyès : qu'il ne faut pas détruire les propriétés, mais changer les propriétaires, — on a voulu dépouiller l'ancienne classe des nobles et des riches; pour y parvenir, il n'est point de moyens de violence ou d'artifice que l'on ne se soit permis d'employer : mais qu'en est-il arrivé ? L'extravagance et la barbarie des nouvelles lois, l'injustice et le désordre des mesures autorisées pour les faire exécuter, ont d'abord commencé par anéantir une grande partie des richesses nationales pour tout le monde; elles en ont laissé passer une autre partie fort considérable chez l'étranger; le reste est devenu la proie d'une foule, qui consume bien plus qu'elle ne jouit. Tout ce qui de cette manière ne s'est point évaporé, pour ainsi dire, en vaine fumée, est tombé dans les mains d'un très petit nombre d'hommes, également avares et cupides. Je ne pense pas qu'il existe un pays en Europe où il y ait autant de richesses mobilières, qu'il y en avait en France, non seulement en numéraire effectif, mais encore en vaisselle, en bijoux de toute espèce, en livres, en tableaux, en meubles précieux.

Je laisse aux spéculateurs de Londres, de Hambourg, de Livourne, de Gênes, de Philadelphie, de Bâle, le soin de calculer ce qu'il en est sorti par les malheurs de l'émigration, par les alarmes et les besoins, tant des anciens capitalistes que des nouveaux; enfin par les spéculations mêmes du gouvernement, réduit à tirer de l'étranger, au change le plus défavorable, tant d'objets de première nécessité. Je consens même qu'on en déduise, le plus scrupuleusement du monde, tout ce qu'en ont pu faire rentrer les conquêtes du Brabant, de la Savoie et de la Hollande; je suis convaincu qu'en dernier résultat, le déficit, trop réel pour la France, n'en présentera pas moins la somme la plus effrayante.

Les vices qui corrompent le bonheur de la société peuvent exister dans toutes les classes ; mais il en est cependant qui semblent appartenir à l'une plutôt qu'à l'autre. L'indigence et la richesse ont chacune des moyens de nuire et de servir qui leur sont propres. La classe de la société la plus pauvre est, en général, la plus utile et la plus laborieuse ; mais les passions dont certaines circonstances la rendent susceptible peuvent devenir extrêmement funestes ; et, dans un état de désordre, elle est aussi, par la nature même des choses, celle qui consomme et détruit le plus rapidement. Elle jouit sans réserve, sans prudence ; et de ce qu'elle amasse, elle en est plus avare qu'aucune autre. La classe la plus riche est, en général, la plus paresseuse, la plus inutile ; mais, comme elle est toujours la moins nombreuse, l'influence de ses vices ne peut s'étendre au delà de certaines limites ; mais, quelque injustes et quelque impétueuses que soient souvent ses passions, il est moins impossible de les contenir et d'en circonscrire les ravages ; elle a, par la nature même des choses, l'habitude et l'intérêt de l'esprit conservateur ; et sa manière de jouir est encore celle qui peut contribuer le plus à la circulation des richesses, au progrès de l'industrie et des arts. La classe mitoyenne est sans doute celle qui nous offre le plus de vertus, le moins d'inconvénients, le plus de bonheur réel. Mais notre nouvelle philosophie en daignera-t-elle voir la véritable raison? C'est que la destinée lui laisse évidemment moins de puissance et moins de liberté qu'aux deux autres [1]. Ah ! les forfaits

1. On est surpris, au premier abord, en lisant que le pauvre est plus libre, aux yeux de Meister, que l'homme des classes moyennes.

Mais le fait est qu'il échappe plus facilement à sa famille, à ses amis, à son entourage, qui le perdent de vue quand il passe dans un autre pays, ou seulement dans une autre ville ; tandis que l'homme des classes

dont nous avons été témoins nous permettent-ils d'en douter? L'homme a besoin de liens et de guides; ce n'est point par le sentiment de ses droits, c'est par celui de ses devoirs, qu'il peut conserver son intégrité morale et la paix de son cœur.

Combien la vérité de toutes ces réflexions ne m'a-t-elle pas été confirmée par le spectacle affligeant de l'espèce de guerre à mort qui menace d'éclater dans ce moment, en France, entre les habitants des campagnes et ceux des villes, entre les cultivateurs propriétaires, et les hommes réduits à la nécessité de conquérir tous les jours leur subsistance à force de travail et d'industrie.

On ne saurait nier, je pense, que la classe des petits propriétaires, en France, ne soit un peu plus considérable aujourd'hui qu'elle ne l'était avant la Révolution. Mais cet accroissement n'est pas, à beaucoup près, d'une aussi grande importance que l'on pourrait le présumer. Toutes les terres dont la nation s'est adjugé si généreusement l'héritage, ne sont pas encore vendues. De celles qui le sont, les unes furent acquises d'abord par des négociants, par des capitalistes que les circonstances forcèrent à réaliser ainsi les fonds de leur commerce ou de leur portefeuille; d'autres sont devenues le butin d'un petit nombre d'intrigants qui trouvèrent, dans les malheurs mêmes d'un grand bouleversement, des chances de fortune aussi rapides qu'inouïes. De riches fermiers ont dû saisir également une occasion si favorable d'acquérir ou d'accroître la propriété des domaines dont ils connaissaient le mieux la valeur et les convenances; le reste seulement, et vous concevez que ce doit être la moindre partie, a pu tomber

moyennes est toujours suivi par l'œil des siens et ne peut échapper à leurs jugements, ni se soustraire facilement à l'influence de leurs opinions.

entre les mains d'hommes industrieux, et jusqu'alors sans aucune propriété.

Il ne serait donc pas impossible que le nombre de ces nouveaux propriétaires se trouvât presque balancé par celui des anciens propriétaires qui ne le sont plus, dont tous ne sont pas émigrés ou guillotinés, ou dont il reste encore dans la République des héritiers ou des représentants plus ou moins dignes de pitié. Le seul fait que l'on ne saurait contester, c'est que les propriétés territoriales de la France sont, en général, plus divisées qu'elles ne l'étaient ci-devant. Mais, pour être impartial, il faut ajouter tout de suite qu'une grande partie au moins de ces divisions et de ces partages n'a pas tourné au profit du pauvre. Les journaliers du fermier ne sont pas payés comme l'étaient ceux des ci-devant seigneurs, encore moins peut-être que ceux du clergé. Avec quelque amertume, et souvent avec quelque raison, que l'on ait déclamé de nos jours contre l'abus des richesses de l'Église, il n'est pas moins très constant qu'une bonne part de ces richesses a toujours été la ressource et le patrimoine de quiconque n'en avait point d'autre.

Toutes ces circonstances n'expliquent, hélas! que trop bien comment le nombre des pauvres ne peut pas avoir beaucoup diminué dans les campagnes; on concevra bien mieux encore à quel point il doit avoir augmenté dans les villes, où tant de branches de commerce et d'industrie sont entièrement détruites, où les rentiers depuis longtemps ne reçoivent, et de l'État et des particuliers, qu'une monnaie fictive dont la valeur décroît de jour en jour dans la progression la plus effrayante.

Je ne puis donc vous exprimer assez vivement la détresse et le désespoir des villes qui, se trouvant entourées des moissons les plus abondantes, n'en périssent pas moins de faim. Elles sont, ainsi que nous le disait un officier municipal de Nancy [1], elles sont comme Tantale au milieu des eaux. Depuis que la terrible loi du *maximum* [2] est abolie, le cultivateur met à son blé le prix qu'il veut, et s'obstine même à ne plus recevoir d'assignats. Le pauvre habitant des cités ne peut donc plus obtenir l'aliment le plus indispensable qu'en le payant de ses meubles, de ses hardes, de son linge. Pour nourrir son malheureux semblable, il est tel avare cultivateur qui n'a pas frémi de le dépouiller de son dernier vêtement.

La véritable aristocratie en France, celle dont tout le monde a droit aujourd'hui de s'indigner, c'est l'aristocratie des fermiers et des laboureurs. Je n'ignore point ce qu'on pourrait alléguer pour tenter de la justifier; l'ancienne oppression sous laquelle on l'a vue gémir si longtemps; l'iniquité des nouvelles lois dont elle ne soutint pas le fardeau le moins accablant, tant que durèrent les réquisitions et le *maximum* du gouvernement révolutionnaire [3]; enfin l'extrême désordre des finances, le discrédit alarmant du signe de toutes les valeurs numéraires, suites

1. A Nancy, j'ai vu plus de trois mille personnes, sur le marché, solliciter vainement quelques livres de farine, et la force armée réduite à la cruelle nécessité de dissiper cette foule affamée, à coups de crosse. Il n'y avait pas, dans l'auberge où nous étions, un seul morceau de pain; je courus moi-même cinq ou six boutiques de boulangers et de pâtissiers, que je trouvai parfaitement dégarnies; ce n'est que dans la dernière qu'on m'offrit, par grâce, une douzaine de vieux petits biscuits de Savoie, que je payai quinze francs. (*Note de Meister.*)

2. Le *maximum* avait été aboli par une loi du 4 nivôse an III (24 décembre 1794).

3. L'impérieuse nécessité des circonstances a déjà forcé le gouvernement actuel à rétablir, avec plus ou moins de sévérité, la loi des réquisitions en nature. Et, malgré toutes les sublimes rêveries de nos systèmes de philanthropie moderne, il faudra bien revenir, tôt ou tard, au régime de Colbert sur l'approvisionnement des marchés publics, ou bien à quelque autre loi prohibitive du même genre, si l'on ne veut pas qu'une partie de la France laisse périr l'autre de faim et de misère. (*Note de Meister.*)

déplorables d'une révolution, dont la classe des cultivateurs est sans doute moins coupable qu'aucune autre. La cupidité de cette nouvelle aristocratie n'en paraîtra cependant pas moins odieuse, ses procédés moins durs, moins révoltants; et l'excès des maux, dont la tyrannie actuelle est cause, doit avertir les législateurs du danger qu'il y a de laisser trop de moyens de force et de pouvoir entre les mains d'un ordre d'hommes, de qui dépendent les premières ressources de subsistance pour toute la nation.

Il n'est point de despotisme plus opprimant, il n'est point d'avarice plus impitoyable que celle d'un fermier enivré de ses richesses : demandez-le à tous ceux qui ont le malheur de vivre dans sa dépendance. Il faut protéger les laboureurs, et non pas les enrichir; il ne faut pas les enrichir, parce qu'il est impossible de les enrichir sans rendre misérable tout ce qui les environne, parce que la richesse est inutile à leur propre bonheur, et devient plutôt nuisible à la prospérité nationale qu'elle ne lui peut être favorable; il ne faut pas les enrichir, enfin, parce qu'il n'est point de condition dont il soit plus dangereux de laisser corrompre les vertus, et qu'il n'en est point que la fortune corrompe davantage, et d'une manière plus funeste.

Une aisance honnête est le prix naturel de leur travail, et cette douce aisance est aussi l'état qui conserve le mieux toute la félicité de leur situation, toutes les forces qu'exige l'accomplissement des pénibles devoirs qu'elle leur impose. Le luxe de la richesse est aussi déplacé dans les champs que le serait la simplicité de la vie rustique dans une ville de commerce ou dans la capitale d'un grand royaume.

A propos de luxe et de richesse, combien croyez-vous, Monsieur, que j'aie vu de chaises de poste, depuis Bourglibre jusqu'aux portes de Paris? Deux, en y comprenant celle où j'étais, et pendant huit jours de route; aussi, quelque modeste que fût notre suite, — car nous n'avions qu'un domestique sur le siège de notre diligence, — presque partout on nous a fait l'honneur de nous prendre pour des députés ; c'est comme si l'on nous eût pris autrefois pour des prélats ou pour des seigneurs de la cour, au moins pour des intendants de province.

LETTRE III

En courant la poste, même aussi lentement qu'on peut la courir en France aujourd'hui, comment se flatter d'avoir pu rassembler assez de données pour juger avec confiance des dispositions secrètes d'un grand peuple? Mais ces dispositions ne pourraient-elles pas être si générales, si prononcées, qu'il fût difficile même au voyageur le plus léger, le plus distrait, de ne pas en être frappé? Je vais tâcher de vous raconter mes découvertes, mes aperçus, avec cette simplicité de franchise dont vous voulez bien me savoir gré, quoiqu'elle appartienne beaucoup moins à mes principes qu'à mon caractère, à mon instinct naturel. Si les résultats manquent de justesse, vous verrez toujours, je pense, dans la manière même dont je vous les exposerai, quelle fut la cause et peut-être l'excuse de mon erreur.

D'abord, ce que j'ai rencontré le plus souvent sur ma route, sans prendre aucune peine pour le chercher, c'est l'air du malaise, de l'inquiétude, de la fatigue, du mécontentement, joint à beaucoup d'indifférence sur le succès ou le non-succès du nouvel ordre de choses. Quoique cette Révolution ait eu le mérite singulier d'intéresser, de passionner même un nombre prodigieux d'hommes, sûrement plus qu'aucune autre, il est pourtant de fait que la majorité très décidée de la nation est demeurée neutre; qu'elle l'eût été bien davantage encore, si l'impérieuse nécessité des circonstances, la terrible violence du despotisme révolutionnaire l'eût permis.

La multitude est plus ou moins comme l'âne de la fable, et ne cessera jamais de l'être, sûre de porter toujours sa charge et son bât.

Et que m'importe donc, dit-elle, à qui je sois[1]?

Dans cette multitude, il ne faut pas seulement compter les hommes que l'ignorance et la misère condamnent aux travaux les plus pénibles, mais encore la classe très nombreuse des hommes nuls ou faibles de caractère, qui ne cherchent et ne trouvent leur bonheur que dans le repos de l'obscurité, dans la paix de l'insouciance. Cette énorme multitude, suivant les principes de notre politique moderne, si l'on était de bonne foi, formerait bien réellement l'absolue, l'imposante majorité du peuple souverain, la sublime idole de vos philanthropes démocrates. Eh bien! les ambitieux traitent cette idole comme ce curé de Normandie son crucifix : à la tête d'une procession de son village, il se prit de querelle avec la procession d'un autre village voisin; on allait en venir aux coups; à l'instant, il lève le lourd crucifix dans ses bras et lui dit : *O mon Dieu! tout ce que je te demande, c'est de rester neutre;* en même temps, il l'empoigne et s'en sert pour assommer tout ce qui se trouve sur son chemin. Quelque affligeante que soit cette vérité, je la trouve trop bien établie par toutes les époques de l'histoire, et peut-être d'une manière plus évidente encore, par celle où nous vivons. *Humanum paucis vivit genus*[2]. Ce n'est que pour le petit

1. La Fontaine, livre VI, fable 8 : *le Vieillard et l'âne.*
2. Lucain, *la Pharsale*, V, 343.

nombre qu'existe le genre humain. Le royaume des cieux est aux hommes doux [1], mais ce monde-ci n'appartiendra jamais qu'aux hommes violents; tout ce qu'on peut espérer, c'est qu'à force d'art, de culture, de lumières, de mœurs et de lois sages, on parviendra quelque jour, peut-être, à tempérer un peu les excès de leur injuste pouvoir.

Au moment de mon voyage, on venait de convoquer les assemblées primaires. Je vous proteste que sur cent fois que j'ai demandé : « Citoyen, comment s'est passée l'assemblée primaire de votre canton? » l'on m'a répondu quatre-vingt-dix fois : — *Moi, citoyen! Quas que j'irions fare là? Ma fi, l'ont bin de la poine à s'entendre;* — ou : *Que vouli-vous, on atoit en bin petit nombre; les honnêtes gens restiont cheux ou, et puis se plaignont qu'on laisse fare aux autres ce qui leur plaît; ça n'est pas de bons patriotes.... Vous êtes sûrement député, vous, citoyen? Ditcs-leur donc qu'il serait bin tems qu'on nous débarrassit de la guerre et des assignats; on prendrait encore son parti sur le reste.* Quand je m'avisai de féliciter la République de la gloire de ses armées, de leurs brillantes conquêtes, — on venait d'exécuter avec succès le dernier passage du Rhin, et l'on ne s'attendait point encore à se voir obligé de le repasser si promptement : *Eh bien oui, c'est bin fait de les avoir chassés de cheux nous. Mais qu'allons-nous conquérir chez eux? Vous le voyais : encore plus de misère!*

Si l'on ajoutait à la petite minorité des assemblées primaires qui viennent de rejeter la Constitution, toutes

1. Meister attribue aux *doux* ce qui est promis aux *pauvres en esprit* (Évangile selon saint Mathieu, v, 3, 5) et il oublie ce qui est dit quelques pages plus loin (XI, 12), dans le même Évangile, que les violents ravissent le royaume des cieux.

celles qui n'ont pu voter, parce qu'elles étaient envahies par les Vendéens ou par les Chouans, si l'on comparait ensuite le nombre des votants effectifs aux assemblées qui ont accepté, avec le nombre de ceux qui n'ont point voté du tout quoiqu'ils en eussent le droit, ou par un reste de terreur, ou par insouciance, il serait aisé, je pense, de prouver mathématiquement que la très grande majorité du peuple français n'est rien moins qu'attachée au nouvel ordre de choses. Mais, encore une fois, qu'est-ce que cela prouve, tant que cette majorité n'aura point de foyer de réunion, tant qu'elle n'aura pas même le fantôme d'un chef qui puisse captiver sa confiance, tant que les plus grandes ressources de la force physique et de la force morale seront à la disposition du parti dominant?

La masse la plus considérable du peuple ne voit communément dans les grandes révolutions que ce qu'elles sont en effet : un fléau plus ou moins terrible, plus ou moins long. Après s'être laissé entraîner par l'impétuosité du premier choc, tous ses vœux, tous ses efforts ne tendent bientôt plus qu'à découvrir quelque abri commode et sûr, pour en éviter, pour en adoucir les suites funestes.

Fatigué d'une agitation pénible, on n'aspire qu'au repos, et lorsqu'on voit l'impossibilité d'être mieux, l'on s'arrange encore pour supporter et pour souffrir. Montaigne l'a dit : « La société des hommes se tient et se coud, à quelque prix que ce soit. En quelque assiette qu'on les couche, ils s'appilent et se rangent en se remuant et s'entassant; comme des corps mal unis, qu'on empoche sans ordre, trouvent d'eux-mêmes la façon de se joindre et s'emplacer les uns parmi les autres, souvent mieux que l'art ne les eût su disposer »[1].

1. *Essais*, livre III, 9e chapitre : *De la vanité*.

Je suis effrayé de le penser, je suis plus épouvanté d'oser le dire : mais il est malheureusement trop vrai que la plus grande puissance de ceux qui gouvernent est dans la patience, dans l'inertie naturelle de ceux qui sont gouvernés. C'est la certitude désolante de cette triste expérience, qui donne la solution la plus simple de ce grand problème de l'ordre social : comment le plus petit nombre parvient toujours à subjuguer le plus grand ? Les moments de trouble et d'insurrection, qui semblent prouver d'abord le contraire, en offrent bientôt après la preuve la plus décisive. Il n'est point de forme de gouvernement, où l'art de régner ne soit celui de trouver les moyens d'entretenir, de caresser ou d'enchaîner d'une manière quelconque cette paresse, cette inertie naturelle au commun des hommes ; dans beaucoup de circonstances, ce grand art se borne même à savoir éviter ce qui pourrait en interrompre le paisible cours, ou lui donner forcément une direction nouvelle. Il ne faut pas oublier cependant que, si cette disposition des choses favorise le jeu des hommes qui sont en possession du pouvoir, elle favorise également celui des hommes tentés de le leur ravir. Ce monde n'est donc qu'une vaste arène, livrée à la lutte éternelle des passions les plus actives, les plus audacieuses ; toutes les autres ne semblent destinées qu'à leur servir de jouets et de victimes. Heureux quiconque sait se placer assez loin d'elles, pour n'en être que le spectateur !

Suave, mari magno turbantibus æquora ventis,
E terra magnum alterius spectare laborem 1.

Ah ! plus heureux sans doute, le mortel qui, caché dans le silence d'une douce retraite, y pourrait ignorer à jamais

1. Lucrèce, *De natura rerum*, II, 1, 2.

tous ces barbares jeux de la violence, de l'injustice et du hasard !

La classe de ceux qui peuvent avoir gagné réellement à la Révolution, est beaucoup moins nombreuse aujourd'hui que je ne le pensais; elle n'est composée, en vérité, que des agioteurs, des entrepreneurs, des fournisseurs de l'armée, de leurs sous-ordres, de quelques agents particuliers du gouvernement, des fermiers qu'enrichirent leurs nouvelles acquisitions, et qui furent assez durs, assez prévoyants pour cacher leur blé, enfouir leur or et repousser constamment l'assignat [1]. Tous ces nouveaux parvenus, réunis ensemble, ne sont pas à beaucoup près, au reste de la nation, ce qu'étaient ci-devant les privilégiés, les nobles, les financiers, les négociants, et tous les artistes industrieux dont ceux-ci faisaient la fortune.

Quoique l'entretien des comités révolutionnaires ait coûté, dans une seule année, au trésor national, entre cinq à six cents millions, ce butin scandaleux s'est tellement éparpillé, qu'il n'a profité, pour ainsi dire, à personne. Sans compter que les rapines ne sont pas un genre d'industrie fort honnête, il est encore très constant qu'il n'est pas fort lucratif; ce qu'on gagne si vite, se partage et se dépense de même [2]; il n'y a que les chefs de bande,

1. A mon retour en Suisse, j'arrivai vers les dix heures dans une petite auberge, entre Belfort et Bâle; j'y trouvai, dans la seule chambre où l'on pouvait se tenir, une demi-douzaine de paysans autour d'une table, à côté de celle où l'on nous fit souper; ils étaient fortement occupés d'une partie de brelan. Obligé de repartir vers les cinq heures, je retrouvai mes joueurs encore à la même place; les écus continuaient de rouler sur la table, et la dernière poule que je vis gagner était de plus de trente louis; ce n'est pas sans doute une poule de ce genre que Henri IV souhaitait à tous les paysans de son royaume; celle-ci, du moins, n'excita que beaucoup d'emportement et d'humeur, mais elle ne termina point encore la partie. (*Note de Meister.*)

2. La dépense de tous les employés du gouvernement, jusqu'aux derniers sous-ordres, est excessive. En revenant, j'ai fait le voyage de Paris à

qui, dans le partage, savent se faire adjuger la part du lion, et peuvent prospérer pendant quelque temps. Tout le reste est bientôt replongé dans sa première misère. Enfin, plus j'ai vu, réfléchi, calculé, plus je me suis convaincu de la vérité de ce que me disait mon hôtesse de Vesoul : *Ah! Monsieur, pour un que la Révolution enrichit, croyez qu'elle en appauvrit mille.*

La vente du mobilier des émigrés n'a pas été non plus aussi généralement profitable qu'il y avait lieu de le présumer. Les étrangers en ont tiré peut-être plus de parti que les nationaux. Ce qu'il y a de certain, c'est que tous les objets précieux ont été vendus fort au-dessous de leur prix, et que beaucoup de gens, même peu riches, ont eu trop de délicatesse pour vouloir prendre aucune part à ces malheureuses ventes. Dans l'auberge de Lunéville, mon compagnon de voyage et moi fûmes étonnés de l'élégance et de la fraîcheur de quelques ameublements. La maîtresse du logis, ayant remarqué notre surprise, se pressa de nous dire : *Messieurs, ne craignez rien, il n'y a point là de taches de sang, ce n'est pas du bien volé. Non, Dieu nous en garde! C'est à Nancy que nous avons fait acheter l'étoffe toute neuve, et c'est ici que nous avons fait faire le lit et les fauteuils, par un jeune ouvrier établi depuis peu de temps dans notre ville.*

Beaucoup de nouveaux acquéreurs des biens nationaux sont devenus les objets de la haine et du mépris de tout leur voisinage, soit que l'on y regrette encore ceux dont ils occupent la place, soit que l'on sache trop bien par

Bâle, par la diligence; et pour le dire en passant, quoique j'eusse près de trois quintaux de bagage, il ne m'en a coûté que trois écus neufs, espèces, tout compris, excepté la nourriture. Il m'est souvent arrivé de voir des charretiers du gouvernement se faire servir de la volaille, du gibier, de la pâtisserie, tandis que sur la table des voyageurs, il n'y avait qu'un vieux gigot de mouton et quelques méchants entremets. (*Note de Meister.*)

quels vils ou quels injustes moyens ils sont parvenus à s'en emparer. Je n'oublierai jamais ni l'air, ni l'accent dont on répondit à mon compagnon de voyage qui demandait quel était le propriétaire actuel d'un très beau château, devant lequel notre chaise était arrêtée : *Eh ! Monseigneur, c'est un ci-devant pouilleux !*

Ce que j'oublierai bien moins encore, c'est l'impression que me fit, à mon retour, la douleur d'un beau vieillard de soixante et dix ans passés, dans un village près de Langres, chez qui je passai près d'une heure. C'était un fort riche fermier, perclus de la moitié du corps, mais conservant encore, à son âge et malgré ses infirmités, l'œil très vif et le teint frais de la santé ; dans un antique fauteuil à bras, au coin d'un grand feu, ce digne vieillard paraissait exercer tout l'empire de son autorité domestique avec le caractère le plus imposant ; il n'élevait jamais la voix, mais on était attentif à tous ses mouvements, et l'on se pressait de suivre promptement ses moindres ordres. Nous parlâmes d'abord des nouvelles générales de Paris et de la guerre ; elles ne tardèrent pas à lui rappeler l'éternel objet de ses regrets, le martyre de son vertueux seigneur, plus âgé que lui de quelques années, mais son ami, bien plus que son seigneur, qui, sans égard pour son âge, pour une vie consacrée tout entière au bonheur du pauvre, fut traîné du fond de sa retraite à Paris, traduit au tribunal révolutionnaire, et s'y vit égorger avec tant d'autres victimes innocentes comme lui ; les larmes de la plus profonde douleur et de la plus vive indignation coulaient le long de ses joues vénérables. *Non*, me disait-il, *je n'ai point le cœur insensible ; mais l'abominable monstre dont la rage vint ici chercher ce bon, ce brave seigneur, je le verrais, je crois, dans ce feu, que je jouirais de ma vengeance sans pitié.* Il avait l'air et l'accent d'Œdipe, vouant ses persécuteurs à la justice des Furies immortelles [1].

Une observation générale qui ne doit échapper, ce me semble, à aucun voyageur, c'est que dans les départements éloignés de Paris, le mécontentement porte plus sur le nouvel ordre de choses, auquel on attribue vaguement tout ce que l'on souffre; et qu'à mesure que l'on approche de la capitale, il porte bien plus sur les hommes qui gouvernent que sur la nature même du gouvernement. Il est plus d'un district en France, où, même actuellement, on ne croit pas encore à la Révolution, où l'on n'y comprend rien, où l'on ne l'envisage du moins que comme une étrange calamité dont les ravages ne sauraient durer, comme un torrent dont il faut laisser passer la fougue. On ne se sent ni la force, ni peut-être même la volonté de l'attaquer de front; mais on tâche de s'y soustraire le plus que l'on peut, et l'on se renferme dans l'attente passive d'un ordre de choses moins malheureux.

N'est-ce pas une circonstance assez remarquable, que, presque partout où l'on ne veut point entendre parler d'assignats, c'est-à-dire à quarante ou cinquante lieues de Paris, on n'a fait presque aucune difficulté d'accepter le décret pour la réélection des deux tiers de la Convention, et que dans le sein même de la capitale, de la ville qui la première voulut la Révolution, et la fit, pour ainsi dire, toute seule, le fameux décret a été rejeté presque à l'unanimité?

Il y a beaucoup de campagnes, depuis Langres jusqu'à la frontière, où, non seulement l'on ne veut point recevoir de papier-monnaie, mais où l'on refuse encore les écus qui n'ont pas l'effigie royale, soit parce qu'ils sont un peu

1. Sophocle, *Œdipe à Colone*.

plus petits que les autres, quoique de même valeur, soit parce que les prêtres ont su persuader aux paysans que les nouveaux écus étaient de l'argent maudit, ayant été fait avec les vases sacrés volés à l'Église.

Si vous me demandez, Monsieur, comment avec tant de dispositions antirévolutionnaires, la Révolution n'en a ni moins de puissance ni moins de succès, je vous prierai de vous rappeler ce que j'ai dit au commencement de cette lettre; j'ajouterai que ceux qui l'ont conduite jusqu'à ce moment, ont montré tour à tour beaucoup d'audace et beaucoup d'habileté; ceux qui l'ont combattue, beaucoup d'incapacité, beaucoup de faiblesse, peu de suite, encore moins d'accord.

Quant à la manière dont on fait faire aux hommes ce qui leur convient le moins, j'en ai vu l'autre jour une image, qui, pour être un peu commune, n'en est pas moins frappante. C'était un grand troupeau de moutons, s'obstinant à rester immobile devant une barrière; les bergers en saisirent quelques-uns par la tête, et les traînèrent de force dans le chemin où ils voulaient les conduire : tout le reste ne tarda pas à suivre; et c'est ainsi, Monsieur, qu'on mène le peuple, et qu'on a fait toutes les révolutions du monde. C'est ainsi qu'on les fait surtout en France, où les folies de la capitale sont encore aujourd'hui comme un coup d'électricité qui se communique subitement d'une extrémité du royaume à l'autre. Les chefs des comités secrets de la Convention le savent si bien, qu'il n'est point de précautions que l'on n'ait prises, point de manœuvres qu'on n'ait employées, pour empêcher que les départements ne connussent trop tôt le résultat des assemblées primaires de Paris, relativement au décret de la réélection.

Ce qu'on ne saurait nier encore, c'est que si la Révolution a contrarié beaucoup plus d'intérêts réels qu'elle n'en a favorisé, ses principes et ses mesures ont dû captiver merveilleusement les passions les plus communes et les plus actives. On a blessé les âmes sensibles, mais on a flatté les âmes passionnées; on a brisé beaucoup d'idoles utiles au maintien de l'ordre, au repos de la société; mais en même temps on a ouvert un temple à la licence, dont le culte facile, enivrant, n'a pu manquer d'attirer une affluence prodigieuse de prêtres et d'adorateurs, de tout caractère et de toute condition.

LETTRE IV

Ce fut le 22 septembre, entre huit et neuf heures du matin, que nous arrivâmes à Paris, par le faubourg Saint-Laurent [1], sans être arrêtés à aucune barrière, sans éprouver la moindre difficulté, sans essuyer la moindre question. Je n'entreprendrai point, Monsieur, de vous exprimer ici, de combien de souvenirs délicieux, de combien de regrets déchirants, de combien de pressentiments de peine et de joie mon cœur fut agité, en revoyant un séjour dont j'avais été si longtemps idolâtre. Mon premier bonheur fut, je l'avoue, de retrouver au moins le matériel de cette vaste cité, malgré tous les orages qui la menacèrent, malgré tous les volcans qui mugissent encore autour d'elle, de le retrouver tel que je l'avais laissé ; que dis-je? sous quelques rapports même, fort embelli. Les bâtiments que j'avais vu commencer sur le boulevard et dans la Chaussée d'Antin, sont achevés; et ce beau quartier offre, pour ainsi dire, l'aspect d'une ville nouvelle; c'est toujours la partie de Paris la plus peuplée, celle où les appartements sont le plus rares et le plus chers, si du moins l'on peut appeler cher ce qui ne se paie guère plus,

1. Le faubourg Saint-Laurent occupait l'emplacement qui aujourd'hui environne la gare de l'Est. L'église Saint-Laurent existe encore dans ce quartier.

en assignats, qu'on ne le payait ci-devant en espèces. La préférence que l'on continue de donner à ce quartier est fort naturelle; il n'est pas dans le centre de la ville, il n'en a donc pas les inconvénients et le bruit; cependant il est près de tout, du Palais-Royal, des Tuileries, par conséquent de la Convention, de la partie des bureaux où l'on a le plus souvent affaire; enfin le circuit borné, du boulevard auquel il touche, jusqu'à l'ancienne place du Palais-Royal, circuit dont on peut faire le tour en moins d'un quart d'heure, renferme aujourd'hui les quatre grands théâtres : l'ancienne Comédie française et la nouvelle, la Comédie italienne et l'Opéra, sans compter cinq ou six petits spectacles nouvellement établis, entre autres, celui du Vaudeville.

Si l'on jugeait de la population de Paris par la grande affluence de monde que l'on voit dans certains quartiers, aux promenades et surtout aux spectacles, on serait tenté de croire qu'elle a plutôt augmenté que diminué. Mais le contraire est prouvé par des calculs plus certains, et particulièrement, celui de la consommation habituelle des objets de première nécessité. Il y a deux classes de l'ancienne population, dont les trois quarts ont évidemment disparu, celle des domestiques et celle des ouvriers de luxe. Une partie de la première a sans doute passé dans d'autres classes, dans celle du commerce, où la dépouille de leurs maîtres a fourni quelquefois les premiers fonds de leur établissement, dans les bureaux si multipliés des nouvelles administrations, dans les différents emplois de la magistrature révolutionnaire; mais la grande masse cependant est fondue dans les armées. Parmi les ouvriers de Paris, il y avait un grand nombre d'étrangers, qui, dès le commencement de la Révolution, ont regagné leurs foyers, ou d'autres contrées dont la paix et la richesse semblaient leur offrir alors des ressources plus solides. Je sais bien que les illusions du fanatisme révolutionnaire, peut-être encore plus, celles de l'esprit de cupidité qui croit toujours voir dans de grands bouleversements des chances de fortune extraordinaires, n'ont pas manqué d'attirer à leur tour de nombreux essaims d'étrangers. Mais cette nouvelle population, quelque forte qu'on puisse la supposer, est fort instable, et n'a sûrement pas remplacé, même à beaucoup près, les vides de l'ancienne.

Il y a des quartiers de Paris qui paraissent entièrement déserts, et vous devinez sans peine que le plus abandonné de tous est ce beau quartier du faubourg Saint-Germain, où dans des rues entières de palais, on ne voit plus que quelques grands hôtels occupés par les nouvelles administrations de la République; si vous vous avisez d'entrer dans un de ceux sur le frontispice desquels on lit en grosses lettres rouges ou noires : *Propriété nationale à vendre*, vous serez effrayé de l'état de dégradation où vous le trouverez; la plupart sont dépouillés non seulement de meubles, de glaces, de lambris, de baguettes; sous prétexte d'enlever les plombs des toits et le salpêtre des caves, on en a laissé ruiner encore toute la boiserie, et même souvent jusqu'aux murs. Partout où les comités révolutionnaires ont pénétré, l'on croit reconnaître la trace du passage désastreux d'une armée de Huns ou de Vandales. Il ne faut pas oublier non plus ici tous les hôtels culbutés et dévastés par les quarante-quatre [1] sections de Paris, qui se sont emparées successivement des plus belles maisons qu'elles ont trouvées vides dans leurs quartiers, pour y placer leurs bureaux et leurs corps de garde. Il est plusieurs de ces hôtels que l'on pouvait

1. *Sic*. En réalité, Paris était divisé, depuis 1790, en quarante-huit sections, remplacées, en l'an IV, par douze municipalités.

acquérir encore à cette époque pour quelques millions, c'est-à-dire pour un morceau de pain. Mais un homme peu riche, un homme qui ne serait pas en état de courir les hasards d'une spéculation éloignée, trouverait dans ce bon marché le moyen de ruine le plus infaillible, car, que ferait-il de cette maison après l'avoir achetée, s'il ne pouvait la revendre promptement avec bénéfice? qui voudrait la louer? Et comment l'occuperait-il lui-même, sans y faire une dépense qui dépasserait vingt fois le prix de l'acquisition, vu le tarif actuel des denrées, des matériaux et de la main-d'œuvre.

Ce n'est pas seulement sous ce rapport, c'est sous mille autres encore, que je me désole du contraste continuel que j'aperçois entre les avantages qui distinguaient la France avec une faveur si marquée, et les conséquences inévitables de sa législation actuelle. Qu'y a-t-il entre l'élégante politesse de l'esprit français, et la grossièreté du costume jacobin, des mœurs révolutionnaires? entre le sol le plus fertile de l'Europe et l'austérité du régime républicain? entre l'activité brillante d'une nation riche, vaine, industrieuse, et ces sombres principes d'égalité, destructeurs de toute industrie, de toute émulation, si ce n'est celle des vertus politiques? supposé même que ces principes soient jamais mieux entendus qu'ils ne le sont aujourd'hui. Si la France persévère dans les exagérations de son républicanisme, que fera-t-elle de ses richesses, de son luxe, de ses palais, de toutes ces merveilles, augustes monuments du beau siècle de Louis XIV? Ne faudra-t-il pas renoncer encore aux chefs-d'œuvre de Corneille, de Racine, de Voltaire, de Bossuet, de Fénelon? Car tous ces chefs-d'œuvre ne réfléchissent-ils pas trop vivement l'éclat de la magnificence royale, pour ne pas blesser les yeux d'un peuple libre, ou pour ne pas risquer de séduire ceux d'un peuple qui ne l'est pas encore, et qui, selon toute apparence, ne le sera jamais que de force?

Je vous demande pardon, Monsieur, de m'être laissé si fort emporter par le chagrin que m'a causé la vue de tant de beaux hôtels à vendre et à louer, qui ne doivent jamais être ni vendus, ni loués, si le républicanisme du jour prospère.

Mais, puisque je suis dans ce quartier, je n'en sortirai point sans vous avoir dit la surprise et la douleur que j'éprouvai, peu de jours après mon arrivée, en passant près du dôme des Invalides, cette magnifique maison de Dieu, qu'on a traitée comme celle d'un aristocrate ou d'un émigré. Le jour commençait à tomber, j'aperçus dans l'enceinte extérieure du dôme un groupe considérable de grandes figures d'une blancheur éclatante, pressées les unes contre les autres, et comme parquées dans une bergerie. Je ne pus deviner d'abord ce que c'était; en m'approchant, je reconnus les figures colossales, en marbre, des saints qui décoraient ci-devant les niches de ce superbe temple; elles étaient exposées là sans doute en vente, comme tant d'autres objets de toute espèce que l'on voit sur toutes les places et, pour ainsi dire, dans toutes les rues; mais ces pauvres saints! qui les voudrait, ou qui les oserait acheter? J'appris, à cette occasion, que l'intérieur de ce bel édifice avait été fort maltraité sous l'infâme tyrannie de Robespierre.

C'est passé l'heure des spectacles, vers dix heures du soir, que la tristesse et le dénuement où se trouve Paris doivent frapper surtout un étranger qui le vit dans des temps plus heureux; autrefois, c'était presque le moment de l'agitation la plus vive et la plus brillante. On courait aux soupers ou à d'autres plaisirs, et le roulement de mille et mille voitures faisait retentir le pavé de toutes les rues du bruit de la joie et de la folie d'un peuple léger, frivole, mais qui, content, paraissant du moins l'être, ne se doutait pas même de la possibilité des maux et des horreurs qui viennent de souiller son histoire, et dont le souvenir épouvantera sans doute encore la postérité la plus reculée. Aujourd'hui, passé la sortie des spectacles, c'est le silence des tombeaux qui règne dans tous les quartiers; la rencontre d'une voiture est un événement; il est rare même de rencontrer des gens à pied, si ce n'est des patrouilles; ce n'est donc guère que pour elles que la ville continue d'être éclairée comme elle l'était ci-devant.

Depuis le 9 thermidor, on a vu reparaître, le jour, quelques voitures particulières, celles des ministres étrangers, celles des membres du Comité de salut public, qui en ont chacun une à leur disposition, aux frais de la République; celles de quelques entrepreneurs ou de leurs maîtresses; mais toutes ces voitures ensemble ne font pas, comme vous pouvez croire, un grand effet dans l'immensité d'une ville comme Paris. Il y a même assez peu de fiacres; des gens qui tenaient équipage autrefois, ne se déterminent pas encore aisément à payer 100 fr. pour une course, quoique, au cours du change actuel, ces 100 fr. ne représentent pas même 24 sols, espèces [1]; les cabriolets sont plus communs, depuis que l'agiotage est devenu la première, on peut dire l'unique occupation de tout Paris; j'en ai compté quelquefois jusqu'à cinquante à la porte du vieux Louvre, où se tient à présent la Bourse.

1. Meister, à plus d'une reprise, a indiqué la valeur des assignats en monnaie métallique; et chaque fois, il leur donne une valeur différente. D'après ce qu'on lit ci-dessus, quatre francs en assignats valent à peine un sou en métal. A ce qu'il dit un peu plus loin (page 87), un sou en métal vaudrait moins de deux francs en assignats; tandis que dans la note de la page 84, un sou en métal vaut plus de cinq francs en assignats. — Mais chacune de ces évaluations a pu être exacte à un certain moment.

L'étendue et l'activité de cet agiotage universel passent toutes les idées qu'on peut en concevoir de loin, et vous ne sauriez faire un pas dans les rues, sans en rencontrer quelque preuve plus ou moins sensible, plus ou moins affligeante. D'abord, presque tous les devants de maisons, toutes les grandes allées, du moins dans les quartiers les plus fréquentés, sont devenus autant de magasins de meubles, de hardes, de tableaux, d'estampes, etc. Vous voyez presque partout le même étalage qu'on ne voyait ci-devant que sur le pont Saint-Michel, sur le quai de la Ferraille, et sous les piliers des halles. On dirait que tout ce qui était jadis dans l'intérieur des appartements vient d'être exposé tout à la fois dans la rue. La capitale du monde a l'air d'une immense friperie. On est tenté de croire tout Paris en décret [1]; hélas! ce n'est bien, pardonnez-moi le trop juste calembour, ce n'est bien qu'à force de décrets qu'il est devenu ce qu'il a l'air d'être, ce qu'il est en effet. A chaque pas, vous rencontrez des personnes de tout sexe, de tout âge, de toute condition, portant quelque paquet sous le bras; ce sont des échantillons de café, de sucre, de fromage, d'huile, de savon, que sais-je? C'est encore trop souvent le dernier meuble, le dernier vêtement dont un infortuné consent à se défaire, afin d'acheter l'aliment dont il a besoin, pour lui-même ou pour sa malheureuse famille.

Cette fureur de brocanter et d'agioter est entretenue, également, par l'excès de la misère, comme par l'extrême cupidité, comme par l'inquiétude inséparable de l'opulence du moment. Si le riche court après les moyens de réaliser à tout prix un signe de richesse qui décroît de jour en jour, d'heure en heure, l'homme avide brûle de

1. Sous le coup d'une sentence portant saisie de biens.

mettre son empressement à profit; il se trompe souvent; mais, trop souvent encore, c'est aux dépens des malheureux les plus dignes d'intérêt et de pitié, qu'il répare son erreur et se dédommage de ses pertes. L'incertitude et les variations continuelles de la mesure commune de toutes les valeurs sont à un tel point, qu'avec la plus grande prudence, la meilleure foi du monde, il est presque impossible que l'on ne soit pas à chaque instant tout à la fois dupe et fripon [1]. On craint si fort de ne pas vendre ou de ne pas acheter assez tôt, que les marchés même les plus importants se font avec une légèreté dont il faut avoir été témoin pour y croire. Il y a tel hôtel considérable, à Paris, qui s'est vendu quatre fois dans quinze jours, sans qu'aucun des acquéreurs l'eût peut-être jamais vu. J'ai marchandé moi-même une terre de trois millions pour un de mes amis, sans avoir jamais pu me procurer aucun éclaircissement positif sur le produit des baux, quoique je me sois adressé successivement aux deux derniers acquéreurs, ainsi qu'aux notaires par qui l'acte de vente avait été dressé. On se contente de savoir en

1. Il y a beaucoup d'artistes, d'artisans et d'ouvriers, dont les salaires n'ont pas été portés, en tout, au quart, pas même au dixième du prix qu'on leur payait ci-devant. Un perruquier, à qui l'on donnait autrefois 12 fr. par mois, en espèces, se contente aujourd'hui de 60 fr. en assignats; c'est *moins de 10 sous*. Tel livre, qui vous aurait coûté 12 à 15 livres, vous le payez 2 à 300 livres. Mais tous ces prix varient d'un jour, d'une heure, d'un moment à l'autre. En général, les marchés les plus chers se faisaient encore à beaucoup meilleur compte alors, en assignats qu'en numéraire. Il m'est arrivé souvent de marchander un objet d'abord en numéraire, et de l'obtenir ensuite en assignats pour la moitié, le tiers du prix : le papier évalué au cours du change. L'honnête marchand, trompé lui-même par l'imposante vanité des nouveaux signes, ne craint pas de vous demander un petit écu d'une bagatelle, dont sa pudeur rougirait d'exiger 800 livres; tant ont de pouvoir et de durée l'empire des mots et celui de l'habitude! tant en impose encore à la misère actuelle l'aristocratie des chiffres, la prodigalité fastueuse du nouveau signe numérique! (*Note de Meister.*)

gros si c'est un bien patrimonial [1], une propriété de moine, ou d'émigré (car il existe une prodigieuse différence entre l'estimation de ces trois sortes de biens), le prix de la dernière enchère, le nombre d'arpents, etc. Enfin, le plus riche hôtel de Paris, la plus belle terre, s'achète et se vend comme on prend une carte au pharaon. Si l'on s'avise d'y vouloir réfléchir davantage, on risque de manquer le coup, de se décider trop tard. « Dans une ville, dit Pline, où il semble que tout soit fait pour le dernier qui s'en empare, on trouve que le temps d'agir est passé, si l'on attend qu'il soit venu [2]. »

Le prix de différents objets est aujourd'hui presque au pair de l'argent ; il en est même qui sont au-dessus de l'ancien prix, et, très malheureusement encore, le bon pain, les pommes de terre; cependant il en reste toujours un très grand nombre, qui ne sont pas même au quart de leur valeur. Ainsi l'homme qui sortirait tous

1. Les biens patrimoniaux sont vendus presque au même prix que ci-devant ; ceux du clergé, beaucoup moins ; ceux des émigrés ne le sont peut-être pas aux deux tiers de leur valeur réelle. Ce n'est pas seulement les revenants que l'on craint, ce sont les haines, le mépris, et les tracasseries du voisinage. Ce que l'on redoute peut-être encore plus, ce sont les justes indemnités que pourrait réclamer la nation, si cruellement lésée par les bas prix des premières ventes. Il y a tel domaine que les départements révolutionnaires ont fait céder à leurs créatures pour moins que rien, au-dessous du produit de la première coupe de bois, des ravages de toute espèce qu'y ont exercés ces nouveaux acquéreurs. Aussi distingue-t-on beaucoup les biens nationaux de première origine de ceux qui ont déjà subi le sort de plusieurs ventes ; ces derniers sont en plus grand nombre que les autres, surtout si l'on excepte les forêts et les vastes domaines des grands propriétaires, dont la division offre des difficultés de plus d'un genre. Cette circonstance est d'autant plus remarquable, qu'elle ne contribue pas peu à ralentir la vente des propriétés nationales. Une bonne partie des biens déjà vendus continuant toujours d'être à vendre, la concurrence reste presque toujours la même. (*Note de Meister.*)

2. Si festinare videor, ignosce.... quod in ea civitate, in qua omnia quasi ab occupantibus aguntur, quæ legitimum tempus expectant, non matura, sed sera sunt.

Lettres de Pline le jeune, IV, 15.

les jours de chez lui, les poches pleines d'assignats, sans autre projet que celui d'acheter tout ce qu'il trouverait encore à très bon compte, pourrait faire en peu de temps une fortune immense. C'est aussi ce que plusieurs personnes ont su faire avec le plus brillant succès. De ce nombre est, dit-on, le vicomte de Ségur [1]. Il a du moins un des plus beaux magasins qu'il y ait en ce moment à Paris; et grâce à cette heureuse idée, on lui pardonne d'être le fils d'un maréchal de France, l'ami cité d'une ci-devant très grande dame, et même l'aristocrate le plus décidé, du moins dans ses opinions et dans ses plaisanteries.

La suite la plus funeste de l'agiotage, ou plutôt des circonstances qui l'ont établi forcément, c'est la disette effective de tant d'objets de première nécessité. Il y a longtemps que Paris serait mort de faim, mort de faim à la lettre, sans les sommes immenses que le Trésor national a dépensées pour fournir aux distributions faites journellement au peuple, à un prix qui doit les faire regarder comme de véritables aumônes; mais la nation ne devait-elle pas en effet ce sacrifice aux habitants d'une ville qui fit longtemps, presque seule, tous les frais de la Révolution, d'une Révolution à laquelle on doit tant de gloire et de liberté, tant de bonheur et de richesses, la destruction de la plus ancienne monarchie de l'Europe, et les prospérités inouïes de la dictature de Robespierre, d'une Révolution enfin dont tous les bienfaits, dont toutes les merveilles ensemble ne coûteront guère à la nation plus de deux à trois millions d'hommes, plus de trente à quarante milliards dont, peut-être même, elle ne paiera jamais la cinquantième partie? C'est donc, comme vous voyez, presque rien.

1. Alexandre-Joseph-Pierre, vicomte de Ségur (1756-1805).

A l'époque où j'arrivai à Paris, le pain des sections se distribuait à trois sous la livre, en assignats, et le gouvernement le payait environ huit à dix livres, c'est-à-dire cinq à six sous, espèces [1]. Mais ce pain, donné pour ainsi dire gratuitement, n'était ni fort sain ni fort savoureux; il était d'une farine noire, grossière et singulièrement pâteuse, parce qu'on y mêlait beaucoup de pommes de terre, de fèves, de maïs, de millet, et qu'on ne se donnait pas le temps de le cuire; pour l'obtenir, il fallait l'acheter souvent par plusieurs heures d'attente. La viande, le riz, l'huile, la chandelle, le charbon, la cassonade, plusieurs objets du même genre, se distribuaient également aux pauvres des sections, à des prix fort modiques; aussi les boutiques de boulanger, d'épicier et de boucher sont-elles assiégées, la moitié de la journée, par une troupe d'hommes, de femmes et d'enfants tenant à la main la carte de leurs sections; vous les voyez pressés les uns sur les autres, comme des mendiants à la porte d'un hospice, avec une patience qui n'est pas, à mes yeux du moins, le prodige de l'empire révolutionnaire le moins surprenant; c'est ce qu'on appelle *être à la queue;* et jugez, Monsieur, de la fatigue et de l'ennui de cette sujétion, quand il faut la subir, comme il arrive très communément, plusieurs heures de suite, quelque temps qu'il fasse; car sans compter que les nombreuses distributions même ne peuvent se faire qu'avec assez de lenteur, elles

1. Dans son message du 14 décembre 1796, le Directoire vient d'avouer que les subsistances de Paris exigent en ce moment plus de 370 millions par décade. Avant la Révolution, non seulement les subsistances de la capitale ne coûtaient rien au gouvernement, mais il en retirait un revenu annuel de 77 à 78 millions. C'est en en donnant le relevé, que M. Necker remarque que le roi de France tirait plus de revenu de sa capitale, que les trois royaumes de Sardaigne, de Suède et de Danemark ne paient de tributs à leurs souverains. Que les temps sont changés! (*Note de Meister.*)

ne se font pas non plus toujours à la même heure ; les approvisionnements sont souvent retardés, et manquent quelquefois tout à fait. La farine que les boulangers devaient recevoir la veille, ne leur est livrée que le lendemain ; et celle qu'ils attendaient le matin, ne l'est que vers le soir. Concevez-vous, Monsieur, le désespoir d'une si longue attente, lorsqu'elle a pour objet l'unique ressource de la plus affreuse indigence, et lorsqu'elle finit encore par être trompée ? Pensez-vous qu'il y ait une autre police qu'une police révolutionnaire, qui puisse arrêter ou prévenir les désordres que ne manquerait pas de produire, sous un autre régime, un pareil état de choses ?

Ne serez-vous pas encore étonné, Monsieur, d'apprendre que ces malheureuses distributions sont devenues, comme tout le reste, un objet d'agiotage et de cupidité ? Les pauvres favorisés de la section, qui reçoivent par jour une livre entière de pain, trouvent aisément l'occasion d'en vendre au moins une partie avec un bénéfice considérable, et ne résistent point à cet appât. Ce qu'on achète d'eux en détail, on le revend ensuite en gros, et l'on y gagne encore davantage ; il y a donc des agioteurs et des courtiers de pain, comme d'autres effets.

La crainte de mourir de faim a fait imaginer toutes sortes de moyens de s'en préserver. Il n'est pas rare de voir à la porte d'une maison ou d'une boutique, tantôt une cage de lapins, tantôt une chèvre, assez mal nourrie, mais dont le lait peut devenir encore, dans l'extrême besoin, une ressource bien précieuse. Je ne sais si c'est en faveur de mon goût pour les pastorales de notre aimable Gessner ; mais je vous l'avoue, parmi tant de symptômes de misère qu'offre aujourd'hui l'aspect de Paris, il n'en est point qui ait réveillé dans mon imagination de plus touchantes idées de mélancolie et de pitié. Je me représentais vivement la joie d'une bonne mère, recevant encore avec transport, de cette pauvre chèvre, l'aliment et la vie que l'excès du malheur et des besoins ne lui permettait pas de fournir elle-même à ses enfants. C'est peut-être la seule pensée douce qui se soit mêlée à tant d'images pénibles et douloureuses qui n'ont cessé de me poursuivre durant mon dernier séjour en France.

LETTRE V

Ce qui m'a frappé le plus généralement à Paris, c'est un caractère étrange d'incertitude, de déplacement, sur presque toutes les figures, un air inquiet, défiant, tourmenté, souvent même hagard et convulsif. Je crois qu'un homme qui n'aurait jamais vu Paris, qui n'en aurait jamais entendu parler, le voyant aujourd'hui pour la première fois, serait tenté de lui faire le même compliment que fit un jour M. de Jussieu à je ne sais quel original : « Monsieur, je n'ai pas l'honneur de vous connaître, mais je vous trouve bien changé. »

Peut-être penserez-vous d'abord que l'impression que j'éprouvai m'est absolument personnelle, ou que je l'exagère. Cependant daignez vous rappeler ici, Monsieur, qu'il n'y a guère plus d'un an que Paris n'était encore qu'une vaste prison, d'où l'on ne sortait que par miracle, ou pour tomber sous le fer de la guillotine; qu'il y a peut-être plus de quatre-vingt mille habitants de cette malheureuse ville, qui partagèrent, chacun à leur tour, les horreurs de la captivité la plus dure et la plus effrayante; que dans le nombre, il en est qui viennent seulement d'obtenir leur liberté, tout à l'heure; et que ce sont peut-être les seuls à qui l'on ne devait jamais la rendre [1]. Daignez vous rappe-

1. Les terroristes, que l'on avait fait sortir à l'approche de la crise à laquelle on s'attendait, et qui éclata si malheureusement les 12 et 13 vendémiaire. (*Note de Meister.*)

ler encore, dans cette immense population, combien de gens ruinés de fond en comble, qui, déchus de la plus haute prospérité, des plus brillantes espérances, se trouvent confondus maintenant dans la foule des misérables réduits à solliciter chaque jour, de la pitié du gouvernement, ou plutôt de ses craintes, le secours indispensable à leur subsistance. Vous ne serez plus surpris d'un aspect qui doit frapper de douleur et de compassion tout homme sensible; vous le serez au contraire, comme je le suis moi-même, que les traces de tant d'effroi, de misère et de désespoir ne soient pas encore plus fréquentes ou plus sensibles. Je ne vois qu'une manière de me l'expliquer : c'est que rien ne fait oublier un grand danger, une longue souffrance, comme le bonheur de s'en être sauvé, celui de l'espérer du moins; encore plus la nécessité de se garantir de nouveaux dangers, de nouvelles peines; l'impérieux besoin de chaque jour, de chaque moment. Ainsi les fléaux d'une grande révolution servent en quelque manière, par la rapidité, par la violence même avec laquelle ils se succèdent, à renouveler le courage et la patience nécessaires pour les supporter. C'est une observation qui n'aura pas échappé sans doute à la sagacité des philosophes qui préparèrent ce grand bouleversement; elle est faite pour reposer tout à la fois leur confiance et leur insensibilité; peut-être entre-t-elle aussi pour beaucoup dans les motifs qui les empêchent de désirer la paix, un état de choses dont le calme laisserait à chacun le loisir de voir et de mesurer l'étendue de ses pertes et de son malheur [1].

1. La première fois que j'entrai dans un café, un de ces messieurs venait d'en sortir. *Eh bien!* dit un de mes voisins à l'autre, *l'homme qui sort a fait périr pour sa part vingt-deux personnes de ma connaissance. — Vous venez pourtant de lui faire assez d'accueil. — Hélas! oui, c'est un monstre;*

En parcourant les rues de Paris, la tête en avant, suivant mon usage, et les yeux errants de tout côté, avides de reconnaître tant d'objets auxquels j'avais attaché quelque doux souvenir d'intérêt ou d'habitude, je ne pouvais me défendre d'un sentiment très extraordinaire de surprise et de chagrin. Il me semblait sans cesse que je revoyais une habitation chérie, abandonnée de ses anciens maîtres, occupée actuellement par des étrangers, et des étrangers qui ne s'y trouvaient pas à leur aise, qui ne paraissaient pas même sûrs d'y rester, dont l'humeur était au moins fort bizarre, car je revoyais bien les mêmes choses; mais rien ne me paraissait, pour ainsi dire, à sa place. Ce qui jadis était dans l'intérieur des maisons était dehors; dans le salon, ce qui était jadis à la cave, au grenier, ou dans l'antichambre. Rien de stable enfin, rien de posé, presque rien qui fût dans son assiette accoutumée, dans son assiette naturelle.

Le costume des hommes est, en général, assez simple, assez raisonnable; cependant, on voit encore beaucoup de gilets et de longues culottes, vêtement qui peut bien être très commode, mais qui n'en est pas moins fort mesquin, fort déshabillé. On voit encore un grand nombre de redingotes, descendant sur les talons, boutonnées jusqu'aux genoux; par-dessus, d'énormes sabres pendus à des ceinturons fort étroits; des cravates qui ressemblent à des draps de lit tortillés autour du cou, et des moustaches dignes de relever ces nobles livrées du terrorisme.

L'habillement des femmes ne manque ni de goût ni

mais il me rendit dans ce temps un service essentiel. — En ce cas, c'est tout simple.

Quelle impression pensez-vous que ce petit dialogue fit sur l'âme de votre pauvre Suisse? (*Note de Meister.*)

d'élégance ; les souliers plats rendent leur démarche plus assurée, sans la rendre moins facile et moins légère. Les ceintures, rattachées sous le sein, ont quelque chose de simple et d'antique ; elles laissent aux tailles bien proportionnées la liberté de développer toute la grâce de leurs contours, toute la souplesse de leurs mouvements ; elles servent à dissimuler beaucoup de défauts cachés ; elles font ressortir, sans doute, ce qu'on ne pardonnait autrefois qu'aux femmes grosses ; mais, comme presque toutes le sont aujourd'hui, sans en excepter les plus jeunes et les plus laides, c'est un moyen de plus de paraître à la mode, à l'ordre du jour. Il n'y a pas jusqu'aux perruques blondes, noires, grises, de toute couleur, que je m'attendais à trouver excessivement ridicules, avec lesquelles il a fallu me réconcilier ; tant il est vrai que dans ce genre de folie, il n'y a peut-être rien qu'une Française ne puisse tenter avec une sorte de succès ! Les perruques blondes adoucissent ce que des sourcils trop noirs avaient de dur et de tranchant ; les perruques brunes donnent aux blondes trop fades une expression plus vive et plus piquante ; elles sont faites d'ailleurs avec tant d'art qu'il n'est presque pas possible de ne pas les prendre pour des chevelures naturelles[1]. Les bras nus, et que la nature avait faits pour l'être, ne peuvent déplaire ; il faut même convenir qu'il en est de ces nouvelles nudités comme des idées les plus philosophiques, lorsqu'elles sont vraiment belles ; l'attrait de la nouveauté leur prête un charme de

1. Je crains bien que l'origine de la mode des perruques ne tienne à des circonstances fort tristes ; d'abord, au défaut très commun de secours domestiques pour se coiffer ; ensuite, au parti que quelques spéculateurs cupides auront imaginé de tirer de la quantité de cheveux coupés sous le règne de Robespierre, soit *forcément* par la guillotine, soit volontairement dans les prisons, pour éviter d'être dévoré de vermine. (*Note de Meister.*)

plus; mais vous croyez bien aussi, Monsieur, qu'il y a beaucoup de bras dans le monde, et même dans le monde régénéré par la Révolution, qui ne gagnent rien à se montrer si fort; et ce qui me semble encore passablement absurde, ce sont des mains gantées, au bout de bras nus jusqu'à l'épaule.

A l'époque où j'ai revu Paris, il y avait dans l'ajustement des femmes plus de recherche que de richesse. Je n'ai point aperçu de diamants; assez peu de perles; un peu de dorure, mais fort légère; leur plus grand luxe alors, ce me semble, était en dentelles; mais il n'y avait que les femmes de la nouvelle classe des riches qui pussent en porter, car elles étaient montées dès lors à un prix énorme. Un simple bonnet de gaze et de ruban se payait chez la bonne faiseuse, c'est-à-dire celle à qui la belle Mme Tallien, ci-devant l'amie de M. Alexandre de Lameth et l'épouse de M. de Fontenay, la fille du célèbre Cabarrus, accorde sa protection, trois à quatre mille livres.

Comment vous peindre ici, Monsieur, toute la bigarrure, tout le contraste qu'offre la population qui circule aujourd'hui dans les rues de cette immense capitale? Des femmes excessivement parées donnant le bras à de vrais sans-culottes; d'autres, cheminant toutes seules, mais avec beaucoup de peine, embarrassées à retrousser leurs élégantes robes jusqu'à mi-jambe, pour ne pas se crotter; des femmes mises avec le plus de simplicité, quelquefois même avec tout l'extérieur de l'indigence, distinguées encore par le maintien le plus noble et le plus décent; de vieux abbés, le reste de leurs cheveux gris en catogan, et d'anciens militaires, les cheveux coupés en rond, reportant humblement dans leur galetas le pain qu'ils ont été recevoir chez le boulanger de la section; des vieillards respectables, accoutumés toute leur vie à la plus grande aisance, obligés de se traîner à pied; leurs ci-devant fermiers ou leurs domestiques les éclaboussant de la boue de leurs cabriolets, pour aller conclure bien vite un marché de plusieurs millions; des essaims de nouveaux guerriers, dont les succès inouïs ont menacé d'envahir l'univers, pâles et déguenillés; ces hommes obscurs qui, du haut de la tribune, semblent dicter aujourd'hui des lois à l'Europe entière, dans le costume le plus sale et le plus négligé, — costume que l'écharpe tricolore, aux franges d'or, faisait encore ressortir davantage, — cherchant à se dérober eux-mêmes dans la foule, et n'échappant pas toujours, malgré leur modestie, aux insultes, encore moins aux malédictions des passants [1].

On trouve bien dans les rues quelques embarras nouveaux : les étalages de toute espèce dont je vous ai parlé dans ma précédente lettre; les transports continuels de meubles et de marchandises, si fort multipliés aujourd'hui par l'activité du brocantage universel; les patrouilles et les convois militaires. Mais, en revanche, il est beaucoup d'embarras de l'ancien temps qui ont fort diminué, comme celui des voitures; d'autres qui ont entièrement disparu, comme celui des processions de tout genre, sans en excepter les enterrements, dont la solennité se borne à une misérable bière, couverte d'un drap tricolore, portée par un ou deux hommes, et suivie d'un parent ou d'un officier de police. Il n'est plus permis de se revêtir d'aucun signe de deuil; et quand on laisse reposer un moment son imagination sur le souvenir encore si récent des

1. C'est à leur côté que j'ai plus d'une fois entendu des femmes de la dernière classe du peuple crier avec rage : *Les gueux! on a fait mourir tous les bons, pour laisser vivre un tas de scélérats, qui nous font mourir de peine et de misère.* (*Note de Meister.*)

règnes de Marat et de Robespierre, on ne peut qu'admirer, sans doute, la convenance et la sagesse d'une pareille disposition. Quoi qu'il en soit, il est certain qu'on circule plus librement que jamais dans les rues de Paris, si vous en exceptez pourtant tous les quartiers environnant la Convention, et dans une circonférence assez étendue, comme depuis la place Vendôme jusqu'au Carrousel, et depuis Saint-Roch jusqu'au Pont-Royal. Pendant presque tout le temps de mon séjour, on ne passait dans toutes les rues de ce vaste circuit qu'au moyen de cartes privilégiées, de cartes de députés, de ministres étrangers ou d'employés des différentes administrations ; les cartes de section ordinaires ne suffisaient pas.

C'est, vous en conviendrez, Monsieur, une singulière manière de se rappeler que l'on est dans le pays le plus libre du monde, que ce besoin continuel d'exhiber sa carte ou son passeport, pour ne pas risquer d'être arrêté sans cesse, en passant d'une section et quelquefois d'une rue dans l'autre; mais ce n'est pas ici le moment de s'en plaindre.

Je ne suis pas le seul voyageur qui ait remarqué que l'on ne vit jamais autant de femmes grosses à Paris que l'on en voit aujourd'hui, mais il m'est impossible d'en conclure, avec quelques-uns de vos philosophes modernes, que l'amour en est devenu plus moral en France ; à voir l'air et le maintien de la plupart de ces dames, je serais beaucoup plus tenté de croire qu'il n'en a que moins de réserve, moins de pudeur, moins de délicatesse. Une femme grosse a perdu, ce me semble, tous les charmes de son sexe, si, dans cet état, elle ne sait pas voiler les suites de la plus aimable faiblesse par un nouvel intérêt, par un plus grand caractère de décence et de dignité. C'est ce que je n'ai guère aperçu, dans cette foule de beautés fécondes, que l'on rencontre à tous les spectacles et dans toutes les promenades. La licence générale des opinions et des mœurs, la loi du divorce [1], l'indépendance domestique, tant de barrières renversées, tant de préjugés détruits, n'ont pu qu'augmenter beaucoup le nombre des unions précaires, substituées au mariage, et favoriser ainsi l'accroissement subit d'une nouvelle population. Mais il faudra voir quels en seront les résultats durables dans la suite des temps, si le sort des enfants en sera plus heureux, leur éducation meilleure, le repos et le bien-être intérieur des familles plus commun, plus assuré. Beaucoup de gens sont persuadés que les circonstances de la misère générale, celles du long règne de la Terreur, n'ont pas peu contribué à la fécondité du moment : elles ont rapproché beaucoup de ménages livrés à toutes sortes de distractions ; elles ont rendu plus intimes un grand nombre de liaisons jusqu'alors assez légères. On s'est vu forcé de se tenir plus renfermé, plus recueilli. La solitude, la crainte, les nuits si fort prolongées par le défaut de lumière, semblent disposer l'âme encore davantage aux doux épanchements de la tendresse ; enfin la peine et l'ennui donnent un nouveau prix à tout ce qui peut nous en distraire. L'extrême besoin d'intérêt, d'attachement, de sensations, en fait trouver quelquefois dans les objets mêmes qui semblaient devoir en être le moins susceptibles.

Ce qu'il y a de certain, c'est que l'affreuse existence à laquelle on était réduit dans les prisons, n'a point été

1. Depuis le 1er janvier 1793, jusqu'au 27 prairial an III, c'est-à-dire dans l'espace de quinze mois, il a été prononcé à Paris 5,994 divorces, dont 2,124 demandés par les hommes, et 3,870 par les femmes. Il n'y en a eu que 839 prononcés du consentement mutuel. (*Note de Meister.*)

Le 27 prairial an III correspond au 15 juin 1795 : Meister a fait une erreur en parlant de *quinze mois*.

perdue pour l'amour; que ce ne sont pas seulement des liaisons de galanterie ou d'intrigue passagère qui s'y sont formées, mais de véritables et grandes passions. C'est dans ces antres de Polyphème Robespierre, que le philosophe La Harpe est devenu dévot aux pieds de la marquise de Hautefort. C'est dans ces mêmes horribles demeures que la belle et vertueuse Custine n'a pu résister au tendre désespoir du malheureux comte de Beauharnais. C'est encore là que le vicomte de Ségur a passé dans les bras de la marquise d'Avaux les plus belles nuits qu'elle ait jamais dérobées à son triste époux [1].

Vous voyez, Monsieur, qu'il n'est point de situation, quelque hideuse qu'elle soit, où la mobilité du caractère français ne trouve encore une ressource quelconque.

Je n'envie à personne les jouissances qui peuvent lui faire supporter le fardeau de sa destinée; mais je prie le Ciel de me préserver de toute folie qui pourrait me consoler du spectacle de tant de souffrance et de misère. Quel est l'homme vraiment sensible qui n'aurait pas l'âme déchirée en voyant tous ces visages hâves qui ne sont plus animés que de l'impatience du besoin, et sur lesquels on distingue avec effroi l'empreinte profonde des plus amères douleurs! Combien de fois ne m'est-il pas arrivé de rencontrer des hommes mourant d'inanition, se soutenant avec peine contre une borne, ou bien tombés à terre,

1. Il est piquant d'opposer à ce témoignage d'un contemporain si bien informé, les éloquentes paroles du comte Molé, dans le discours par lequel il accueillait à l'Académie française l'auteur de *Stello*, Alfred de Vigny. En lui parlant des « scènes terribles des prisons et des échafauds », il disait : « Les victimes ont été héroïques.... Je les ai connues, ces victimes, et il ne m'a manqué qu'une ou deux années pour prendre rang parmi elles, à côté de mon père. C'est en leur nom, comme au nom de leurs enfants, que je viens repousser de toutes les forces de mon âme et de mes souvenirs tout mélange impie de leur mémoire infortunée à de frivoles scènes de coquetterie et d'amour.... »

et n'ayant plus la force de se relever ! Je ne sortais plus sans remplir mes poches de tout ce que j'avais pu épargner de pain ; et le morceau qu'un pauvre autrefois eût dédaigné, je le voyais accepter, souvent avec l'expression de la plus vive reconnaissance, par des êtres, hélas ! qui mendiaient, ce jour-là, peut-être pour la première fois. J'entends encore avec saisissement la voix faible et sombre d'une femme assez bien vêtue qui m'arrêta dans la rue du Bac, pour me dire avec un accent que précipitaient tout à la fois la honte et le désespoir : *Ah ! Monsieur, venez à mon secours.... Je ne suis point une misérable, j'ai des talents.... Vous avez pu voir de mes ouvrages au Salon ; mais depuis deux jours je n'ai rien à manger, et j'enrage de faim !*

Lorsqu'au milieu de scènes si lugubres et si douloureuses, je vois encore tant de luxe et tant d'orgueil, tant d'extravagance et tant de frivolité, je ne puis m'empêcher de me représenter quelquefois tout le peuple de cette immense cité, sous l'emblème de ce misérable Marseillais qu'on voyait alors partout, et que je ne rencontrais jamais sans une nouvelle surprise. Quoique estropié de tous ses membres, une jambe reliée contre l'épaule, avec un coussin de cuir sous le moignon de l'autre, il courait gaiement les rues et les carrefours, appuyé sur ce coussin et sur l'un de ses poignets, regardant insolemment tout le monde, et chantant à gorge déployée les chansons patriotiques du jour.

On a beau tourmenter cette nation dans tous les sens, lui faire prendre les attitudes les plus contraires à ses goûts, à ses penchants naturels, elle conservera toujours et cette activité de feu qui la fait vivre, et cette heureuse gaieté qui s'amuse et se console de tout.

LETTRE VI

Au moment où j'arrivai à Paris, les Tuileries étaient encore fort belles. Le parterre au-dessus de la terrasse des Feuillants était garni de superbes orangers; on avait commencé à décorer les niches de la galerie qui donne sur le jardin, de bustes et de statues; les deux murs du côté du Pont-Royal et de la cour des écuries avaient été remplacés par de grandes grilles. Mais quelques jours après, ce beau jardin ne fut plus qu'un camp, de l'aspect le plus sauvage. Toutes les allées étaient remplies de tentes, de canons, de chariots; et la moitié de la grande terrasse du Château servait de bivouac à une troupe de cavalerie.

L'intérieur du palais est, comme vous pouvez croire, entièrement bouleversé. Les changements qu'on y a faits ne sont qu'en décorations de bois et de toile. Mais ces décorations sont toutes, en général, d'assez bon goût. Les salles qui précèdent celle de la Convention, ainsi que celle de la Convention même, ont, il faut l'avouer, quelque chose de simple, d'antique et d'imposant. Il est aisé de reconnaître le génie de David dans l'ordonnance de la plupart de ces travaux. Au milieu de l'une de ces salles est placée une statue colossale de la Liberté; dans une autre, son temple au haut d'un rocher, d'où ses foudres précipitent tous les démons du despotisme et tous les fantômes de l'esclavage. Le plus fier ornement de ces salles, ce sont les riches trophées des drapeaux enlevés aux ennemis de la République. La salle même de la Convention, où s'assemble aujourd'hui le Conseil des Anciens, dans de grandes et belles proportions rectangulaires, est fort élevée; le fond des murs, imitant le marbre jaune veiné de différentes nuances de la même couleur, est décoré de grandes statues en manière de bronze, qui représentent les plus grands philosophes, les plus célèbres législateurs de l'antiquité : Numa, Lycurgue, Platon, Pythagore, Camille, Brutus; les bancs où siégent les députés forment autour de la tribune, au haut de laquelle est le fauteuil du président, et au bas, le bureau des secrétaires, un vaste amphithéâtre de figure elliptique; ces bancs, ainsi que la tribune, sont garnis de drap vert; à la droite et à la gauche de la tribune, sont deux loges, la première destinée aux ministres étrangers, l'autre aux dames, ou si vous voulez, aux citoyennes distinguées, telles que Mmes Tallien et Bentabole.

La première fois que je fus conduit dans cette auguste assemblée par un ardent admirateur de la Révolution et de la République, j'y passai près de deux heures sans entendre un mot de discussion, parce que le rapport qui devait ouvrir cette séance fut retardé, j'ignore par quel motif. *Je vois bien*, dis-je à mon introducteur, *que vous m'avez amené ici aujourd'hui tout exprès, pour me donner une haute idée de la sagesse du Sénat de la nouvelle Rome; je ne veux pas la perdre, et je m'en vais.* C'était une séance du soir, il était près de onze heures, et j'étais fort fatigué, non de ce que j'avais entendu, mais de ce que j'avais vu. L'on s'attendait à quelque tumulte de la part des sectionnaires; en conséquence, on s'était mis en mesure, et tous les passages de la salle même et des pièces voisines étaient remplis de longues redingotes, de grands sabres, de grandes moustaches, qui ressemblaient tout à fait par leur mine et par leur costume à des Capitaines Tempête, à des souteneurs de mauvais lieu.

Depuis, j'eus l'avantage d'assister à différentes séances plus ou moins intéressantes, plus ou moins orageuses; mais je ne puis me vanter d'avoir entendu un seul discours marqué au coin d'un vrai talent. Parmi beaucoup de déclamations folles, extravagantes, de criailleries atroces et puériles, j'ai bien recueilli quelquefois des propositions raisonnables, des réflexions justes et sages; mais je n'ai rien distingué que l'on puisse comparer de fort loin à l'éloquence d'un Mirabeau, d'un Cazalès, d'un abbé de Montesquiou, d'un Lally, d'un Clermont-Tonnerre, même d'un Ramond, d'un Vergniaud. Boissy-d'Anglas, qui déploya tant de caractère et de dignité dans la fameuse journée du 1er prairial, a dit souvent, fort bien, d'excellentes choses; mais on prétend que ses plus beaux discours ne sont pas de lui. Vous voyez qu'on traite les héros de la faveur populaire comme les belles et les rois; leurs meilleurs ouvrages sont toujours attribués à quelque inspiration secrète. Tallien parle le plus souvent d'une manière commune, mais assez facile. Le boucher Le Gendre a quelquefois des coups de boutoir assez fermes, assez heureux. Daunou, Thibaudeau, dans certaines circonstances, ont su montrer beaucoup d'habileté, d'intérêt et de chaleur. Doulcet de Pontécoulant, quoique ardent républicain de cœur et de système, a fait plusieurs rapports remarquables par la sagesse des principes qu'il a toujours défendus avec beaucoup de constance, et par la manière claire et simple dont il les développe. Chénier n'est pas l'homme que l'on peut estimer le plus, si la moitié de ce qu'on en dit est vrai; son amour-propre m'a toujours paru beaucoup plus original que son talent; mais sans vouloir le flatter, de tous les orateurs du moment, c'est peut-être encore celui qui parle le mieux sur toute sorte de sujets, et sans avoir eu le temps de s'y préparer; aussi ne manque-t-il pas de confiance, ni d'admirateurs; pour vous en donner une idée, je me permettrai de vous raconter la conversation dont je fus témoin, au premier dîner que j'eus l'honneur de faire avec lui.

D'abord, il est important de vous rappeler, Monsieur, que l'habitude de parler à la tribune, ou de disputer dans les clubs et dans les cafés, a changé tout à fait le ton habituel des conversations; il en a monté le diapason de quelques octaves au moins. On parla des dernières brochures de La Harpe; il y en avait une ancienne sur la liberté de la presse, dans laquelle le représentant Chénier avait été traité fort rudement [1]. Malgré ce souvenir, en dénigrant avec tout le mépris possible ses opinions politiques, il affecta généreusement de protéger le mérite littéraire de La Harpe. Au grand étonnement de ses collègues, il soutint que *Mélanie* et *Philoctète* [2] pourraient bien aller à la

1. *La liberté de la presse, défendue par La Harpe contre Chénier*. A Paris, chez Migneret, imprimeur, l'an III, 22 pages. Cette brochure a été écrite « contre un décret, manifestement surpris à la Convention, à la suite d'un rapport de Marie-Joseph Chénier » (rapport lu le 12 floréal an III).

« Après avoir parlé, dit La Harpe, des redoutables émigrés, le rapporteur s'écrie : *Sachons les punir, ou descendons de cette tribune, et comme Brutus, poignardons-nous!* — Que Chénier descende de la tribune, il n'y a pas de mal; pour ce qui est de se poignarder, il n'y a pas de quoi. »

A vrai dire, La Harpe a résumé en deux lignes tout un paragraphe grandiloquent, et changé les termes du discours de Chénier, qui, au lieu de *poignardons-nous*, avait dit : *et comme Brutus à Philippes, mourons en invoquant le ciel!*....

2. Le drame de *Mélanie* ne put être publiquement représenté qu'en 1791 ; mais à son apparition, plus de vingt ans auparavant, il avait été souvent lu dans les salons, et joué sur les théâtres particuliers; et quand il fut imprimé, en 1770, Voltaire écrivait à La Harpe :

« Dieu et les hommes vous sauront gré, mon cher confrère, d'avoir mis

postérité. « Quoi ! *Philoctète !* » dit l'un d'eux. — « Oui, *Philoctète*, quoique une simple traduction, est un ouvrage estimable. » — « Ah ! répliqua le savant législateur, ce *Philoctète* me paraît à moi bien au-dessous de celui d'Homère. » — « De Sophocle », reprit plus vite et plus bas Chénier. — « Non, je croyais, d'Homère.... enfin, vous êtes bien indulgent. » — « Pas trop, car quelque bon littérateur qu'il soit, toutes les fois qu'il veut parler politique, je trouve, comme vous, qu'il n'a pas le sens commun; et c'est fort simple : les plus grands hommes ont radoté, quand ils ont voulu parler de ce qu'ils n'avaient point appris. On sait que je respecte M. de Voltaire comme un grand homme.... » A ce mot, je ne puis vous exprimer ma surprise de le voir arrêté tout à coup par l'extrême surprise, par les transports d'admiration de ses ingénieux collègues. « Ah ! c'est superbe ce que tu dis là !.... Non (presque la larme à l'œil), je suis ravi de t'entendre parler ainsi. » — « Je dis, mes amis, ce que je pense ; eh bien, M. de Voltaire lui-même, quand il a voulu parler de musique et de peinture, n'a fait que déraisonner. La politique est un art qu'il faut avoir appris, ainsi que tous les autres. » — Est-il rien de plus simple et de plus modeste ? Je me contentai de dire, avec une bonhomie qui très heureusement ne fut remarquée de personne : « Je

en drame l'aventure de cette pauvre novice qui, en se mettant une corde au cou, apprit aux pères et aux mères à ne jamais forcer leurs filles à prendre un malheureux voile....

« Je suis très malade; mais j'ai oublié mes maux en vous lisant. Voilà le vrai style, clair, naturel, harmonieux ; point d'ornement recherché; tous les vers frappés et sentencieux, naissant du fond du sujet ; grande simplicité, grand intérêt. On ne peut quitter la pièce dès qu'on en a lu quatre vers, et les yeux se mouillent à mesure qu'ils lisent. Il faut jouer cette pièce dans tous les couvents, puisqu'on ne la jouera pas sur le théâtre.... »

Quant à la tragédie de *Philoctète*, elle avait été représentée en 1783.

savais bien que M. de La Harpe n'avait jamais été de la Convention, mais je croyais qu'il avait été fort longtemps aux Jacobins. »

C'est à ce même dîner que M. Chénier dit encore avec une insolence si naïve : « Les sectionnaires de Paris voudraient bien renouveler le 10 août. Mais ils ne savent pas s'y prendre, et puis ils n'auront pas affaire à un Louis Capet. » En quoi l'on ne peut disconvenir qu'il n'ait eu complètement raison.

Le souvenir de ce monarque infortuné me rappelle une anecdote relative au dénouement fatal de son procès, que j'appris quelques jours après, à un autre dîner de députés. Vous savez, Monsieur, combien peu de voix décidèrent le sort du plus injuste de tous les jugements [1]. Eh bien, — s'il en faut croire le député Audrein [2], ci-devant abbé, — c'est un des plus honnêtes hommes de la Convention, un de ceux du moins dont les talents et le caractère personnel avaient inspiré le plus de confiance, c'est Vergniaud, qui seul fit pencher si malheureusement la balance en faveur du régicide. Jusqu'au dernier moment, il avait déclaré, de la manière la plus forte et la plus positive, qu'il ne voterait jamais que pour l'appel au peuple. Soit qu'il se fût laissé intimider par les menaces et les poignards qui assiégeaient dans cet affreux moment toutes les avenues de l'Assemblée, soit qu'il eût changé subitement d'opinion, son suffrage, et par cela même qu'il fut plus inattendu,

1. D'après un premier recensement (séance de la Convention des 16 et 17 janvier 1793), les votes de mort n'avaient que cinq voix de majorité. Mais dès la séance suivante (18 janvier), à la suite des explications données par différents membres sur la portée de leur vote, la majorité se trouva élevée à 43 voix.

2. Membre de l'Assemblée législative, et de la Convention où il vota la mort de Louis XVI ; nommé en 1798 évêque constitutionnel du Finistère, il fut tué par les chouans le 17 novembre 1800.

suffit seul pour entraîner celui de quinze ou vingt députés qui, jusqu'alors, avaient également détesté ce parti, mais qui, sur la foi d'un collègue auquel ils accordaient une confiance sans bornes, crurent, comme lui, que le cruel sacrifice était devenu indispensable; qu'il fallait y consentir, ou pour sauver la République, ou pour se sauver eux-mêmes. Ce qu'il y a de très constant, c'est que la veille même de cette terrible journée, ce qu'on appelait le parti modéré de l'Assemblée se croyait encore très assuré d'une majorité décidée en faveur de l'appel au peuple; j'en eus dans le temps des preuves que je ne puis révoquer en doute.

J'étais encore à Paris, lorsqu'on décréta le nouveau costume des Représentants du peuple, mais je ne l'ai vu qu'en peinture; celui des membres du Directoire se rapproche assez de l'habit de cour du temps de François Ier; celui des Anciens et du Conseil des Cinq-Cents paraît absolument imité de la grande toge romaine. C'est en lui-même un habillement fort noble et fort pittoresque; mais, comme il s'éloigne trop du costume ordinaire de la nation, il a par là même un air théâtral, un caractère d'emprunt; et ce défaut de convenance l'empêche d'être, au moins pour le moment, d'une dignité sérieuse et vraiment imposante. Il n'est peut-être rien cependant qui ne doive paraître préférable à la négligence, au désordre, à la saleté du costume actuel. Ceux de ces messieurs qui sont le mieux vêtus, sont en frac bleu, veste rouge ou noire, et bottes molles. Des voyageurs, nouvellement arrivés de Paris, m'ont assuré que la plupart conservaient encore cet ancien habit, et que, même aux séances publiques, on en voyait fort peu qui daignassent prendre la peine de s'affubler de leurs longues robes.

Ce qui, sans contredit, doit paraître beaucoup plus imposant que l'ancien ou le nouveau costume de messieurs les députés, c'est la tenue de leur garde militaire, de ce qu'on appelle les gendarmes de la Convention. Je ne sais pas au juste de combien d'hommes est composée cette nouvelle garde prétorienne; mais il suffit de la voir défiler à la parade, pour juger que la composition en a été fort soignée. Ce sont de très beaux hommes, très bien vêtus et très bien armés; c'est l'élite de tous les régiments de ligne, parmi lesquels il y a plusieurs anciens gardes-françaises; le plus grand nombre cependant est étranger : Suisses, Allemands, Suédois. Les rois populaires croient donc, comme les autres, qu'une garde étrangère mérite, dans certaines circonstances, d'être préférée à des gardes indigènes ou nationales.

Depuis longtemps, ce n'est plus dans le sein même de la Convention, que se traitent véritablement les grandes affaires. Tout se passe dans l'intérieur des comités; et cela ne peut guère être autrement. Les meneurs de la Convention ont senti qu'il n'y avait point de gouvernement, en réalité, qui ne fût incompatible avec les formes sauvages, avec les mouvements tumultueux de la démocratie.

Les assemblées publiques ne sont que des décorations plus ou moins solennelles, de grandes machines à décret. Elles deviennent aussi quelquefois l'arène où les différents partis se rencontrent, se cherchent et s'attaquent mutuellement en présence du peuple, pour entraîner le suffrage de l'opinion publique en faveur de leurs vues ou de leurs passions particulières. C'est là que se précipitent et se détrônent les différents partis ; c'est là que se déclarent les nouveaux règnes, leur puissance, leurs succès et leurs revers. Mais on discute, on intrigue, on gouverne ailleurs. Ainsi, les étrangers, qui, sur la foi du *Moniteur*, croient bonnement, les uns, à toutes les ressources, à toutes les vertus dont on y voit faire sans cesse un si pompeux étalage; les autres, à toutes les misères, à toutes les sottises, à toutes les extravagances, qu'on ne se lasse point d'y débiter, s'abusent également.

LETTRE VII

Il y a longtemps, Monsieur, que je vous entretiens d'idées sombres et douloureuses. J'ai besoin, comme vous, de reposer ma pensée sur quelques rapports plus doux et plus consolants. Et vous ne devinez guère où je vais les chercher d'abord.... C'est dans la maison d'un juge de paix. L'affaire qui m'avait conduit chez lui n'avait aucun rapport avec les fonctions de sa magistrature, mais il donnait justement alors audience ; la partie que je trouvai chez lui n'était pas encore expédiée, qu'il en arriva successivement plusieurs autres. Je ne voulus point l'interrompre, et je fus bien récompensé de ma discrétion par le plaisir que j'eus d'être témoin de la patience et de la sagesse avec laquelle mon juge écoutait tout le monde, réduisait le sujet de chaque différend au terme le plus simple, et rappelait presque toujours les prétentions les plus déraisonnables, les plaintes les plus amères, les animosités les plus emportées, au respect de la justice et de la loi. Mon juge n'était qu'un emballeur, mais il y avait plus d'un an qu'il exerçait ce ministère intéressant avec beaucoup de zèle et de capacité. Aussi, ceux qui venaient réclamer sa médiation ou son autorité me parurent-ils, tous, lui porter l'hommage de la confiance qu'il méritait. On les eût pris volontiers pour des malades qui venaient consulter leur médecin, et même un médecin accoutumé à les guérir. En les ramenant doucement dans les limites tracées par la loi, c'était toujours par quelque sentiment honnête, par quelque bon principe de morale qu'il tâchait de les toucher. Je regarde l'institution des juges de paix comme un des meilleurs établissements qui reste encore de la Constitution de 1792 [1]. Il faut même que cette institution ait été combinée dès lors avec assez de prévoyance et de bonheur : car j'ai toujours ouï dire que ces places avaient été constamment remplies par de fort bons choix. Ce sont de véritables officiers de morale publique, les premiers gardiens de l'ordre et de la sûreté. Le besoin de leurs vertus est si sensible et se renouvelle si souvent, il est si fort à la portée de ceux qui sont appelés à les choisir, leur influence habituelle laisse d'ailleurs si peu de prise aux manœuvres de l'intrigue et de l'ambition, qu'il est assez simple que les élections à ce genre de magistrature populaire n'aient pas eu les mêmes inconvénients que beaucoup d'autres. Il faut observer encore que les honoraires d'un juge de paix sont modestes, mais suffisants ; que son pouvoir est tellement circonscrit qu'il ne saurait guère en abuser, et que ce n'est, pour ainsi dire, qu'à force de vertus et de considération qu'il peut lui donner plus d'importance et plus d'étendue. Oh ! combien de chicanes, de querelles et de procès, doit prévenir une institution aussi sage, surtout si ceux qui en sont chargés ont tous une âme aussi calme, une logique aussi saine que mon respectable emballeur !

Ce que l'on m'a raconté du désordre de tous les bureaux, de toutes les administrations sous le décemvirat, ou plutôt sous la tyrannie de Robespierre, passe toute idée.

1. *Sic.* Lisez : 1791.

L'armée et les comités révolutionnaires étaient vraiment des associations organisées par le crime, pour commettre avec impunité tous les genres d'injustice, de meurtre, de rapine et de brigandage. Le gouvernement avait enlevé presque toutes les places aux hommes doués de quelque talent ou de quelques vertus, pour les livrer à ses créatures, c'est-à-dire à la lie de l'espèce humaine. Des gens qui ne savaient ni lire, ni écrire, obtinrent des emplois d'une comptabilité plus ou moins importante. Ainsi, par exemple, dans les bureaux établis pour la liquidation des biens des émigrés, j'ai vu que l'homme de mérite choisi pour débrouiller aujourd'hui cet énorme chaos avait eu quarante-quatre mille dossiers à faire, uniquement des titres de créances jetés au hasard dans des fonds d'armoire, dont on n'avait tenu aucun registre, et dont on avait délivré cependant les récépissés dans la forme prescrite par la loi [1].

Lorsque, durant cette époque de barbarie et d'horreur, on avait une affaire à solliciter devant quelque tribunal, devant quelque administration que ce fût, l'homme honnête était sûr de se voir éconduit avec la brutalité la plus

1. Il n'y a pas longtemps qu'on a fait dans le sein même du Corps législatif l'aveu le plus sincère de cet extrême désordre ; voyez le rapport de Parisot au Conseil des Cinq-Cents du 22 nivôse an V.

Sur le nombre des pièces remises à la trésorerie nationale, et qui est de 40 milliards, il y en a 20 milliards qu'on peut regarder comme acquits vérifiés ou comptables ; mais le surplus, ainsi 20 milliards, présente de grandes, d'innombrables difficultés. Elles proviennent soit de l'impéritie, soit de la négligence, soit de l'infidélité d'un grand nombre d'ordonnateurs et de préposés comptables. Ici, c'est un comptable qui, parce qu'il ne sait pas écrire, prétend ne pas devoir de compte ; là, c'est un comptable qui n'a que des pièces informes, insignifiantes ; il s'excuse sur son impéritie en matière de comptabilité, et s'appuyant sur la bonne foi qu'il allègue, prétend qu'on lui doit allouer toute sa dépense. Ici, c'est un caissier dont les assignats ou les mandats ont été mangés par les rats, ou perdus par le froissement dans une voiture publique, etc. (*Note de Meister.*)

révoltante. L'affectation de manières rudes et sauvages n'avait souvent d'autre but que de voiler l'extrême ineptie et l'extrême ignorance des scélérats ou des imbéciles à qui l'on était obligé de s'adresser.

Sous quelque constitution que ce puisse être, on ne tarde pas, sans doute, à s'apercevoir qu'il n'y a pourtant que des hommes instruits et cultivés qui soient propres à faire marcher une machine aussi compliquée que celle du gouvernement ; et cette circonstance, qui résulte heureusement de la nature des choses, est un remède à beaucoup de maux.

Aujourd'hui l'on a rappelé, dans les différents départements de l'administration, un grand nombre d'hommes employés ci-devant dans la même carrière, et je puis vous assurer, d'après ma propre expérience, qu'il est aujourd'hui beaucoup de bureaux de la République où vous retrouvez, non seulement l'intelligence exercée, mais encore le ton et les formes polies de l'ancien régime; il n'y manque plus que la noble enseigne, brisée peut-être autant par maladresse que par vengeance ou par système.

On ne peut assez louer l'ordre et l'activité qui règnent particulièrement dans les bureaux du Comité de salut public. L'immensité d'affaires générales et particulières, qui s'expédiaient journellement dans les différentes sections de ce comité, doit étonner les cabinets les plus occupés de l'Europe; et je ne puis me permettre d'oublier que les moins importantes même n'y sont pas négligées : car, au milieu d'un déluge de cartons et de papiers, on ne me fit pas attendre deux minutes pour retrouver le titre d'une légère faveur, dont la décision avait été donnée, il y avait déjà plus de quinze jours.

Ce qui est, ce qui sera sans doute encore longtemps

dans une grande confusion, c'est la partie des finances. On a pensé que ce grand intérêt, durant la guerre, cessait d'être au moins le premier; on a pensé, non sans quelque raison, qu'après tout la guerre la moins ruineuse était encore celle qui se faisait avec la plus grande dépense, parce que c'était aussi celle qui, probablement, devait finir le plus tôt, ou se continuer avec le plus grand succès. Quelques regrets qu'il en coûte à l'humanité, qui pourrait refuser son admiration à l'énergie, à la patience, à la vigueur, aux prodigieuses ressources que le génie et le caractère de la nation française surent déployer au milieu de tant de puissances liguées contre elle, et qui, trop maladroitement, parurent vouloir menacer tout à la fois et son antique existence, et sa nouvelle liberté!

Sous le prétexte de faire la guerre à la Révolution, les princes coalisés ne l'ont faite en réalité qu'à la France. Cette fausse politique a servi merveilleusement à faciliter les triomphes de la Révolution, à consolider sa puissance. Et l'on ne peut nier qu'en détruisant le bonheur d'une grande partie de la génération présente, les terribles crises de la Révolution n'aient augmenté prodigieusement à leur tour la force politique de ce vieil empire.

Je ne veux point revenir sur les succès qui ne furent dus qu'aux crimes de la force révolutionnaire. Mais comment parcourir, sans la plus vive émotion, tous ces nombreux ateliers d'armes qui bordent les environs de l'ancienne place Royale, la vaste enceinte de l'hôtel des Invalides, édifices achevés presque aussitôt qu'ils furent entrepris, et dont l'imposante merveille sortit de terre comme par magie? Comment se rappeler encore sans étonnement, qu'à la fin de 1793, ce peuple avait épuisé tous ses magasins de poudre, tous ses approvisionnements de salpêtre, et que, dans l'espace de peu de semaines, il sut rassembler, pour ainsi dire, jusqu'aux moindres germes de cette matière éparse sur le sol de la France, et trouver dans sa seule industrie, grâce à l'ardeur avec laquelle il ose tout concevoir et tout entreprendre, plus de moyens d'attaque qu'il n'en avait encore montré jusqu'alors?

Ce n'est qu'avec des dépenses énormes que tous ces prodiges ont pu s'exécuter. Sans la terrible féerie des assignats, il n'eût jamais été possible de rassembler tous les trésors que la guerre a consumés; il l'eût été peut-être moins encore de donner à cette richesse, réelle ou factice, toute la rapidité de circulation dont on avait besoin. Je ne vous ai point dissimulé l'excès des maux que cause aujourd'hui, dans l'intérieur, l'abus funeste d'une si merveilleuse ressource. Mais il n'est pas moins certain qu'aucun emprunt, qu'aucun impôt, qu'aucune autre spéculation financière n'eût fourni, dans les circonstances données, des moyens d'une étendue aussi vaste, d'une puissance aussi active. Les assignats ont servi la force du gouvernement, comme l'aurait pu servir la puissance momentanée, non seulement de toutes les richesses mobilières du pays, de tous ses produits, mais encore de la majeure partie de ses propriétés foncières, et même de son crédit sur l'étranger; car, longtemps du moins, cette monnaie de papier n'eut-elle pas, directement ou indirectement, une valeur très réelle à Londres, à Gênes, à Bâle, à Hambourg, comme dans les marchés mêmes de la République? Ainsi l'on peut dire que ce fut un impôt levé, non seulement sur le crédit de la France, mais encore en quelque sorte sur celui de l'Europe entière, et des nations ennemies aussi bien que des autres.

Je conviendrai sans doute qu'il en est de cette opération merveilleuse, comme de toutes les opérations excessivement hardies, et dont le succès est beaucoup plus fondé sur de brillantes illusions que sur des réalités; l'avantage n'en saurait être durable, et les suites en sont souvent cruelles. Cependant, à l'heure qu'il est, avec cette incroyable puissance de chiffres et de chiffons, la France est parvenue à se défendre contre tous ses ennemis; loin d'avoir vu resserrer les limites de son empire, elle risque de les étendre au delà de tous les vœux qu'osa jamais former l'ambition de Louis XIV; elle possède encore assez de forces pour se flatter d'obliger son orgueilleuse rivale à lui restituer tôt ou tard toutes les possessions que les vaisseaux de celle-ci lui ravirent dans un autre hémisphère; ses finances sont ruinées, il est vrai, sa population affaiblie, son commerce presque anéanti; mais il lui reste toujours le sol le plus fertile et le climat le plus heureux de l'Europe; il lui reste l'audace, l'activité de son caractère, l'extrême flexibilité de son industrie; il lui reste de nombreuses armées, dénuées, si vous voulez, d'objets de première nécessité, mais accoutumées à souffrir, à vaincre; accablées de fatigues, mais enivrées de gloire et de succès.

Toutes les inventions ingénieuses de notre siècle, il semble qu'on ne les ait imaginées que pour favoriser les projets de sa puissance. Elle s'est emparée des découvertes faites en chimie, en mécanique, dans différents arts, pour perfectionner le service de l'artillerie, l'extraction du salpêtre, la composition des poudres. Les aérostats, qui jusqu'alors n'avaient été regardés que comme une merveille inutile, ont assuré, dit-on, les succès de plus d'une entreprise militaire; ainsi l'on soutient que la brillante journée de Fleurus doit à l'heureux usage de cette machine une partie de son éclat. Le télégraphe placé sur le pavillon du cardinal Mazarin, au vieux Louvre, paraît résoudre du moins quelques-unes des objections que l'on a faites contre la possibilité de donner à l'action du gouvernement représentatif une influence assez sûre, assez rapide, dans un pays aussi vaste que la France.

Je ne vous parlerai point de tous les plans proposés aujourd'hui pour relever le crédit des assignats ; je n'y crois guère ; *mole ruit sua*[1] : il s'écroule sous sa propre masse ; mais je ne me laisse éblouir ni par les exagérations de Thomas Payne, ni par celles de M. d'Ivernois[2]. Jusqu'à la fin de la guerre, il semble presque impossible de s'occuper des finances autrement qu'on ne fait ; c'est-à-dire, en cherchant des ressources éphémères pour subsister au jour le jour. Dans des temps plus calmes, j'ose présumer qu'on retrouvera des ressources d'autant plus faciles et d'autant plus abondantes, que les circonstances ont forcé le gouvernement de les laisser reposer depuis plusieurs années. Sans être déclarée, la banqueroute des assignats est comme faite ; et les étrangers, aussi bien que les nationaux, paraissent en avoir déjà pris leur parti. En sauvant la dette publique, ne fût-ce même qu'en partie, on contenterait aujourd'hui tous les capitalistes, et par là même on améliorerait bientôt le sort de tous les artisans et des journaliers. Malheureusement cette dette, loin d'être diminuée, comme il y avait trop de raisons de le présumer, au moins quant aux rentes viagères, cette dette se trouve, dit-on, fort augmentée. Le 16 août 1793, on faisait monter

1. Horace, *Odes*, livre III, ode 4.

2. Francis d'Ivernois (1757-1842), citoyen genevois, et fils d'un des correspondants de Jean-Jacques Rousseau, avait publié à Londres, en mai 1795, des *Réflexions sur la guerre* (IV et 160 pages in-8) en réponse aux *Réflexions sur la paix* de Mme de Staël.

Le second chapitre de la brochure de d'Ivernois est intitulé : *Des ressources financières de la République française, dont toute la puissance, même militaire, consiste exclusivement aujourd'hui dans les assignats. Marche rapide du discrédit progressif de ceux-ci. Terme prochain et inévitable de leur complète annihilation.*

les inscriptions sur le Grand-Livre, c'est-à-dire les intérêts de la dette nationale, à deux cents millions; différents calculs les portent maintenant à trois cents. Tout le monde sait en effet qu'un grand nombre de fournisseurs ont été payés en inscriptions sur le Grand-Livre; et j'ai vu moi-même un de ces messieurs arriver chez mon notaire pour lui proposer de se charger de négocier une partie de vingt millions, comme on en aurait proposé ci-devant une de dix mille [livres].

Au reste, comme ces entrepreneurs ont succédé de toute manière à la fortune et aux bonnes mœurs des traitants de l'ancien régime, il est à croire que, l'ordre une fois rétabli dans la monarchie ou dans la république, il y aura pour eux quelque chose de semblable à la Chambre ardente [1], qu'on fut obligé de créer pour leurs honnêtes devanciers.

Pour oublier tous ces tristes calculs, daignez me suivre au nouveau Muséum, projeté déjà sous le ministère de l'abbé Terray, que M. d'Angivilliers aurait pu faire achever, il y a plus de dix ans, avec la vingtième partie des dépenses faites pour embellir le triste Rambouillet, ou pour déparer les beaux jardins de Versailles. Qui sait même si ce Muséum, exécuté avec toute la magnificence dont l'entreprise était susceptible, n'eût pas sauvé la monarchie [2], en donnant une idée plus imposante de ses vues

1. Chambre de justice, ainsi appelée parce qu'elle était toute tendue de drap noir, et éclairée par des flambeaux. L'ancien régime, à plusieurs reprises, avait eu recours à cette mesure.

On peut citer notamment l'édit de novembre 1661, portant création d'une Chambre de justice, avec pouvoir de faire la recherche et punition des abus et malversations en fait de finances; et l'édit de mars 1716, portant établissement d'une Chambre de justice, avec pouvoir de connaître des crimes, délits et abus qui avaient été commis dans les finances de l'État.

2. Avec le talent de l'observation, un jugement sain et juste est la principale qualité de Meister. Il ne faut voir dans cette idée : qu'on eût sauvé la monarchie en créant un musée, — qu'un nouvel exemple de la vérité du proverbe : *Il n'est si bon cheval qui ne bronche*.

et de ses moyens, en distrayant beaucoup d'esprits inquiets, en attachant davantage aux faveurs de l'ancien régime et les lettres et les arts, et tous ceux qui les cultivent et tous ceux qui les aiment [1].

Ce Muséum n'est pas encore sans doute ce qu'il pourrait être, ce qu'il peut devenir; il n'est pas éclairé comme les artistes ont toujours désiré qu'il le fût, par en haut; l'arrangement prête à beaucoup de critiques; on l'a déjà bouleversé plusieurs fois; la présidence du comité qui surveille cet établissement, ainsi que toutes les autres charges de la République, se renouvelle très fréquemment: si je ne me trompe, tous les trois mois; et tout changement de règne veut se signaler au moins par quelque petite révolution. Telle que je l'ai vue cependant, c'est toujours une superbe galerie; on y voit réunis les plus beaux chefs-d'œuvre de peinture et de sculpture que renfermaient ci-devant les châteaux de Versailles, de Trianon, de Saint-Cloud, du Luxembourg et d'autres, quelques églises de la capitale et des provinces, sans compter un assez grand nombre de tableaux qui n'étaient presque point connus, parce qu'on les avait laissés, entassés et couverts de poussière, dans les greniers de l'Intendance des bâtiments. On y voit aussi, depuis peu, les magnifiques tableaux enlevés au Stathouder, entre autres, la célèbre vache de Paul Potter; d'admirables Ruisdael, et les plus grandes compositions que Wouwerman ait jamais faites, avec quelques modèles très soignés, en stuc, de maisons chinoises et de palais indiens, acquis au même

1. On n'apprécierait pas assez le plaisir que fit au public la création du Musée du Louvre, si l'on ne se rappelait un mot de l'abbé Du Bos, qui suffit à caractériser l'état de choses antérieur: « Les beaux tableaux sont presque tous renfermés, à Paris, dans des lieux où le public n'a pas un libre accès. » *Réflexions critiques sur la poésie et la peinture*, II, 29.

titre. Il n'y a pas longtemps que cette galerie était, sous quelques rapports, plus considérable encore. On y avait placé les plus beaux tableaux de la collection de plusieurs particuliers, victimes de la tyrannie, ou mis injustement sur la liste des émigrés. La justice ou la clémence du gouvernement actuel les a fait restituer aux anciens propriétaires, ou bien à leurs légitimes héritiers; c'est un vide que l'on compte remplir très magnifiquement, l'été prochain, par les conquêtes de l'armée d'Italie.

Ce qui ne laisse pas de donner un sentiment de malaise et d'inquiétude assez pénible, c'est de trouver, presque à tous les coins de ce beau Muséum, de grandes affiches pour rappeler sans cesse à ceux qui viennent le voir, le respect des propriétés. Ces affiches ne sont-elles pas comme ces annonces, si multipliées, de remèdes antisyphilitiques? Ce qu'elles prouvent le plus clairement, c'est sans doute combien la maladie dont on veut ou guérir, ou préserver, est commune.

Le Muséum n'est ouvert au public que trois jours par décade; les autres jours sont réservés aux artistes; et l'on n'y peut entrer alors qu'à la faveur d'une protection particulière. C'est ces jours-là seulement que le véritable amateur jouit à son aise du bonheur de voir et d'admirer tant d'objets rares et précieux. Il y trouve encore un spectacle infiniment intéressant, c'est celui de plusieurs jeunes élèves des deux sexes, occupés à méditer et à copier, chacun dans leur genre, ces sublimes modèles du génie et des arts. Qui ne se croirait pas transporté dans ce moment à l'époque la plus heureuse des beaux jours de la Grèce, surtout en s'arrêtant près de l'embrasure où travaille la jeune Boze [1], dont la figure ravissante doit fixer d'autant

1. Fanny Boze était fille de Joseph Boze, le « peintre monarchique » (1744-1826). Elle est morte en 1855.

plus tous les yeux, qu'elle semble l'oublier entièrement elle-même, et que son talent, quoique encore à son aurore, promet déjà d'égaler, et peut-être de surpasser un jour les Gérard et les Le Brun!

Parmi les tableaux de la dernière exposition, c'est une chose remarquable que le grand nombre d'ouvrages de femmes; vous y verrez les noms nouveaux des citoyennes Auzou, Blondin, Bouliar, Capet, Doucet, La Borey, Durieux, Laville, Mirys, Romany, Thornezi, etc.[1]. Toutes ne sont pas ou des Guiard, ou des Le Brun; mais plusieurs du moins se distinguent par des compositions pleines de grâce, par des portraits d'une touche piquante et légère, un dessin facile et pur, une étude soignée des belles formes, un choix d'ajustements simple et de bon goût.

Les tableaux d'histoire qui m'ont le plus frappé sont ceux d'un jeune Girodet, élève de David; ce sont les conceptions austères et pensées de son maître, avec un coloris, à mes yeux du moins, plus moelleux et plus agréable.

Le seul tableau, relatif à la Révolution, que j'aie remarqué, ne m'a pas paru d'une invention fort heureuse; c'est *la Liberté ou la Mort*, par Regnault. On y voit le Génie de la Révolution, d'une espèce de gradin en l'air, s'élan-

1. Pauline Auzou, née Desmarquet de la Chapelle, 1775-1835. — Marie-Geneviève Bouliar, 1772-1819. — Marie-Gabrielle Capet, née à Lyon en 1761, † à Paris en 1818. — Mme Doucet-Suriny, née Glaesner, de Lyon, femme d'un banquier emprisonné pendant la Terreur. — Félicité Laborey a exposé au Salon de 1795. — Marie-Adélaïde Durieux, née Landragin, a exposé aux Salons, de 1793 à 1798. — Marie-Guillelmine Benoist, née Laville-Leroux, 1768-1826, a exposé sous ces deux noms. C'est à elle que Demoustier a dédié ses *Lettres à Émilie sur la mythologie*. — La citoyenne Mirys, probablement femme du peintre Sébastien Mirys, a exposé des miniatures et des gouaches au Salon de 1795. — La « citoyenne dite Adèle Romany » (*sic*) a exposé au même Salon des portraits, entre autres celui de Vestris. — La citoyenne Tornesy y a exposé un portrait de femme, et la citoyenne Aglaé Blondin un tableau de genre.

Nous devons tous ces renseignements à M. Maurice Tourneux.

cer avec beaucoup de raideur à travers un ciel bleu très foncé ; la Liberté d'un côté, le bonnet rouge sur sa lance ; de l'autre la figure hideuse de la Mort, tenant à la main une couronne de chêne. Il est difficile de démêler ce que l'artiste a prétendu nous dire avec cet étrange groupe ; mais il est clair que son tableau n'offre à l'œil qu'un assemblage extravagant de formes odieuses, d'objets de douleur et d'effroi.

LETTRE VIII

A beaucoup d'égards, rien en France n'a moins changé, depuis la Révolution, que les spectacles; et peut-être est-ce une des preuves les plus remarquables que, quelques formes nouvelles qu'on se soit efforcé de lui donner, le caractère national est toujours le même. Mais quelle est aussi la nation, dont le caractère pourrait se refondre dans le cours borné de si peu d'années? Quel est encore le caractère national qui devait résister davantage, même aux opinions les plus impérieuses, aux secousses les plus violentes, que celui dont la force est essentiellement dans cette élasticité qui le rend tout à la fois si léger, si constant et si mobile? Les Français, en apparence si différents d'eux-mêmes, au temps de la Jacquerie, de la Ligue, de la Fronde, du siècle de Louis XIV, de la tyrannie de Robespierre, l'œil profondément observateur ne les reconnaîtra-t-il pas toujours pour les descendants de ces anciens Gaulois que nous dépeignirent, avec tant de sagacité, Tacite et César?

Est summæ genus solertiæ atque ad omnia imitanda atque efficienda, quæ ab quoque traduntur, aptissimum.... Sunt in consiliis capiendis mobiles, et novis plerumque rebus student;.... rumoribus atque auditionibus permoti, de summis sæpe rebus consilia ineunt.... Teme-

ritas, quæ maxime illi hominum generi est innata, ut levem auditionem habeant pro re comperta [1]. — C'est une nation douée d'une industrie éminente pour exécuter heureusement tout ce qui peut s'imiter; ils prennent légèrement les résolutions les plus importantes, et sont presque toujours passionnés d'entreprises nouvelles; c'est souvent sur les rumeurs les plus frivoles qu'ils décident des intérêts les plus graves; la témérité semble leur être innée; un simple bruit devient à leurs yeux un fait avéré. Etc.

La mode a varié le costume, a bouleversé les opinions, les usages, la forme du gouvernement; on a changé de préjugés et d'idoles; mais c'est par le même genre d'enthousiasme ou d'engouement qu'on se laisse entraîner. Ce sont toujours les personnes, c'est toujours la faveur que l'on encense; on supporte son joug avec plus de patience que celui des lois. On parle de patriotisme et de liberté; mais c'est du pouvoir et de la richesse que l'on veut, c'est de gloire et de vanité que l'on s'enivre. On a des accès de vengeance et de fureur qui ressemblent à la rage, à la férocité du tigre; mais, naturellement, on n'est que singe, on en a l'inquiétude et la malice, l'adresse et l'impatience. Avec l'art d'amuser les fantaisies de ce peuple, et de leur en imposer à propos, il n'est rien qu'on ne doive attendre de la vivacité de son intelligence, de l'audace et de l'éclat de sa bravoure. Quelque terrible que soit l'effervescence de ses premiers mouvements, lorsqu'on l'agace ou qu'on l'irrite, avec quelque légèreté qu'il devienne barbare et cruel, il revient plus facilement encore à sa candeur, à sa bonhomie, à sa gaieté naturelle. Frivole et susceptible, il n'est pourtant rien qu'il méprise, qu'il

1. Cette citation de César est formée de trois ou quatre passages que Meister a rapprochés arbitrairement : *De bello gallico*, VII, 22; IV, 5; VII, 42. — Il n'y a rien qui soit de Tacite.

déteste autant que la perfidie et la lâcheté. Frivole et susceptible, il n'est pourtant rien qu'il aime aussi constamment que le plaisir, l'honneur et la gloire. S'il est d'autres peuples dont on puisse dire la même chose, il n'en est pas, du moins, dont on puisse le dire avec plus de vérité. Mais nous voilà bien loin du théâtre.

Jamais il n'y eut autant de spectacles à Paris, qu'il y en a dans ce moment, et jamais ils n'attirèrent autant d'affluence. J'en ai cru voir plus d'une raison; la première, c'est que plus on fréquente le spectacle, plus on en ressent le besoin. Il en est ainsi de tous les plaisirs plus ou moins factices; l'habitude en fait un des plus grands charmes; et c'est par l'habitude surtout que l'usage en devient indispensable. Les spectacles sont donc plus suivis, par la raison même qu'il y en a davantage.

Il est encore très évident que les hommes oisifs ou désœuvrés doivent abonder ici plus que jamais; car il faut comprendre dans cette classe, du moins aux heures destinées au théâtre, tous les agioteurs, tous les faiseurs d'affaires, tous les solliciteurs, que la résidence du Corps législatif attire de tous les départements de la République; les étrangers, ceux qui cherchent à faire fortune dans le nouvel ordre de choses, et ceux qu'appelle leur admiration pour les triomphes de la liberté française; les militaires qui passent continuellement par la capitale, pour se rendre au lieu de leur destination, et tous ceux qui, voulant échapper aux lauriers qui les attendent, croient pouvoir se cacher mieux dans l'immensité d'une grande ville que dans le sein de leurs foyers.

Si le nombre de ces gens oisifs est si considérable, on peut juger aussi qu'ils doivent avoir un extrême besoin de distractions, pour oublier l'avenir comme pour oublier le passé. Et quelle distraction plus sûre et plus facile que celle du spectacle? Quelle occupation plus propre à soustraire notre sensibilité, comme notre paresse, à la sensation pénible de la vie, de ses craintes chimériques et de ses infortunes réelles? Elle entretient sans doute en nous le sentiment de l'existence, le rend même à quelques égards plus vif et plus animé, mais le repose et le distrait en même temps, parce que, au lieu de nous recueillir tristement dans notre intérieur, elle nous transporte souvent au dehors, et nous fait exister, pour ainsi dire, aux dépens d'autrui; les peines et les joies, les espérances et les inquiétudes qu'elle nous donne, ne deviennent jamais entièrement les nôtres; elle nous dispense de vivre de nos propres efforts, et, nous berçant d'une douce rêverie, semble laisser aux autres la fatigue de vivre et de sentir pour nous.

Une considération qu'il ne faut pas oublier, c'est que, en apparence d'un prix excessif, les spectacles n'ont jamais été, de fait, meilleur marché qu'ils ne le sont actuellement, du moins pour l'étranger, pour l'agioteur, pour tout homme qui partage avec le gouvernement, d'une manière quelconque, les faveurs attachées à la richesse de l'assignat, cette monnaie merveilleuse qui se fait, se gagne et se dépense si facilement. Les premières places à l'Opéra se paient 30 fr., juste le prix d'un bon morceau de pain; jugez par là du reste. C'est vraiment une économie pour beaucoup de gens d'aller au spectacle : il en coûte moins que pour s'éclairer et se chauffer chez soi.

Vous comprendrez, Monsieur, grâce à cette seule circonstance, de quelle classe doit être composée aujourd'hui la grande majorité des spectateurs; aussi vous avouerai-je que rien ne m'a paru peut-être plus différent de ce que j'avais vu jadis au théâtre, que l'aspect du parterre et des loges. Le théâtre de la rue Feydeau réunit encore quelquefois, autour des meilleurs acteurs de la Comédie française, et des chefs-d'œuvre qui depuis plus d'un siècle ont enrichi son répertoire, tout ce qui subsiste de la bonne ou de la mauvaise compagnie de l'ancien régime. Presque à tous les autres, je me suis cru jeté le plus souvent dans un autre monde. Je n'ai plus retrouvé surtout cette mobilité, cette susceptibilité d'imagination qui m'avait tant frappé autrefois, et particulièrement au retour de mon premier voyage à Londres. Serait-ce qu'après les émotions violentes qui, depuis quelques années, ont agité ce peuple, toutes celles que peut exciter le génie tragique de Corneille ou de Voltaire n'ont plus assez de force pour l'émouvoir? Peut-être; mais, s'il m'est permis d'en juger par les remarques ou les questions que j'entendais faire autour de moi, l'ignorance et le défaut de culture avaient plus de part à cette espèce d'apathie que toute autre cause. L'art du théâtre, ainsi que les autres, a sa langue particulière, et le charme qu'il exerce sur nos yeux et sur notre imagination, suppose toujours plus ou moins de connaissances, de réflexion ou d'habitude. Ce n'est qu'aux hommes doués d'un goût fin et délicat, formés par l'étude des grands modèles, et qui reçurent de bonne heure les soins d'une éducation distinguée, qu'il appartient de partager vivement les impressions d'un théâtre aussi noble, aussi pur que l'est en général le théâtre français. On sait que ceux qui se signalèrent dans cette lice glorieuse ont dû chercher d'abord à plaire à la cour la plus brillante et la plus polie de l'Europe ; et quoique cette vue particulière les ait détournés souvent du premier objet de l'art, il faut bien convenir qu'il est du moins un genre de perfection dont ils lui sont redevables; il faut convenir que c'est encore au caractère donné par cette circonstance au théâtre français, que la nation doit essentiellement la grâce et la politesse qui la distinguèrent si longtemps dans ses mœurs, dans ses usages et dans ses manières.

Le théâtre et le public se forment mutuellement. Ainsi, l'on ne saurait douter qu'une majorité de spectateurs ignorants et grossiers, dont l'opinion ne se laisserait plus guider par le jugement d'artistes et de connaisseurs éclairés, aurait porté bientôt l'atteinte la plus funeste à toutes les parties de l'art. Quelque originale que soit la verve comique d'Aristophane, qui pourrait nier que ses pièces eussent été bien meilleures, s'il n'avait pas été dans la triste nécessité de flatter l'humeur et les caprices de la populace d'Athènes? Quelque admirables que soient la philosophie et le génie de Molière, ses chefs-d'œuvre ne seraient-ils pas encore plus parfaits, s'il avait eu moins de complaisance pour le mauvais goût du parterre de son temps? Que de défauts j'ai vu contracter à nos meilleurs acteurs, pour obtenir des applaudissements qui leur eussent été bien mieux assurés, s'ils avaient su les dédaigner d'abord! Sans émouvoir vivement les spectateurs, comment espérer quelque succès au théâtre? On veut donc les remuer à tout prix; mais la plus grande gloire du talent et du génie ne serait-elle pas de former des spectateurs dignes d'être émus, susceptibles de l'être par des beautés réelles, et tellement, qu'il ne fût plus possible de les toucher que par des beautés de ce genre?

On a donné, depuis cinq à six ans, une foule de nouveautés relatives aux circonstances, et, comme on dit, à l'ordre du jour; mais, toute opinion politique à part, je n'en connais aucune qui mérite d'être distinguée, et que l'on puisse désirer de voir rester au théâtre. *Pausanias* [1]

1. Tragédie de C.-J. Trouvé, représentée sur le théâtre Feydeau par les acteurs du Théâtre-Français, le 28 mars 1795.

est, pour ainsi dire, la seule qui, pour le moment, ait produit une assez grande sensation; cependant, l'ouvrage en lui-même est trop médiocre pour se soutenir; les rapports mêmes qui l'ont fait réussir, rappellent le souvenir d'une époque trop affreuse, trop invraisemblable, quoique malheureusement trop vraie, pour imaginer qu'on en supporte la représentation dans un temps calme. On croit pouvoir prédire la même destinée au *Tribunal révolutionnaire* [1], à la *Caverne* [2], à beaucoup d'autres drames de cette espèce, dont je n'ai pas même retenu le nom. Il est bien clair que toutes ces petites pièces, faites du jour au lendemain, sur les héros ou sur les victimes de la veille, ne doivent pas espérer un meilleur sort. C'est peut-être leur faire trop d'honneur encore que de les reléguer dans la classe des pièces que les anciens désignaient sous le nom de mimes ou d'atellanes. De tant de productions révolutionnaires, celle qui vivra, je pense, le plus longtemps, c'est le fameux hymne des Marseillais, surtout tel qu'on l'avait arrangé pour le théâtre de l'Opéra; je connais peu de morceaux de musique d'une simplicité plus expressive, d'un effet plus terrible et plus touchant. Comment, d'ailleurs, ne pas chérir toujours en France la mémoire des succès auxquels l'enthousiasme, excité par cette mélodie guerrière, eut tant de part [3]?

1. *Le Tribunal révolutionnaire ou l'an II*, drame historique en cinq actes et en prose, par Ducancel. Reçue au théâtre Feydeau en 1796, et retirée à la veille de la représentation dans la crainte de troubles, cette pièce n'a été imprimée que longtemps après, dans les *Esquisses dramatiques du gouvernement révolutionnaire de France, aux années 1793, 1794 et 1795*. Paris, 1830, in-8. Cf. Tourneux, *Bibliographie de l'histoire de Paris*, t. III, n° 18,104.

2. On ne connaît sous ce titre qu'un opéra-comique, paroles de Forgeot, musique de Méhul, représenté en 1795, et qui n'a pas été imprimé.

3. Voyez, dans Quintilien (*Institut.*, I, 10), le prix qu'attachaient les Grecs et les Romains aux effets d'une musique guerrière. Après avoir parlé du grand usage qu'on faisait de la musique dans les armées lacédé-

On a trop senti les malheurs de la Révolution, on en a trop éprouvé la puissance, pour s'étonner encore de la voir surmonter les obstacles même qu'on aurait crus les plus capables d'en arrêter le cours. Mais il en est un, dont je suis plus frappé dans ce moment, et dont je ne pense pas qu'on se soit fort occupé jusqu'ici, c'est la grande difficulté d'établir solidement un nouveau régime politique et de nouvelles mœurs, chez un peuple dont la langue et la littérature ont été portées au plus haut degré de perfection qu'elles semblaient pouvoir atteindre. Une langue ainsi perfectionnée, et les chefs-d'œuvre qui l'ont embellie, portent nécessairement l'empreinte de l'ancien régime et des anciennes mœurs. Une empreinte de cette nature ne s'efface pas aussi facilement que celle d'antiques drapeaux ou de vieilles armoiries. Comment engager, par exemple, la nation la plus civilisée et la plus sensible, à renoncer aux illusions d'un théâtre qui depuis plus d'un siècle fait ses délices, et celles de l'Europe entière? Et comment laisser jouer les plus belles tragédies de Corneille, de Racine et de Voltaire, sans risquer de blesser à tout moment la sévérité des principes républicains, d'entretenir encore une sorte de respect pour les formes imposantes de l'aristocratie et de la royauté? Comment renoncer aux charmes d'une langue à laquelle la finesse de ses tours, la justesse et la variété de ses nuances, ont donné tant de grâce et de délicatesse, tant de noblesse et de précision? Comment espérer que les caractères de cette langue se conservent au milieu du nouvel ordre de choses?

montiennes, il ajoute : « Les trompettes et les cors qui sont dans nos légions, servent-ils à autre chose? N'est-il pas permis de croire que c'est au talent de faire usage des instruments de guerre, lequel nous possédons supérieurement aux autres nations, qu'est due en partie la réputation de la milice romaine? » (*Note de Meister.*)

Sous le lourd compas d'un gouvernement qui tend sans cesse à niveler toutes les inégalités et toutes les distinctions de l'ordre social, que deviendront l'élégance, la dignité du style de Racine et de Fénelon, tout le comique de Molière et de Regnard, toute la grâce et tout l'esprit de Voltaire ? L'empire de nos anciens principes politiques et religieux détruit, quel intérêt peuvent conserver encore nos romans et notre théâtre, la sublime éloquence de Bossuet et de Massillon ? Sans ces principes ou sans ces préjugés, comment concevoir la tragédie et l'épopée ? En supposant que la doctrine qu'on veut établir soit la morale et la philosophie la plus épurée, ne voyez-vous pas qu'elle glace nos plaisirs les plus chers, qu'elle tue tout ce qui a fait jusqu'à présent la gloire de nos arts, le plus doux intérêt de notre existence ?

Quand l'établissement du christianisme prit le caractère d'une révolution politique, à quels moyens violents ne se crut-on pas obligé de recourir pour faire oublier au peuple la pompe et la magnificence des fêtes de l'ancien culte, les illusions dangereuses du génie profane d'Homère, de Sophocle et d'Euripide ! Si l'on eût laissé faire Robespierre et son parti, n'eussent-ils pas imité volontiers l'exemple de saint Grégoire [1] ? Pour le rendre plus libre et plus heureux, ne voulaient-ils pas commencer par ramener leur siècle aux mœurs sauvages du vandalisme et de la barbarie ?

Durant tout l'affreux règne des décemvirs, on avait défendu la représentation des plus beaux chefs-d'œuvre du théâtre français, pour y substituer des farces atroces, ou d'absurdes et de dégoûtantes rapsodies. La déchéance

1. Meister fait allusion au dire de Voltaire, d'après lequel « Grégoire, surnommé *le Grand*, brûla tous les auteurs latins qu'il put trouver. » *Examen important de milord Bolingbroke*, chap. XXXVI, en note.

du génie de Corneille et de Racine suivit de près celle de la royauté. Lorsqu'ensuite des principes plus modérés les eurent relevés de cette proscription, lorsqu'il fut permis de revoir *Phèdre* et *Britannicus*, on ne les donna d'abord qu'avec les altérations les plus ridicules. On n'osait y prononcer le nom de roi, comme si c'eût été quelque nom magique, dont on redoutait encore l'influence funeste [1].

Dernièrement, à la reprise de *Tarare* [2], — j'ignore si c'est l'auteur lui-même, ou quelqu'un de ses amis, — n'a-t-on pas eu la niaiserie de vouloir républicaniser encore davantage, et contre toute convenance, un sujet dont l'idée principale est assurément fort loin d'être favorable à la monarchie. Au dénouement, Tarare se garde bien d'accepter la couronne de son maître et de son rival; il propose généreusement au peuple d'Ormuz de se constituer en république. Un de mes voisins, à la première représentation, était dans un tel chagrin de cette étrange catastrophe, que je ne pus m'empêcher d'y prendre quelque part. Mais j'eus beau l'assurer que cette république coûterait beaucoup moins de sacrifices, causerait beaucoup

1. La police des spectacles sera toujours en France un objet embarrassant pour le gouvernement. Vous avez su l'étrange sévérité du décret par lequel, non seulement l'on défendait d'y chanter ce qu'on craignait de voir applaudir, mais on prescrivait encore d'y chanter ce que le public paraissait las d'entendre. Le parterre est encore aujourd'hui, comme il le fut sous l'ancien régime, le seul soupirail par lequel s'échappe souvent la voix de l'opinion, quand tous les autres lui sont fermés. Au théâtre de la République, le plus démocrate de tous, j'ai frémi de voir déchirer par quelques terroristes un homme au balcon, qui s'était avisé d'applaudir d'une manière trop marquée ces deux vers de *Britannicus* :

J'ai cent fois, dans le cours de ma gloire passée,
Tenté leur patience, et ne l'ai point lassée...

Sans quelques femmes qui demandèrent grâce pour lui, je ne sais quel eût été son sort. (*Note de Meister.*)

2. La première représentation de cet opéra de Beaumarchais avait eu lieu le 8 juin 1787.

moins d'embarras que toute autre ; je le quittai sans avoir pu réussir à calmer ses regrets et son désespoir.

Parmi les circonstances qui ne peuvent manquer de conserver encore longtemps en France des germes d'aristocratie et de royalisme, après la religion des autels, il faut donc compter la religion du théâtre. A moins qu'on ne retombe dans la barbarie, vers laquelle tendait évidemment la dictature de Robespierre, comment ne pas regretter l'éclat d'une époque où le génie enfanta de si sublimes merveilles? On ne peut les faire oublier qu'en les surpassant, ce qui ne paraît pas facile; ou bien en laissant corrompre les habitudes et le goût de la nation, ce qui n'arrive, hélas! que trop promptement, comme l'a prouvé plus d'une fois l'histoire de l'esprit humain, quelque bornée encore que soit l'étendue qu'elle embrasse.

Il faut dire ici le bien comme le mal. S'il s'élevait, en effet, un génie égal à ceux de Corneille et de Racine, ne trouverait-il pas un avantage réel dans la nécessité de choisir des sujets tout nouveaux, dans la nécessité de les traiter d'une manière absolument nouvelle? Ne trouvait-on pas le moule des pièces anciennes usé depuis longtemps? L'impossibilité d'imiter avec succès ne devrait-elle pas inspirer au vrai talent le désir, le besoin de découvrir des ressources inconnues jusqu'ici, de les suivre et de les embrasser avec cette confiance, avec cette audace heureuse, sans laquelle il n'est point d'énergie, il n'est point d'enthousiasme? Qu'en pense le citoyen représentant Chénier? Mais je lui déclare d'avance que j'attends une tout autre réponse que son *Charles IX*, même son *Fénelon* et son *Caïus Gracchus* [1], quelque mérite que je recon-

1. Les premières représentations de ces tragédies ont eu lieu au Théâtre français : le 4 novembre 1789, *Charles IX* ; le 9 février 1792, *Caïus Gracchus* ; le 9 février 1793, *Fénelon ou les religieuses de Cambrai*.

naisse dans ces deux derniers ouvrages. Grâce aux connaissances et au talent de David, au zèle et au goût de La Rive, la partie du costume et des décorations était déjà fort perfectionnée, lorsque je quittai la France, en 1792; j'ai trouvé qu'elle s'était encore perfectionnée depuis; le choix en est peut-être encore plus simple, plus antique, plus vrai; cette vérité pourrait bien cependant être poussée un peu trop loin dans quelques occasions, comme dans le charmant ballet de Télémaque. Vous y voyez les nymphes de la cour de Calypso vêtues avec tant d'art, qu'elles ne paraîtraient en vérité guère plus nues, et le seraient sûrement avec moins de volupté, quand elles le seraient bien réellement.

Les talents les plus distingués de la tragédie sont encore Talma et Mlle Des Garcins; ceux de la comédie, Molé et Mlle Contat. Au grand Opéra, j'ai vu, dans le rôle de Didon, une demoiselle La Cour, dont le chant et le jeu m'ont paru remplis de grâce et d'expression; c'est une acquisition nouvelle.

La salle entreprise par Mlle Montansier, ci-devant directrice du théâtre de Versailles, et bâtie rue de Richelieu sur l'ancien emplacement de l'hôtel de Louvois, par M. Louis, est, je crois, la plus belle salle de spectacle qu'il y ait jamais eu en France, et celle qui peut contenir commodément le plus grand nombre de spectateurs; l'abord et les sorties en sont faciles, quoique la principale entrée donne sur une des rues les plus fréquentées. C'est dans cette salle que l'on vient d'établir aujourd'hui le grand Opéra; le défaut le plus essentiel qu'on puisse y trouver, c'est que le théâtre ne paraît pas avoir toute la profondeur qu'exigent nécessairement, pour l'effet de certaines scènes, l'appareil et la pompe de ce genre de spectacle.

Au théâtre du Vaudeville, j'ai vu représenter une petite

pièce dans laquelle on joue l'orgueil et la dureté des fermiers, leur luxe et leur impertinence, avec tout l'intérêt et toute la gaieté dont un pareil sujet pouvait être susceptible. Les ridicules de cette classe ont déjà remplacé, comme vous voyez, celui des marquis et des seigneurs d'autrefois.

LETTRE IX

Depuis le 9 thermidor, l'opinion publique, à laquelle il avait fallu laisser reprendre au moins une partie de son empire, pour achever d'abattre l'affreuse puissance de Robespierre et de son parti, cette opinion publique, qui ne pourra jamais être détruite en France, que par l'excès de la tyrannie ou par l'excès de la corruption, n'avait pas cessé d'acquérir tous les jours plus de force et plus d'influence; elle avait obtenu sans doute un plus grand ascendant encore dans la mémorable journée du 4 prairial, où ce fut évidemment par elle et par ses partisans naturels, les hommes modérés, que fut sauvée l'existence de la représentation nationale, menacée alors de tous les poignards du terrorisme et de toutes les vengeances de l'anarchie. On aurait tort d'en conclure, je l'avoue, que cette opinion fût devenue très favorable à la majorité de la Convention; mais on sentait généralement le besoin de s'attacher à l'autorité dont elle était encore dépositaire, et qu'elle semblait exercer depuis quelque temps avec plus de justice et de mesure. On voyait arriver d'ailleurs la fin du gouvernement révolutionnaire, et l'on avait lieu de concevoir de plus heureuses espérances de la nouvelle Constitution.

Comment se dissimuler que l'esprit de parti, la malveillance et la légèreté d'un grand nombre d'individus, l'intrigue de différentes factions, peut-être même l'influence des puissances étrangères, n'aient trouvé dans cette situation des choses, plus d'un moyen de renouveler d'anciennes manœuvres et d'exciter de nouveaux troubles? Quel est l'état de choses que l'activité de ces passions, de ces intérêts divers ne cherche à mettre à profit? Ce qu'il y a de certain, c'est que, la liberté de dire et d'écrire à peine rétablie, celle de censurer et de calomnier tous les actes et tous les agents du gouvernement actuel fut poussée au delà de toutes les bornes. Il semble qu'on croyait ne pouvoir en trop faire, en trop dire, pour se dédommager du cruel silence, du terrible repos dans lequel on avait langui sous le règne de la terreur décemvirale.

Dans une grande partie des départements, et surtout dans la capitale, la fermentation était beaucoup plus vive, le mécontentement contre les abus de l'autorité beaucoup plus prononcé, qu'il n'avait paru l'être avant le 14 juillet 1789 et le 10 août 1792. Enfin, l'on ne craint point d'assurer que, sous beaucoup de rapports, le gouvernement de la République avait à redouter en ce moment une crise, aussi dangereuse au moins que celle où se trouva la monarchie à ces deux grandes époques de sa ruine; lui-même apparemment dut le croire; car il prit pour sa défense les mêmes mesures, mais il les prit avec beaucoup plus de vigueur, et sut les employer surtout avec plus d'audace et plus d'énergie. Comme Louis XVI, il fit rassembler autour de Paris un corps de troupes considérable; mais loin de le renvoyer ensuite, comme l'infortuné monarque, par respect pour de belles phrases, il le fit approcher dès que les circonstances l'exigèrent; et, tant que dura le danger, sa résidence fut entourée de tout l'appareil et de toutes les forces d'un camp formidable.

Il y avait plus d'un an que non seulement on permettait à toutes les victimes échappées au tyran de publier leurs infortunes et leurs plaintes, mais qu'on les excitait même en quelque sorte à le faire. Les horreurs et les crimes du plus inouï, du plus atroce de tous les despotismes, venaient donc d'être dévoilés avec le plus grand éclat. Et personne en France ne pouvait plus ignorer l'excès des injustices que la majorité de la Convention avait commises, ou qu'elle avait souffertes. Sans aucune prévention de système, sans aucune affection personnelle, sans égard surtout à la situation singulière de la République, comment devait-on s'attendre, vu la disposition générale des esprits, que serait reçu le décret pour la réélection des deux tiers d'une assemblée devenue l'objet de tant de reproches, de tant de ressentiments et de haine? Un décret si contraire à tous les principes établis par la Constitution même, ne devait-il pas révolter la France entière?

Il faut donc être étrangement aveugle pour attribuer la première impression excitée par cette mesure, quelque indispensable et quelque politique qu'on puisse la croire, ou qu'elle soit en effet, à toute autre cause qu'au sentiment le plus simple et le plus naturel. La plus saine partie de la France, et surtout de Paris, ne pouvait voir, dans la majorité de la Convention, que des complices ou de vils esclaves du plus abominable des tyrans. Comment lui persuader que c'était dans ces mains souillées du sang le plus pur, ou flétries par les chaînes les plus avilissantes, qu'elle devait remettre encore une fois le dépôt de son bonheur et de sa liberté? Il est vrai que la nation entière avait partagé, pour ainsi dire, le crime et l'opprobre de ses représentants. Mais c'était pourtant à ses représentants que ce peuple avait confié toute l'étendue de ses pouvoirs; c'était donc à ses représentants qu'était imposée essentiellement l'obligation sacrée de le défendre, non seulement de toute tyrannie étrangère, mais encore de son propre aveuglement, de ses propres fureurs.

Plus l'indignation publique avait éclaté contre le fameux décret du 5 et du 13 fructidor, plus la majorité de l'Assemblée dut sentir, sans doute, de quel intérêt il était pour elle de le maintenir, et même à tout prix. Elle prétendit que le salut, l'existence même de la République en dépendait; — et je me garderai bien d'assurer qu'elle eut tort; mais ce qu'elle eut évidemment toute raison de croire, c'est que la sûreté personnelle de tous ses membres n'avait plus d'autre asile ou d'autre sauvegarde.

Au moment de mon arrivée à Paris, les deux partis, celui des conventionnels et celui des sectionnaires [1], étaient justement dans l'agitation la plus violente. Il m'arrivait souvent de me trouver tour à tour, dans la même journée, avec ce qu'on appelait les meneurs d'un parti, et les chefs de l'autre. A les entendre parler, on ne pouvait douter, je l'avoue, que les sectionnaires n'eussent raison; mais à les voir agir, je pariai bientôt qu'ils finiraient infailliblement par avoir tort.

Les sectionnaires, à l'exemple des Feuillants, et sans avoir profité de leur triste expérience, s'assuraient presque uniquement en la force de l'opinion publique, qu'ils croyaient et qu'ils devaient croire bien décidée en leur faveur; mais cette opinion publique, quelque puissante qu'elle paraisse sous certains rapports, n'est pourtant qu'une force vague et métaphysique. Elle ne marche et n'agit point seule; pour qu'elle ait une influence réelle, il faut qu'elle soit activée, pour me servir d'un mot du nouveau dictionnaire, il faut qu'elle soit activée par des

1. On appelait sectionnaires ceux qui partageaient le vœu des sections de Paris. A l'exception d'une seule, toutes avaient rejeté le décret, presque à l'unanimité. (*Note de Meister.*)

chefs qui la guident, et la guident vers un but déterminé ; son pouvoir est plutôt un moyen de force qu'une force même. Il n'y a point d'opinion puissante, sans chefs habiles. Il n'y en a pas non plus, sans partisans aveugles. Dans les temps de révolution, si c'est l'opinion qui quelquefois élève tout à coup des chefs dignes de la servir, ce sont plus souvent encore ces chefs qui la font régner à leur tour, la dirigent et la soutiennent.

Les sectionnaires savaient fort bien ce qu'ils ne voulaient pas. Ils ne voulaient plus voir ni dans le Corps législatif, ni dans le gouvernement, des hommes qui n'avaient que trop mérité leur haine et leur mépris ; mais ils ne voulaient fortement ni la République, ni la Monarchie. Ceux qui paraissaient le plus d'accord avec eux-mêmes, sentaient l'extrême folie et l'extrême danger de revenir précipitamment à cet ancien ordre de choses dont ils reconnaissaient tous les abus, et dont la destruction avait coûté tant de sang et de malheur ; ils pensaient de bonne foi qu'il convenait d'essayer, au moins, de la République sous la nouvelle Constitution ; mais ils auraient voulu voir cette Constitution entre les mains d'hommes éclairés et probes, capables de l'apprécier, de la modifier, — et peut-être encore d'y renoncer, s'il était bien prouvé qu'elle ne pourrait se soutenir qu'à force d'injustice et de violence. Il y avait, comme on voit, dans une pareille disposition, beaucoup de sagesse et d'honnêteté, mais fort peu de décision et d'énergie.

Les conventionnels ne voulaient au contraire qu'une chose, mais la voulaient de toute leur puissance : leur sûreté, ce qu'ils appelaient le salut de la République [1], le

1. Je ne crois pas qu'il y ait vingt membres de la Convention qui soient rentrés paisiblement dans leur pays ; ceux qui n'ont pu se faire réélire ont tâché d'être placés d'une autre manière, ou dans la capitale,

maintien du gouvernement auquel ils avaient attaché tous leurs intérêts, toutes leurs craintes, tous leurs vœux, toute leur existence. Ils sentaient fortement que la représentation nationale était leur seul asile, qu'il fallait rester sous cette sauvegarde, ou périr. Une pareille alternative ne rend pas toujours fort scrupuleux sur les moyens de réussir ; mais elle donne nécessairement une grande force de résolution ; et le plus souvent il n'en faut pas davantage pour décider le succès le plus hasardeux.

Les sectionnaires de Paris essayèrent bien quelques légères intrigues pour appeler à leur secours les départements voisins, pour séduire les troupes dont on les avait environnés, pour entraîner dans leur parti quelques membres distingués du Corps législatif, mais toutes ces tentatives ne furent faites qu'avec beaucoup d'incertitude et de timidité. L'on craignait toujours de s'écarter de la ligne constitutionnelle ; on redoutait les hommes ardents et factieux ; on repoussait également les chouans et les terroristes; on n'avait pas même eu le courage d'engager dans ses intérêts les patriotes des faubourgs; on voulait la guerre, mais on ne faisait aucun plan, aucune disposition

ou dans l'étranger ; ils ont intrigué pour être employés dans le ministère, dans les bureaux, comme huissiers, comme messagers d'État ; faute d'un poste plus honorable, plusieurs auraient préféré de n'être que balayeurs de la salle plutôt que de retourner dans leur département. On a remarqué que d'ardents républicains n'avaient pu parvenir à se faire réélire que dans les assemblées primaires les plus voisines des chouans. Les hommes distingués par leurs sentiments de modération et de probité ont été réélus en même temps dans quinze, vingt assemblées différentes; et c'est toujours à la nomination du département dans lequel ils étaient domiciliés, qu'ils ont donné, comme de raison, la préférence. (*Note de Meister.*)

Il est parlé dans cette note de messagers d'État. Le Directoire en avait quatre, chargés de porter aux deux Corps législatifs les lettres et les mémoires du Directoire; ils avaient entrée dans le lieu des séances des Conseils; ils marchaient précédés de deux huissiers (*Constitution de l'an III, art. 170*).

suivie pour l'attaque; et sans les mesures prises très habilement par la Convention pour sortir de cet état d'inquiétude, on peut douter encore si l'explosion de tant d'inimitiés secrètes aurait jamais eu lieu.

Combien la marche des conventionnels fut plus ferme, plus prudente et plus hardie! Non contents des forces supérieures que la puissance du gouvernement avait mises entre leurs mains, ils eurent encore recours à toutes celles de l'intrigue et de la faction. De faux royalistes furent jetés dans le parti des sectionnaires pour le rendre suspect, pour en écarter surtout des membres du Corps législatif que le nouveau rôle offert à leur ambition pouvait éblouir. On éloigna subitement tous les officiers du camp de Paris, dont la conduite avait pu prêter au plus léger doute; on les remplaça par les jacobins les plus décidés. On affecta tour à tour plus de peur et plus d'audace qu'on n'en avait réellement, tantôt pour en imposer à l'ennemi, tantôt pour justifier les dispositions les plus violentes. Les mêmes hommes, ou plutôt les mêmes tigres, qui naguère avaient fait trembler la Convention, et qu'on avait retenus jusqu'alors dans les fers, furent rappelés autour d'elle. On leur rendit leurs armes, et ils ne les reprirent que pour la défendre.

Cette dernière mesure était faite sans doute pour porter au plus haut degré l'indignation de tout ce qui restait d'honnêtes gens à Paris. Mais on ne la prit que lorsqu'on eut rassemblé tous ses moyens, toutes ses forces; on ne la prit pour ainsi dire que pour engager l'affaire, lorsqu'on dut se croire assuré de la victoire.

Je voyais si peu de plan dans la conduite des sectionnaires, tant de faiblesse et d'incertitude dans leurs vues, tant d'impuissance réelle dans leurs moyens, que je finis par me persuader que tout cet orage politique se dissiperait sans éclat. Je ne pense pas même encore aujourd'hui qu'il eût éclaté, sans le malheureux décret par lequel on rendit les armes aux patriotes de 1789, c'est-à-dire aux terroristes; le jour qu'il fut publié, je me trouvai dans plusieurs lieux publics : je vis partout l'expression du plus violent désespoir, de la fureur et de la rage.

Ce fut sans doute sur l'énergie de ce sentiment que comptèrent les meneurs des sections insurgentes, lorsqu'ils osèrent risquer le combat avec des forces si prodigieusement inégales. La Convention était entourée de canons; c'était un camp retranché de toutes parts; outre sa garde ordinaire, elle avait fait entrer dans Paris un corps nombreux de troupes aguerries et bien disciplinées; elle avait encore autour d'elle ces hommes-tigres, dont la férocité l'avait épouvantée et servie tant de fois, mais qui, dans ce moment, semblaient avoir plus que jamais leur propre querelle à venger, de nouvelles haines à satisfaire. C'étaient des monstres d'autant plus irrités, que leur rage avait été longtemps contenue; ils portaient encore l'empreinte de leurs derniers fers.

Les sections n'avaient pour elles que leur nombre, la confiance qu'elles pouvaient avoir dans la justice de leur cause, leur indignation et leur dévouement; leurs nombreuses colonnes n'étaient point précédées d'artillerie. Beaucoup de ces soldats-citoyens n'avaient point de fusils; ceux dont les gibernes étaient le mieux garnies, n'avaient guère que cinq à six coups à tirer. Ils ne pouvaient donc compter que sur deux chances assez peu sûres, dans la circonstance présente : l'une, d'en imposer d'abord par leur nombre, par leur contenance, par la combinaison de leurs marches; l'autre, d'obtenir que les troupes, se voyant enveloppées de toutes parts, resteraient dans l'inaction; et sur ce dernier point peut-être avait-on quelque motif en effet de se flatter. Quoi qu'il en soit, les sectionnaires avaient si peu de moyens d'attaquer la Convention avec quelque apparence de succès, que je ne puis douter qu'au moins la très grande majorité d'entre eux, en se rendant à leur quartier, en s'avançant vers les Tuileries, ne pensaient point aller au combat, et comptaient bien qu'il ne s'agissait que d'appuyer par leur présence une pétition contre le terrible décret, dont toute la bourgeoisie de Paris avait été souverainement révoltée.

Le combat s'engagea presque en même temps dans différents endroits, près de l'escalier de l'église Saint-Roch, à la place Louis XV, sur le Pont-Royal et sur le Pont-Neuf. On a beaucoup disputé sur le parti qui avait été l'agresseur, du moins au moment de l'action, peut-être même de bonne foi. Ce ne sont probablement ni de purs sectionnaires, ni de purs conventionnels qui tirèrent les premiers coups; ce furent plutôt, je veux le croire, ou des chouans ou des jacobins. Il n'y a jamais eu, il n'y aura jamais, en France, d'autres partis, j'entends partis combattants de fait, que ces deux-là; les autres ne sont que les juges et les témoins de la lutte; et ce sont pourtant, selon toute apparence, ces autres-là qui finiront par hériter de la dépouille des vaincus et de celle des vainqueurs.

Ce fut sur le Pont-Neuf et près de Saint-Roch que la victoire parut balancer quelques instants, malgré l'extrême infériorité des moyens de l'armée sectionnaire. Des personnes, à portée d'être bien instruites, m'ont assuré qu'à l'exception des canonniers et des grenadiers de la Convention, le reste de la troupe n'avait agi qu'assez mollement, soit qu'en partie elle eût été séduite, soit qu'elle répugnât très naturellement à déployer toutes ses forces contre des hommes presque désarmés, à faire couler le sang des citoyens dont elle avait jusqu'alors défendu les foyers avec tant de courage et de gloire.

Le peu d'instants que put durer une lutte aussi malheureuse, aussi digne de pitié, tant qu'on ne se battit qu'à coups de fusil et à coups de sabre, ce fut de part et d'autre, mais surtout de la part des sectionnaires, avec beaucoup d'acharnement et de fureur. Dans le premier quart d'heure, les représentants du peuple ne virent point sans quelque effroi le grand nombre de blessés qu'on vint déposer dans les salles qui précèdent celle de la Convention. Un homme, présent à ces scènes d'horreur, ne put remarquer sans admiration l'auguste silence qui régnait autour de ce douloureux spectacle de tant de malheureux mortellement blessés, et dont plusieurs devoient éprouver de cruelles souffrances, quelque soin que l'on prît pour les soulager. Il n'en est pas un qui laissât échapper la moindre plainte, le moindre gémissement.

Dès qu'on eut repoussé par plusieurs décharges à mitraille les colonnes sectionnaires qui voulurent tenter de pénétrer par le Pont-Neuf et par le Pont-Royal, la victoire ne resta plus un moment indécise. Et quoique depuis cinq heures et demie jusqu'à près de onze heures du soir, on ne cessât de tirer le canon, d'abord sur le quai Voltaire, et depuis le jardin de l'Infante [1], ensuite sur le Carrousel, dans la rue Saint-Honoré, sur la place Vendôme et sur le boulevard, toute cette canonnade ne servit plus bientôt qu'à prolonger l'épouvante; passé les premières décharges, elle fut peu meurtrière. La moitié des habitants de

1. Le jardin de l'Infante est entre le Louvre et le quai, en face du pont des Arts. Son nom rappelle l'Infante, fille du roi d'Espagne, fiancée à Louis XV. Elle fut renvoyée dans son pays (1725), après trois années de séjour en France; elle se maria en 1729 à un prince de la maison de Bragance, et devint reine de Portugal en 1750; elle est la sextaïeule du roi Manuel.

Paris croit peut-être encore aujourd'hui, qu'il périt dans cette fatale journée huit à dix mille hommes. Des observateurs fort exacts, qui, la nuit même, parcoururent avec la plus grande attention les différents champs de bataille, ne portent pas le nombre des morts au delà de sept à huit cents. Beaucoup de cadavres furent dépouillés sur-le-champ et jetés dans la rivière. Je rencontrai moi-même, le lendemain, deux petits garçons, dont l'un se plaignait à son camarade de n'avoir pu, dans toute cette bagarre, attraper qu'un sabre, un habit et deux ou trois chapeaux, quoiqu'il eût toujours accouru bien vite au moment qu'il en voyait tomber.... Mais, hélas! il n'était pas seul à la poursuite de ces malheureuses dépouilles.

Les sectionnaires n'avaient point d'artillerie, peu d'armes, encore moins de munitions; et, cependant, en voyant l'énergie et le succès de leurs premiers efforts, il est permis de douter s'ils n'eussent pas réussi par leur seule constance, avec un plan mieux concerté, quelques chefs plus habiles ou plus décidés, un Westermann à la tête de leurs colonnes, ou des Mandat, des Launay, des Besenval [1], au lieu d'un Barras, d'un Bonaparte, à la tête de l'armée

1. Quoique M. de Besenval ait failli d'être une des premières victimes de la Révolution, le service qu'elle lui doit n'en fut pas moins important. Il est impossible de connaître la situation de Paris à l'époque du 14 juillet 1789, et de douter sérieusement de tous les moyens qu'on avait encore ce jour-là même, de s'assurer de cette ville à force armée et sans beaucoup d'effusion de sang; mais il n'y avait plus un moment à perdre. M. de Besenval se vit entre deux partis, et suivant ses vieilles habitudes, il crut peut-être, en bon courtisan, devoir ménager l'un et l'autre, éviter du moins de se prononcer de manière à n'en pouvoir revenir. On ne peut sauver sa conduite militaire que par la versatilité de ses principes politiques, ou par l'ineptie et la pusillanimité des ordres qu'il avait reçus. On prétend qu'il doit avoir dit plus d'une fois à ses amis : *Je voyais bien ce qu'ordonnait la circonstance et l'honneur de mon poste; mais je savais aussi que si, pour maintenir une résolution vigoureuse, il avait fallu faire quelque sacrifice, éprouver le plus léger revers, je n'aurais été ni soutenu ni même avoué.* (Note de Meister.)

conventionnelle. Et voilà de quel hasard dépendit souvent la destinée d'une bataille, d'une conspiration, le salut ou le bouleversement d'un empire.

Ce qui paraît avoir manqué le plus essentiellement au parti sectionnaire, ce fut un foyer de réunion, un conseil, un chef qui lui servît de guide. Ce qu'on appelait le comité central de la section Le Pelletier n'en avait que l'apparence, l'inconvénient et les torts.

Dire que, de tous les mouvements de la Révolution, celui-ci fut le seul qui n'eut rien de populaire, c'est abuser étrangement des mots. Il n'y en eut aucun peut-être, auquel ce qui doit s'appeler le peuple, le grand nombre des hommes vraiment intéressés à la chose publique, eût pris autant de part. Car, qu'est-ce donc que le vœu du peuple, si ce n'est celui de la majorité décidée, de la presque unanimité de toutes les sections du département qui le premier voulut la Révolution et la fit, pour ainsi dire, à lui seul? Mais il est vrai que, toute populaire qu'était cette insurrection, ses moyens ne le furent point assez; elle n'avait point les deux conditions les plus essentielles au succès de toute entreprise de ce genre, elle n'avait point de chef assez téméraire pour la conduire, elle n'avait point de populace assez aveugle pour la devancer ou pour la soutenir. C'était une hydre, une hydre très puissante, mais sans queue et sans tête.

En considérant le peu de sagesse, le peu d'accord, le peu de prudence du parti des sectionnaires, on ne peut s'empêcher de craindre que si quelque hasard heureux ou malheureux l'eût fait triompher, il n'en fût résulté de nouveaux malheurs, une nouvelle anarchie. Sans être ni de l'une ni de l'autre faction, il n'eût vaincu peut-être que pour retomber sous la puissance des chouans ou des terroristes. Les services que ces derniers venaient de rendre, l'énergie que leurs plus zélés partisans avaient déployée dans le sein même de la Convention, au milieu du plus grand danger, leur donnèrent pour le moment une sorte d'ascendant qui pouvait sans doute devenir également redoutable. Les hommes sages et modérés parurent suspects et furent menacés de nouvelles proscriptions. Il y eut de violents efforts pour rétablir le gouvernement révolutionnaire, pour éloigner l'établissement de la Constitution; mais ce nouvel orage fut conjuré par le caractère énergique, par l'éloquence ferme et vigoureuse de quelques hommes de bien, tels que Daunou [1], Thibaudeau, Doulcet [2]. Il fut décidé que l'on allait organiser sans délai la nouvelle Constitution; et les vainqueurs sentirent la nécessité d'user de leur victoire avec toute la modération et toute la clémence possible.

Il est bien digne de remarque, sans doute, que durant toute cette crise, les barrières de Paris ne furent point fermées, qu'aucun des véritables meneurs de l'insurrection sectionnaire ne fut mis en jugement, que l'on ne s'attacha qu'à poursuivre de vains fantômes ou de ridicules mannequins, les hommes qui s'étaient vus comme forcés par leur position à prendre un premier rôle dans cette misérable farce politique, tels que les présidents et les secrétaires de sections. La plupart furent condamnés à mort, mais par contumace; on les laissa tous échapper, et pendant quelques jours, on ne rencontrait sur les grandes routes aux environs de Paris que de ces jugés à mort qui

1. C'est à lui, dit-on, que l'on doit en grande partie les dispositions les plus sages de la nouvelle Constitution. (*Note de Meister.*)

2. Thibaudeau, membre de la Convention, membre du Sénat du second Empire, mort en 1854, à quatre-vingt-huit ans.

Doulcet de Pontécoulant, membre de la Convention, préfet au temps du Consulat, comte de l'Empire, pair de France sous la Restauration et sous Louis-Philippe, mort en 1853, à quatre-vingt-huit ans.

ne s'en portaient que mieux. Il semblait qu'en général, depuis cette époque, on crût pouvoir substituer habilement au règne de la Terreur, celui de la seule peur du retour de cet horrible règne.

Qu'est-ce donc que l'espèce humaine, et surtout celle qui habite les grandes villes? Le lendemain de la malheureuse journée, la grande masse du peuple de Paris parut en effet triste, abattue, sombre, humiliée; mais on n'en voyait pas moins dans toutes les rues où la veille on s'était massacré, une foule d'oisifs et de curieux de tout âge, de toute condition, hommes, femmes, vieillards, enfants, se promener froidement et s'amuser à considérer, avec une sorte d'empressement, avide et calme tout à la fois, les traces du sang versé ou les dégâts causés par le canon qui, peu d'heures auparavant, avait rempli ces mêmes lieux de mort et d'épouvante. Voltaire avait donc raison de dire :

> Dieu prit pitié du genre humain :
> *Il le créa frivole et vain,*
> Pour le rendre moins misérable[1].

1. Ode sur le 200e anniversaire de la Saint-Barthélemy.

LETTRE X

Le peuple moderne qui parut toujours avoir le plus de rapport avec les Athéniens, ce fut le peuple de Paris, même sous le joug monarchique. Combien ne doit-il pas leur ressembler encore davantage, depuis qu'il a pu se baigner à loisir dans les flots orageux de la démocratie, la plus démocratie [1] qu'on eût encore vue dans le monde! Il ne faut donc guère s'étonner que, depuis six ou sept ans qu'il croit être rentré dans tous ses droits, il ait usé déjà trois ou quatre constitutions [2]. Nos aimables Athéniens ne donnèrent-ils pas l'exemple de la même inconstance jusqu'à l'époque fatale où les successeurs d'Alexandre, et quelque temps après, les généraux de Rome les eussent entièrement subjugués?

Ne dirait-on pas encore que les Français ont hérité de la faveur distinguée qui fut accordée aux Athéniens par

1. Si l'on avait chicané Meister sur ce qu'il y a d'incorrect dans cette expression, il aurait pu citer Leibnitz qui, dans une de ses lettres à Bossuet (janvier 1692), qualifie Louis XIV : « le plus grand, ou pour parler avec M. Pellisson, *le plus roi* entre les rois. »

2. Ces trois ou quatre constitutions sont : celle de 1791, œuvre de l'Assemblée constituante; elle sombra au 10 août; — la Constitution du 24 juin 1793, qui resta sur le papier, comme Meister le dit plus loin; — l'état de fait qui s'établit à sa place : l'omnipotence des partis qui furent successivement dominants à la Convention; — enfin la Constitution du 5 fructidor an III.

leurs patrons Neptune et Minerve? L'un et l'autre prétendaient également à la gloire de protéger ce peuple. Minerve l'ayant emporté, Neptune lui dit en colère : « Les Athéniens prendront souvent des résolutions extravagantes. — Cela se pourra, répondit Minerve, mais je ferai en sorte qu'elles tourneront à son avantage [1]. »

Il me semble, Monsieur, que je vous avais prédit assez juste le sort de la Constitution de 1791, avant comme après le fameux travail du comité reviseur. Sans être plus grand politique que je ne l'étais alors, je compris encore à merveille que la Constitution de 1793, l'œuvre d'un des plus grands philosophes de nos jours, était faite pour rester.... sur le papier. J'eus beaucoup plus de respect, je l'avoue, pour celle qui lui fut si promptement substituée. Je ne pense pas que le despotisme ait jamais enfanté, ni dans les enfers, ni sur la terre, un plus sublime, un plus terrible monstre que le gouvernement révolutionnaire. Et, si son infernale énergie ne se fût pas dévorée elle-même, de quels obstacles n'eût-elle pas triomphé, quel eût été le terme de ses efforts et de ses succès? Toute l'horreur qu'inspire cette abominable tyrannie ne saurait défendre notre pensée d'une sorte d'admiration pour les étonnants ressorts d'un si prodigieux pouvoir. Et quelles que soient à l'avenir les destinées de la France, il est impossible d'oublier ce qu'elle dut en 1793, ce qu'elle doit encore en ce moment, à cette concentration inouïe de toutes ses forces et de toutes ses ressources.

J'ai plus d'une raison, et plus d'un motif, pour ne pas présager le sort de la Constitution actuelle avec la même

1. En écrivant : *à son avantage*, Meister avait dans l'esprit : *à l'avantage d'Athènes*, ou bien : *à l'avantage du peuple athénien*.
Un éditeur plus courageux que nous aurait effacé cette négligence, et aurait imprimé : *à leur avantage*.

confiance, avec laquelle j'osai vous annoncer le sort de celles qui l'ont précédée. Je vous ai déjà fait ma confession secrète dans ma première lettre, je vois la Constitution de 1795 à une grande distance de toutes les autres; et, si jamais un pareil gouvernement peut subsister longtemps en France, ce sera du moins plutôt par les moyens adoptés dans ce nouveau régime que par ceux dont on avait essayé jusqu'ici; les vrais principes du gouvernement représentatif y sont moins méconnus; on y voit plus d'une mesure propre à les défendre de l'influence démocratique, qui n'est jamais en dernier résultat qu'un esprit de trouble et de faction. La manière dont la puissance législative se trouve divisée semble aussi devoir la préserver de la violence et de l'impétuosité de ses propres mouvements. On a moins oublié combien il importait à la conservation même de la liberté que le pouvoir exécutif fût un pouvoir réel. Les ressorts du système administratif sont moins multipliés, leur jeu par conséquent plus facile et plus simple. La sphère de tous les pouvoirs est mieux déterminée, et le soin de les diviser n'a pas fait négliger le lien qui devait les unir pour atteindre tous de concert au même but. Enfin l'on a profité des fautes de 1789 et de 1791. On a songé du moins quelquefois à prévenir les crimes et les malheurs de 1792 et de 1793.

Vous croyez bien cependant, Monsieur, qu'avec ma manière de voir, je suis loin de trouver dans la nouvelle Constitution tous les principes de repos et de stabilité, sans lesquels la liberté la plus parfaite n'est plus à mes yeux que le terrible jouet de quelques passions politiques : le plus admirable à la vérité, mais aussi le plus perfide et le plus funeste.

Je doute que l'exercice des droits de citoyen soit circonscrit comme il devrait l'être, vu l'étendue et la richesse naturelle de la population. On sert également le pauvre et le riche, en ne confiant les intérêts de la chose publique qu'à des hommes dont la fortune assure entièrement l'indépendance. Cette indépendance est-elle bien assurée par la possession ou l'usufruit d'un revenu égal à la valeur de deux cents journées de travail [1]? Pour balancer le crédit de la classe propriétaire, peut-être suffisait-il de dispenser de toute autre condition, pour être éligible, quiconque aurait donné des preuves distinguées de lumière et de vertu, par ses actions, par ses écrits, par le témoignage, authentiquement appuyé de faits et de preuves, des chefs de l'Institut national.

Tant qu'on n'écartera point des assemblées primaires les hommes sans autre droit, sans autre titre que leur audace, leur cupidité, leur dévouement aveugle aux passions de quelques ambitieux, les hommes sages n'oseront y paraître, ou ne cesseront de s'y voir opprimés; ce ne sera point l'opinion publique qu'on y verra dominer; ce sera toujours l'opinion d'une minorité factieuse.

Les charges de l'administration municipale et départementale étant gratuites, exiger que pour pouvoir entrer dans le Corps législatif, on eût rempli les fonctions de quelqu'une de ces charges, était, ce me semble, dans le projet du comité des Onze, une excellente vue; mais on ne l'a pas adoptée; elle éloignait tout naturellement de la législature les hommes qui ne pouvaient être attachés au maintien de l'ordre par le plus sensible de tous les inté-

1. D'après la Constitution de l'an III, l'élection des Conseils se faisait à deux degrés. Pour avoir droit de vote dans les assemblées primaires, il suffisait de payer une contribution directe, foncière ou personnelle. Mais pour être nommé électeur du second degré, il fallait être propriétaire, ou usufruitier, locataire, fermier, métayer, d'un bien évalué à un revenu égal à la valeur locale de 100, 150 ou 200 journées de travail, selon les localités.

rêts, celui de leur sécurité, de leur propriété personnelle. Cette mesure, dans les circonstances présentes, aurait offert moins d'inconvénients, et peut-être eût-elle produit le même effet que celle de supprimer absolument les indemnités accordées aux membres du Corps législatif, quelque modérée que soit la valeur de trois mille myriagrammes de froment [1]; 613 quintaux, 32 livres; c'est-à-dire environ trois cents louis; le quintal de froment évalué, année commune, à 12 fr.

Le renouvellement du Corps législatif par tiers est bien préférable sans doute au renouvellement en totalité; mais le retour annuel de la fermentation inséparable d'une crise aussi violente que celle des élections, ne doit-il pas paraître trop fréquent, et ne risque-t-il pas d'avoir lieu dans des circonstances qui le rendent plus susceptible encore de trouble et de danger? Est-il bien solide, l'état d'une grande machine qu'on est obligé de remonter si souvent, et dont l'altération a des époques fixes, que l'intrigue et la malveillance ne seront toujours que trop empressées à mettre à profit pour faciliter l'exécution de leurs vœux et de leurs projets? Que de principes d'instabilité, surtout chez un peuple aussi vif, aussi singulièrement électrique, aussi léger que le peuple français!

Je dois vous l'avouer encore, je n'ai jamais pu comprendre le moyen d'enrayer à propos la puissance et le mouvement d'une grande assemblée, sans qu'il existe hors d'elle un pouvoir quelconque, autorisé par la loi même à l'ajourner, à la proroger, à la dissoudre. Quand il ne s'agirait que de préserver cette assemblée du plus simple de tous les abus, de la plus naturelle de toutes les manies

1. C'est à cela que l'article 68 de la Constitution de l'an III fixait l'indemnité annuelle allouée aux membres du Corps législatif.

dont on puisse la soupçonner, la terrible manie de rapporter et de décréter sans cesse, comment y parvenir autrement ?

Une des plus grandes et des plus simples idées que j'aie trouvées dans les écrits de l'immortel Sieyès [1] et qui

1. Le grand ascendant qu'eut d'abord l'abbé Sieyès dans les États généraux, il le dut uniquement à la réputation que lui avaient acquise ses premiers écrits. Il a fort peu de moyens, et fort peu de talent pour parler en public. Il n'a pas assez de souplesse dans l'esprit, ni d'audace dans le caractère, pour réussir par l'intrigue. Sa force est dans la puissance de sa dialectique, dans la profonde pénétration de ses vues, dans l'opiniâtre intrépidité de ses plans. Je n'ai jamais vu personne analyser une idée, établir un principe, développer une longue série de raisonnements, avec une logique plus ferme et plus serrée. Il m'est arrivé souvent de l'écouter, sous ce rapport, avec un extrême plaisir, même lorsqu'il soutenait une opinion tout à fait contraire à mes sentiments ; et cependant sa manière de parler est dénuée d'ailleurs de tout autre prestige ; elle n'a ni mouvement, ni grâce, ni chaleur. Sombre, méfiant, bilieux, il ne saurait supporter la plus *légère contradiction* ; *elle l'irrite ou le décourage, et* lorsqu'on ne permet pas à son esprit de dominer, il se renferme avec dédain dans le silence et dans l'inaction. Il ne sait pas plus transiger avec les idées des autres qu'avec leurs passions, et par cette seule raison, il n'a pu, malgré ses avantages, malgré le crédit de sa renommée, devenir le chef d'aucun parti. Quand il en aurait eu d'ailleurs les moyens, on peut douter s'il en eût eu le courage. C'est dans un mouvement de dépit qu'il essaya de fonder le club de 1789 ; la peur le lui fit bientôt abandonner, pour rentrer dans la Société des Jacobins. Ce même sentiment l'a fait balancer assez longtemps entre le parti de Brissot et celui de Robespierre. Faible et timide, lorsqu'il est question d'agir, il n'est pourtant aucune conséquence de ses principes, aucun résultat de ses projets qui paraisse étonner sa pensée, encore moins effrayer sa sensibilité ; en faudrait-il d'autres preuves que ces mots terribles et trop connus ? — *La Révolution ne sera finie que lorsqu'une rue droite sera tirée de la rue Saint-Honoré à la rue du Bac. — Il faut que les propriétés restent, mais que les propriétaires changent. — On prétend que la noblesse est détruite, et il existe encore des nobles !* — Le même homme qui parlait ainsi au commencement de juin 1792 disait déjà, vers la fin de l'année 1788 : *Posons les jalons de la République.*

Mais le même homme a dit aussi, lorsqu'on osa porter les premières atteintes au droit de propriété : *Ils veulent être libres, et ils ne savent pas être justes.*

S'il est quelqu'un qui puisse se vanter d'avoir prévu jusqu'où la Révolution conduirait la France, cet honneur appartient sans doute à l'abbé Sieyès. Quoiqu'il ait eu plus ou moins de part à tout, comme tout ne s'est pas fait par lui, ni précisément comme sa logique l'avait arrangé, l'avait conçu, je doute s'il est un homme en France, parmi les plus vio-

paraît tendre au même but, c'est d'ôter au Corps législatif l'initiative des lois, de lui interdire ainsi toute délibération de son propre mouvement; c'est une espèce de tribunal qu'il voudrait charger de cette initiative; mais pourquoi compliquer encore davantage les ressorts de la législation ? Ne serait-ce pas au pouvoir exécutif à juger le mieux de la défectuosité des lois existantes, à proposer ainsi lui-même les suppléments ou les modifications dont elles semblent encore avoir besoin ? Dans une constitution toute républicaine, quel danger pourrait-on voir à laisser cette prérogative entre les mains des dépositaires du pouvoir exécutif ? Ne seraient-ils pas intéressés à ne proposer que des changements utiles au peuple; et tout autre ne serait-il pas sûr d'être rejeté par la puissance et les lumières des deux Conseils ?

Je serais beaucoup plus persuadé que je ne le suis, de la justesse ou de l'importance de ces observations, que je me garderais bien, Monsieur, de leur donner plus de développement; ce n'est pas de mon opinion particulière dont je dois vous rendre compte, c'est de celle que j'ai cru voir répandue le plus généralement en France.

Les royalistes purs, — et tout battus qu'ils sont, le nombre en est encore très considérable [1], — les royalistes

lents aristocrates même, qui, dans son intérieur, soit plus mécontent de tout que l'abbé Sieyès. (*Note de Meister.*)

1. Peut-être serait-il difficile cependant d'imaginer deux règnes de suite plus propres à préparer une révolution républicaine, que ceux de Louis XV et de Louis XVI. Et ce ne fut pas seulement par les fautes de leur conduite politique, par le désordre de leurs finances, par l'ineptie et la versatilité de leurs ministres, que ces deux princes contribuèrent si puissamment à démonarchiser la France; c'est encore par le genre particulier de leurs mœurs, de leur esprit, de leurs habitudes, en un mot par leur caractère personnel. Ils désaccoutumèrent la nation du joug qu'elle portait si volontiers, ils la désaccoutumèrent, pour ainsi dire, d'avoir un Roi. Car enfin quelque qualité, quelque vertu même qu'on daigne leur supposer, il faudra toujours convenir qu'on ne pouvait pas être moins Roi qu'ils ne le furent l'un et l'autre. (*Note de Meister.*)

purs ne voient pas une grande différence entre la Constitution de 1795 et celles qui l'ont précédée. Ils ne se félicitent que de l'abolition du gouvernement révolutionnaire, et jouissent avec un sensible plaisir de la liberté de dire et d'écrire tout le mal qu'ils pensent d'un système auquel ils attribuent toutes leurs infortunes, d'un parti dont ils ont si mal calculé la puissance, et contre lequel ils se sont si mal défendus.

Les jacobins sont peut-être tout aussi mécontents que les royalistes. Comme il n'y a point de constitution pour les uns, hors de la monarchie absolue, il n'y en a point pour les autres, hors de la dictature populaire. Ce qui plaisait aux uns par-dessus tout, c'était l'impunité par la faveur du monarque. Ce qui plaisait aux autres par-dessus tout, c'était encore l'impunité, mais par la faveur du peuple ; les uns et les autres sont également impatients de tout ce qui s'appelle loi, principe, constitution, quelque respect qu'ils affectent pour le mot de certaines lois, de certains principes, de certaine constitution.

Si les hommes sages et modérés de différents partis ne trouvent pas que les conditions d'éligibilité soient suffisamment circonscrites, les jacobins se plaignent amèrement de ce qu'elles le sont beaucoup trop. Et peut-être même est-il un grand nombre de chouans qui sont encore du même avis ; pour satisfaire à loisir leur ambition, leur vengeance, leur cupidité, ces conditions sont loin d'avoir toute la latitude qu'ils auraient désirée. Les principes de la seule égalité dont ils soient vraiment jaloux n'ont-ils pas été méconnus dans une Constitution où l'on exige pour être électeur la possession légitime d'un bien quelconque ; pour être citoyen, de n'avoir été flétri d'aucune peine afflictive ou infamante ? Les plus ardents patriotes, les patriotes du moins les plus actifs, ne furent-ils pas de la classe trop longtemps avilie des hommes qui, ne possédant rien, osaient tout risquer, parce qu'ils n'avaient rien à perdre? Quels services ne rendirent pas à la République, et dans plus d'une circonstance, des hommes flétris par une justice trop stricte ou trop sévère? Aurait-on oublié l'heureuse impression que firent, sur la masse la plus respectable du peuple, les honneurs rendus aux galériens de Toulon, aux bandits d'Avignon et de Marseille?

Comment ne pas regretter les brillantes espérances qu'avait laissé concevoir la Constitution de 1793? Comment ne pas regretter encore bien davantage le merveilleux gouvernement qui lui succéda, l'heureuse époque où l'armée et les comités révolutionnaires offraient aux hommes de tout état, de toute condition, l'emploi le plus facile et le plus lucratif de leurs vices, comme de leurs vertus, où l'homme sans moyens, sans talent, pouvait espérer d'un moment à l'autre de se voir l'égal ou plutôt le maître [1] de l'homme le plus distingué par ses sentiments et par son mérite, où, grâce à quelques mots d'ordre, aisés à retenir, on devenait tout à coup excellent citoyen, patriote, sans-culotte enfin, c'est-à-dire : à portée de tout entreprendre, de tout obtenir? Que les temps sont changés! et qui l'aurait pu croire, que la République, à peine établie, rejetterait ainsi de son sein ses plus fidèles enfants! peut-être même, hélas! il est permis de le dire, les premiers auteurs de ses hautes destinées! Rome, qui finit par suspendre au pied du Capitole les destinées de la

1. Cela me rappelle toujours le mot si naïf de ce valet balourd, dans les *Deux Amis* de Beaumarchais : *La belle chose que l'égalité! c'est seulement dommage que nous ne puissions pas tous être un peu plus égaux les uns que les autres.* (*Note de Meister.*)

Meister a cité de mémoire; voici le vrai texte : *Je voudrais que chacun ne fût pas plus égaux l'un que l'autre. Les maîtres seraient bien attrapés!.... Oui, et mes gages, qui est-ce qui me les payerait?*

moitié de l'univers, Rome n'eut-elle pas pour fondateurs des hommes de la même trempe?

Les plus profonds politiques, toujours parmi les jacobins comme parmi les chouans, se récrient surtout contre l'organisation du Directoire. Dans quelle république vit-on jamais un sénat revêtu de pouvoirs plus étendus, plus énormes? Et quel est l'État libre, où de tels pouvoirs sont le partage d'un sénat si peu nombreux, et grâce à cette première circonstance, comme à beaucoup d'autres (telles que son organisation intérieure, ses rapports suivis avec les deux Conseils, son influence directe et indirecte, la durée même de ses fonctions), plus menaçant et plus corruptible?

Le revenu des membres du Directoire (environ cent quarante à cent cinquante mille livres) est assez considérable, dit-on, pour leur donner une existence beaucoup trop fastueuse, aux yeux de l'égalité républicaine; et ce revenu si considérable ne l'est pourtant pas assez pour les mettre à l'abri des séductions de l'or étranger, de celles des factions intérieures, encore moins des rêves séduisants de leur ambition personnelle. Comment ne pas calculer aussi la force et l'étendue des regrets que doit éprouver un caractère ambitieux, en retombant tout à coup du faîte d'une place aussi éminente, dans tout le néant d'une condition privée, en y retombant après plusieurs années de la jouissance la plus enivrante et de celle dont l'habitude jette le plus promptement les plus profondes racines!

Je m'arrête, et vous laisse à juger vous-même, Monsieur, quel parti peut tirer de ces simples observations, l'éloquence des journalistes, des clubistes, des orateurs de taverne et de marché. Si vous réfléchissez aux haines, aux jalousies, aux défiances, aux cabales, aux dénonciations de tout genre et de toute couleur, qu'il est si facile de fomenter avec de pareils prétextes; si vous n'oubliez point ce que je vous ai dit de la situation de l'intérieur, de l'extrême difficulté des approvisionnements, du terrible embarras des finances : deux principes de désordre portés au point de mettre en péril le gouvernement le plus ferme et le mieux établi, vous concevrez sans peine que dans ces circonstances, avec les meilleures intentions du monde, une constitution nouvelle ne peut se soutenir que par des moyens singulièrement énergiques, par des mesures violentes et forcées, — disons le mot : par des mesures toujours plus ou moins révolutionnaires.

Il ne faut donc pas se presser de blâmer le Directoire d'avoir tâché de conserver une grande partie des ressources et des instruments dont la tyrannie décemvirale avait fait un si terrible usage; mais il faut en convenir, du moins relativement à la puissance, le plus admirable et le plus heureux. Il ne faut pas non plus se presser de blâmer le Directoire de prolonger une guerre désastreuse, quelque glorieux qu'en soient les succès, si ce n'est qu'à ce prix effrayant qu'il peut se maintenir dans la possession des ressources extraordinaires dont il a besoin pour défendre l'autorité dont il est le premier dépositaire, sa propre existence, et peut-être même l'existence entière de la nouvelle République, tout invincible que semble sa puissance au dehors. Car il sera toujours injuste de ne pas juger les hommes, leur prudence et leur moralité, d'après la position particulière dans laquelle ils se trouvent, soit par leur propre choix, soit par l'entraînement irrésistible des choses et des événements.

Les démocrates seraient plus aveugles encore que ne l'ont été les aristocrates, s'ils ne voyaient pas le mécontentement et la malveillance de la très grande majorité de la nation, le peu de penchant qu'elle a naturellement pour les mœurs républicaines, le vif regret qu'ont laissé l'ancienne religion et l'ancien régime dans une foule d'individus échappés aux proscriptions révolutionnaires [1]. Le gouvernement sera donc longtemps encore menacé de factions, de manœuvres séditieuses, de conspirations plus ou moins entreprenantes. Et l'on a vu plus d'une fois, depuis cinq à six ans, à quoi tient le succès des conspirations mêmes qui semblaient les plus méprisables dans leur origine, les plus faciles à déjouer, à punir. Le gouvernement sera-t-il toujours assez heureux pour se garantir également de la perfidie des uns et de la violence des autres, de la fermeté patiente des modérés, et de l'audace tumultueuse des chouans et des jacobins? Sera-t-il toujours assez heureux pour réussir, comme il l'a déjà fait, à les armer tour à tour les uns contre les autres, et sans danger, uniquement pour sa défense?

Sans partager toutes ses opinions, je crois autant que M. Constant [2] à la nécessité de se rallier au nouveau

1. Depuis le temps que dure la Révolution, il aurait pu se former sans doute une génération nouvelle toute révolutionnaire, la jeunesse de l'âge de dix à quinze ans, de quinze à vingt, de vingt à vingt-cinq. Mais il faut observer que, vu le mode des réquisitions, c'est aussi dans ces premières classes de la vie, que la guerre a moissonné le plus d'individus. Il ne faut pas oublier non plus que dans l'intérieur, l'esprit de faction, les haines et les vengeances personnelles n'ont pas immolé peut-être beaucoup moins de nouveaux révolutionnaires que d'anciens royalistes. La Révolution, comme Saturne, n'a-t-elle pas commencé par dévorer ses propres enfants? Il faut aussi compter qu'il est rentré, sous toute sorte de prétextes, beaucoup d'émigrés, qui, tout mécontents qu'ils sont de l'accueil qu'ils ont reçu dans l'étranger, n'en aiment pas mieux le nouvel ordre de choses dans leur vieille patrie. (*Note de Meister.*)

2. L'auteur de la brochure intitulée : *De la force actuelle du gouvernement de France*, ouvrage rempli de vues hardies, d'idées ingénieuses, mais où l'on regrette de trouver tant d'indifférence ou d'oubli pour les victimes de la Révolution, et tant de patience et d'égards pour leurs bourreaux. Dans le magnifique tableau qu'il fait de la puissance des terroristes, il semble nous avoir voulu peindre la liberté française,

gouvernement, pour l'engager à se rallier lui-même à cette opinion publique qui finit toujours par être l'appui de l'autorité, le plus sage et le plus sûr. J'oserai même aller un peu plus loin que M. Constant; je pense que le gouvernement actuel de la France, parvenant à se soutenir, est encore le seul qui puisse sauver tous les autres gouvernements de l'Europe, parce que les circonstances, le succès de ses armées [1], une certaine faveur populaire lui donnent, pour le moment, une force prodigieuse, toute celle dont cette même faveur a dépouillé ses rivaux; mais il est trop éclairé pour ne pas comprendre qu'en les laissant accabler tout à fait, il ne tarderait pas à succomber lui-même. Pour l'avoir fondé dans le principe, le Jacobinisme n'en est, et n'en sera pas moins éternellement le plus dangereux de ses ennemis; car c'est un ennemi dont les ressources sont immenses, et toujours prêtes pour l'action, un ennemi dont la puissance va toujours en avant, parce qu'elle n'a qu'un but vague, le bouleversement de tout ordre, de toute constitution régulière et vraiment sociale, quelque nom et quelques formes qu'on puisse lui donner.

Parmi les rares avantages dont jouit aujourd'hui le gouvernement français, — c'est toujours sous le rapport de la puissance que je le considère, — il faut bien compter sans doute le caractère personnel des hommes qui com-

comme on nous a représenté Bacchus allant à la conquête de l'Inde, dans un char attelé de tigres et de panthères, précédé de bacchantes ivres et furieuses. (*Note de Meister.*)

1. Ces succès sont bien faits pour éblouir. Mais je suis toujours un peu surpris de voir des philosophes, dans leurs discussions politiques, arguer avec tant de complaisance de ces succès en faveur du nouveau système. Les conquêtes d'Alexandre, d'Attila, de Gengiskan, prouvent-elles donc que leur empire fut le plus beau de tous les gouvernements; les conquêtes de Mahomet et de Soliman, que l'islamisme est la meilleure de toutes les religions? (*Note de Meister.*)

posent le Directoire. Les uns se distinguent comme Carnot [1], par les qualités les plus éminentes, celles d'un génie hardi, d'un esprit fécond en ressources, capable de l'application la plus laborieuse, vers quelque objet qu'elle se tourne; les autres, par un caractère ferme, intrépide, propre aux exécutions les plus audacieuses; tous, par une grande énergie de résolution et de volonté.

1. C'est un officier du génie. Il fut à la vérité du comité des Dix, du temps de Robespierre, mais on assure que, durant cette funeste époque, il ne se mêla que de la conduite de la guerre; et les événements prouvent assez avec quelle prudence et quel bonheur! (*Note de Meister.*)

LETTRE XI

DES SOCIÉTÉS DE PARIS AVANT LA RÉVOLUTION

Ce qu'il est le plus difficile de ne pas regretter de l'ancienne France, de l'ancien Paris, c'est le charme de la société, qui n'exista jamais, qui n'existera probablement plus nulle part au même degré, du moins de la même manière; il résultait d'un assemblage de circonstances, de qualités et de défauts, d'abus et d'avantages, de lumières et de préjugés; — puisqu'il faut le dire enfin : de vices et de vertus, dont la réunion était tout à la fois infiniment singulière, infiniment naturelle, mais que, sous beaucoup de rapports, la sagesse même qui savait en jouir n'oserait désirer de voir renaître aujourd'hui.

Les distinctions sociales, bien ou mal établies, avaient écarté d'une classe de la société tous les devoirs humiliants, tous les soins minutieux, tous les détails pénibles de la vie; elles l'avaient entourée de jouissances exclusives, d'égards, d'attentions, de respects. Une pareille manière d'être n'avait pu manquer d'imprimer à toutes les habitudes de cette classe privilégiée un caractère particulier de noblesse et d'élévation, qui, sans y prétendre, distinguait toujours plus ou moins toutes les formes de leur maintien et de leur langage. Il est évident que c'est à l'influence de ces divisions multipliées dont se composait l'ordre social en France, que la langue est redevable de cette variété de tons et de nuances qui la rendent tour à tour si riche et si pauvre, si susceptible d'élégance ou d'affectation, de délicatesse ou de ridicule.

La classe qui se rapprochait le plus de celle que nous venons de désigner, était celle des hommes de lettres et des artistes; si leurs rapports domestiques n'étaient pas aussi favorables au développement du goût, que les relations habituelles des gens de qualité, que d'avantages, pour y suppléer, ne trouvaient-ils pas dans leurs travaux et dans leurs études! Les objets dont leurs sens avaient été frappés, dans leur première enfance, ne portaient pas la même empreinte de grandeur et de noblesse; mais le monde idéal, où les avaient transportés de bonne heure leur imagination et celle des grands maîtres qu'ils étaient appelés à méditer sans cesse, n'était-il pas fort au-dessus du monde enchanté que l'opulence, la flatterie ou l'ambition pouvait avoir créé pour les autres? Quelque distance qu'il y eût à certains égards entre ces deux classes, elles se trouvaient rappelées continuellement l'une vers l'autre par leurs besoins mutuels, par une foule de convenances d'agrément et d'utilité. L'institution des différentes Académies avait encore singulièrement favorisé, peut-être même dans des vues de politique assez profondes, les rapports naturels des gens de la cour, des gens de lettres et des artistes.

Indépendamment de ces rapports établis avec intention, ou par le seul hasard des circonstances, il y avait longtemps qu'à Paris du moins, tous les privilèges de rang, de place, de naissance, disparaissaient, dans le commerce de la société, devant la qualité d'homme aimable. Il suffisait de ce seul titre pour être admis dans les cercles les plus brillants, et pour s'y voir accueilli de la manière la plus flatteuse. Aussi trouvait-on, sous cet ancien régime si bêtement calomnié par l'ignorance et par l'esprit de parti, dans les assemblées dont l'accès était le plus recherché, des hommes de rangs fort différents, qui tous y jouissaient de l'égalité de droit la plus parfaite, pourvu qu'ils y portassent, tous, les mêmes moyens d'intéresser et de plaire.

Ces réunions d'hommes plus ou moins distingués par leur naissance, par leur fortune ou par leurs talents, offraient un spectacle d'autant plus agréable et d'autant plus intéressant, qu'on y voyait sans cesse la liberté la plus facile et la plus familière se mêler aux égards, aux attentions aimables qu'inspire à tout homme bien élevé l'usage du monde ou le sentiment naturel des bienséances de chaque âge et de chaque condition. On avait banni toute étiquette embarrassante et fastidieuse. Mais chacun se tenait le plus naturellement du monde à sa place, pour ne pas avoir besoin d'être averti de s'y remettre. Plus l'amour-propre était susceptible, plus il tâchait de s'effacer, pour ne pas risquer de se voir heurté par les prétentions d'un autre. Et de ce commerce mutuel de soins et de ménagements, de sacrifices et de préférences, naissait cet heureux accord, qu'on pouvait appeler sans doute avec raison le ton de la bonne compagnie.

Ce ton, dont une éducation soignée s'appliquait à faire contracter l'habitude dès l'âge le plus tendre, et l'influence impérieuse du préjugé qui ne permettait pas de laisser impunie la plus légère atteinte portée au point d'honneur, étaient deux grands moyens de contenir l'extrême vivacité de l'esprit français. Mais il est assez prouvé que, pour en modérer l'excès, loin de l'abattre ou de l'étouffer, ces entraves ne servaient qu'à lui donner un essor plus brillant et plus ingénieux. Au lieu d'émousser le trait, cette espèce de contrainte le rendait seulement plus fin, plus délicat; et la mesure, avec laquelle on le laissait échapper, l'adressait encore plus sûrement au but.

Je ne citerai pourtant pas comme un modèle de cette mesure le propos d'un homme de province d'un caractère très vif, à qui l'on avait fortement recommandé de ne jamais recevoir de démenti, mais de ne pas en donner non plus. Entendant raconter une histoire qui lui semblait fort absurde, il dit poliment au conteur : *Je vous crois, Monsieur, puisque c'est vous qui le dites ; mais si je le disais, moi, je me croirais le plus grand menteur de l'univers.*

Les personnes que l'on rencontrait souvent dans la même société, n'étaient point appelées à se rassembler, ni par l'intérêt de leurs affaires, ni par celui de leurs sentiments. Elles se connaissaient même quelquefois assez peu. Le seul objet qui les engageait à se réunir, était le besoin si commun dans toute ville immense, remplie d'un grand nombre de gens riches et désœuvrés : le besoin, plus pressant qu'on ne l'imagine, d'occuper l'oisiveté de leur esprit ou d'en exercer l'activité, tantôt à leurs propres dépens, tantôt aux dépens d'autrui. On n'y portait donc que le désir de s'amuser, de briller ou de plaire. Le sage seul y trouvait quelquefois, sous les formes les plus frivoles, des instructions de plus d'un genre. Car, comme l'observe La Bruyère : « Il me semble que l'on dit les « choses encore plus finement qu'on ne peut les écrire [1] »; et la raison en est claire, c'est que la musique naturelle de la voix a plus d'inflexions, et par conséquent de nuances, et des nuances plus fortes et plus déliées, qu'aucune langue écrite, quelque abondante qu'elle puisse être.

1 La Bruyère : *De la société et de la conversation*, 78.

Un des avantages les plus remarquables de ces rassemblements d'hommes de caractères et d'états si différents, était d'obliger ceux qui prétendaient y réussir, à parler une langue qui fût entendue de tous, à présenter ainsi les faits et les idées que pouvait amener le cours de l'entretien, sous le rapport de l'intérêt le plus général, à ne s'appesantir sur rien, à saisir promptement l'à-propos d'une pensée pour la faire paraître avec avantage, à ne lui laisser remplir que l'espace convenable pour ne point fatiguer la complaisance des auditeurs, sans oublier encore l'impatience de ceux qui voudraient prendre la parole à leur tour, à se borner en conséquence le plus souvent à des aperçus vifs et rapides, mais clairs et frappants.

Il est facile de voir combien un pareil exercice devait contribuer à former l'esprit et le goût, combien il dut servir au perfectionnement de la langue, à lui donner surtout cette clarté, cette justesse, cette grâce aisée, cette précision vive et piquante qui la distinguent. « Les observations fines, a dit Rousseau, ne peuvent guère être faites que par des gens très répandus, attendu qu'elles frappent après toutes les autres, et que les gens peu accoutumés aux sociétés nombreuses y épuisent leur attention sur les grands traits. Il n'y a pas peut-être à présent un lieu policé sur la terre, où le goût général soit plus mauvais qu'à Paris; cependant, c'est dans cette capitale que le bon goût se cultive, et il paraît peu de livres estimés dans l'Europe dont l'auteur n'ait été se former à Paris. Ceux qui pensent qu'il suffit de lire les livres qui s'y font, se trompent. On apprend beaucoup plus dans la conversation des auteurs que dans leurs livres, et les auteurs eux-mêmes ne sont pas ceux avec qui l'on apprend le plus. C'est l'esprit des sociétés qui développe une tête pensante, et qui porte la vue aussi loin qu'elle peut aller [1]. »

Je sais qu'il est un autre genre d'entretien que l'on peut préférer beaucoup à celui de ces cercles si vantés et si brillants, c'est une conversation où le cœur a toujours autant de part que l'esprit, où l'esprit même prend un caractère plus énergique et plus original, parce qu'il s'y montre avec plus d'abandon. N'ayant à redouter ni les triomphes ni les défaites de l'amour-propre, on ose paraître là tout ce qu'on est, ni plus ni moins. On n'y dit pas seulement ce qu'on a pensé, mais ce qu'on pense, ce qu'on ne pense encore qu'à demi, parce qu'on est sûr d'être entendu, de l'être même quelquefois mieux par son ami, qu'on ne s'entendait d'abord tout seul; l'idée la plus compliquée n'a souvent besoin que d'une demi-lueur pour être aperçue ou devinée; l'habitude de se voir et de se communiquer ses pensées les plus intimes, sans regret de la veille, sans crainte du lendemain, sait attacher au seul accent du mot le plus simple une longue suite d'idées ou de souvenirs intéressants.

Mais des entretiens si doux, une des plus précieuses jouissances de l'amitié, sont réservés pour elle. Ce n'est pas dans le monde qu'il faut les chercher. Je ne vois pas même qu'il soit beaucoup plus aisé de les rencontrer dans le monde des plus petites villes que dans celui des plus grandes.

Plusieurs usages établis en France favorisaient singulièrement les dispositions naturelles de ce peuple, d'ailleurs plus sociable qu'aucun autre, à développer au plus

1. Dans *Émile*, vers la fin du quatrième livre. Ici comme ailleurs, Meister a cité de mémoire et légèrement modifié le texte de son auteur, que nous avons rétabli, comme nous avons fait un peu plus haut pour celui de La Bruyère.

haut degré le génie et le talent de la conversation.

Les femmes y jouissaient d'une grande liberté; peut-être même en abusaient-elles quelquefois.... Depuis qu'elles avaient été publiquement admises à la cour sous le règne chevaleresque de François Ier, elles avaient pris dans toutes les affaires et dans toutes les intrigues un rôle assez important; et peut-être n'était-ce pas toujours pour le plus grand bien de l'État, encore moins, je pense, à l'avantage des mœurs domestiques. Mais on ne peut nier que ces deux circonstances n'aient contribué beaucoup à donner aux ressources particulières de leur esprit, et plus d'étendue et plus d'activité. On ne peut nier aussi que cette espèce d'éducation des femmes n'ait eu la plus grande influence sur celle des hommes, sur le ton et les agréments de la société.

Sans entreprendre de discuter ici l'égalité des talents des deux sexes, ou la supériorité de l'un et de l'autre dans certains genres, il est un fait qu'on ne saurait guère contester, c'est que, grâce à l'éducation donnée aux femmes par l'empire même de la nature, ou par celui de nos usages, elles ont communément dans l'esprit moins d'application et plus de légèreté que les hommes, mais aussi plus de justesse naturelle, une sagacité plus facile et plus prompte. Si leur imagination a moins d'étendue et moins d'énergie, elle est aussi plus souple et plus mobile. Si leur sentiment a moins de profondeur, il est aussi plus fin, plus susceptible, plus délicat. On conçoit aisément quel charme ce caractère distinctif de l'esprit, de l'imagination, du sentiment des femmes, devait imprimer au ton général des sociétés dont elles formaient le lien principal, dont elles étaient devenues, pour ainsi dire, l'âme et la vie.

Il n'y avait presque point de maison à Paris où la société

ne fût reçue et présidée par une femme. C'est chez elle qu'on se faisait annoncer, c'est par elle qu'on était invité, c'est elle qui tenait le cercle; et ce n'était pas une chose extraordinaire de voir une femme seule entourée d'un cercle de douze ou quinze hommes. Cette manière d'être était si généralement établie que l'on pouvait fort bien aller plusieurs mois de suite dans la maison d'une femme très honnête sans en connaître le mari, quoiqu'on se fût trouvé souvent à côté de lui. Tout Paris se souvient encore de l'étourderie d'un Anglais qui dînait toutes les semaines chez Mme Geoffrin, et qui s'avisa de lui demander un jour, après une assez longue absence : *Dites-moi donc, madame, qu'est devenu ce petit homme que je voyais toujours au bout de votre table, et qui ne disait jamais mot? — Monsieur, c'était mon mari.*

Le talent d'une maîtresse de maison ne se bornait pas à réunir chez elle des hommes faits pour se convenir. Il fallait encore qu'elle eût l'art de discerner ce que chacun d'eux pouvait fournir de plus intéressant à la conversation, qu'elle sût leur adresser tour à tour la parole pour engager, — et toujours sans impolitesse et sans affectation, — tantôt l'un à parler, tantôt l'autre à se taire, en demandant à celui-ci l'anecdote qu'il pouvait raconter mieux qu'un autre, à celui-là son sentiment sur tel ouvrage ou sur tel fait, qu'elle était sûre qu'il exprimerait de la manière la plus juste, ou du moins la plus ingénieuse et la plus amusante. Souvent, il devait lui suffire d'un mot, d'un regard, pour arrêter ou pour ranimer à propos une discussion, qui, sans cette attention précieuse, allait risquer de devenir ou trop vive ou trop languissante. Combien de fois n'ai-je pas vu qu'un léger reproche, une réflexion naïve, une plaisanterie heureuse avait amené les récits les plus attachants, ou le développement lumineux des questions de littérature et de morale les plus abstraites et les plus importantes! Je comparais volontiers le talent de ces maîtresses de maison à celui du musicien, qui, pour conduire un grand orchestre, a l'oreille et les yeux partout, sait modérer ici le mouvement d'une partie d'instruments, presser ailleurs celui d'une autre, prévient le plus qu'il est possible toute dissonance et rappelle sans cesse cette juste mesure, sans laquelle la meilleure musique du monde perd tout son effet.

J'ai connu des femmes d'un esprit médiocre, et n'ayant qu'une instruction assez superficielle, mais douées de beaucoup de grâce et d'un tact exquis, qui possédaient le talent dont nous parlons au suprême degré. Grâce à ce talent, elles étaient parvenues à rassembler autour d'elles les hommes les plus distingués par la supériorité de leur esprit et de leurs connaissances; le plus naturellement du monde, elles engageaient entre eux la conversation la plus vive et la plus intéressante, savaient l'animer, la laisser tomber, la reprendre, la soutenir, n'affectaient rien, mais trouvaient, comme par habitude ou par instinct, le secret de concilier toutes les prétentions de l'amour-propre. En excitant sans cesse le plus vif désir de plaire, elles ménageaient encore à chacun le moyen le plus sûr d'y réussir. L'esprit qu'elles n'avaient point elles-mêmes, elles semblaient pourtant le donner aux autres, parce que celui qu'on avait avec elles, et pour elles, était toujours le plus aimable. On serait tenté de dire que le charme de leur présence avait justement sur la société qui les entourait le même ascendant qu'eut le génie de Louis XIV sur son siècle. Sans être véritablement grand par lui-même, il avait l'air de la grandeur, et peut-être en avait-il le sentiment; du moins savait-il l'inspirer aux autres. Incapable de concevoir ou de faire de grandes choses, il les aimait et les faisait aimer. On se passionnait si vivement pour son suffrage, il avait eu l'art d'en élever le prix si haut, que les plus grands hommes de son règne parurent souvent prendre leur propre gloire pour la sienne.

Le talent de tenir cercle, comme les autres, suppose toujours sans doute un fonds de dispositions naturelles; mais aussi, comme les autres, il n'y a que les leçons de l'expérience, celles de l'habitude et des bons exemples, qui puissent l'élever au plus haut degré de perfection. Ainsi, c'est chez Mme de Tencin, la sœur du cardinal de ce nom, que Mme Geoffrin fut étudier d'abord, avec beaucoup de discrétion et de modestie, le rôle qu'elle joua dans la suite avec tant d'éclat et de célébrité. Mme Geoffrin ne fut-elle pas depuis, pour Mme Necker et pour Mlle de Lespinasse, l'amie de d'Alembert, ce que Mme de Tencin avait été pour elle-même?

Ce n'est pas seulement dans les classes supérieures de la société que les femmes exerçaient en France le talent que nous avons essayé de vous peindre. J'ai moi-même eu l'avantage de connaître une fameuse couturière en robes, qui présidait avec beaucoup de grâce et de dignité le cercle de beaux esprits qui se rassemblaient toutes les semaines dans son grenier. Ce n'étaient guère à la vérité que des jeunes gens, qui n'avaient pas encore pu parvenir à se faire présenter dans des cercles plus choisis. Mais plusieurs d'entre eux ont joué depuis un très grand rôle, et dans la littérature, et dans la République.

Il n'y avait pas jusqu'aux *formes matérielles*, établies par l'usage pour la réunion des sociétés, qui ne fussent infiniment commodes et propres à faciliter le mouvement et l'intérêt de la conversation. La femme qui recevait, se plaçait communément au coin de la cheminée de son salon, et les personnes qui venaient la voir formaient cercle autour d'elle. On était assis de manière à pouvoir être vu et entendu de tout le monde. Les *apartés*, toujours plus ou moins désobligeants, devenaient ainsi plus difficiles, plus rares, et ne pouvaient jamais être longs, crainte d'être trop remarqués. On arrivait et l'on sortait sans cérémonie, avec l'attention seulement d'interrompre le moins possible le cours de l'entretien. On ne se croyait pas solennellement obligé de passer toute la soirée dans la même maison; et l'on n'y demeurait qu'autant qu'on pouvait espérer de prendre part à l'amusement général, ou par ce qu'on avait à dire, ou par ce qu'on trouvait à répondre, ou du moins par sa manière d'écouter les autres. Grâce à cet usage, la société de la même soirée se renouvelait, se variait, se ranimait de plus d'une manière et le même mot, la même anecdote, la même réflexion circulait ainsi quelquefois le même jour d'une extrémité de Paris à l'autre. Ce que le trait pouvait perdre en passant par une bouche, il le regagnait souvent, répété par une autre; et l'on pourrait citer tel trait heureux dont le souvenir est resté, précisément parce que l'esprit de différentes sociétés sut contribuer de plus d'une manière à sa perfection.

Je suis loin de prétendre que l'influence trop dominante des femmes sur l'esprit de la société n'ait pas eu de grands inconvénients, et surtout au milieu de mœurs aussi corrompues que celles de Paris. Cette influence sans doute a pu fomenter sous plus d'un rapport cette légèreté de caractère, ce goût de frivolités, reprochés tant de fois à la nation française; elle a donné peut-être même aux génies les plus heureux des entraves, capables d'en arrêter l'essor; elle l'a soumis trop impérieusement aux vains caprices de la mode. La crainte de paraître pesant a rendu trop superficiel. L'originalité s'est perdue sous l'empreinte d'une manière factice et toujours la même. Enfin cette influence a trop raffiné l'esprit, et comme l'a si bien dit Montaigne : « L'affinement de l'esprit n'en est pas toujours l'assagissement [1]. » Mais les avantages dont on est redevable à la société des femmes, nous en avons déjà remarqué plusieurs, n'en sont pas moins réels ; aucun abus ne doit les faire oublier. Sans les femmes, la grande société politique et morale n'eût sans doute jamais existé. Comment celle dont nous parlons dans ce moment pourrait-elle avoir, sans les femmes, tout le charme, tout l'intérêt qui en font une des plus douces félicités de la vie ?

Le désir de plaire, qu'il ne faut pas confondre avec celui de séduire ou de réussir, est la première condition requise pour être aimable dans la société. Qui pourrait inspirer ce désir aussi vivement que la présence des femmes ? N'est-ce pas encore à la délicatesse particulière de leur sentiment et de leur goût que le langage de la conversation doit non seulement son élégance et sa finesse, mais encore sa décence et sa pureté ? En France, les femmes mêmes qui ne passaient pas toujours pour les plus sévères dans leurs principes et dans leur conduite l'étaient encore infiniment dans le choix de leurs expressions. Elles ne pardonnaient à personne aucun mot qui pût rappeler une image trop libre, blesser les sens ou la pudeur ; elles se le permettaient beaucoup moins encore. La faveur ou la proscription de certains mots pouvait paraître quelquefois, je l'avoue, passablement arbitraire ; mais le motif qui les faisait admettre ou proscrire n'en tenait pas moins au même principe ; il n'eût pas été du bon ton de les ignorer.

1. *Essais*, livre III, chap. 12. *De la vanité*.

On ne devait pas seulement au commerce des femmes le frivole avantage de dire, avec plus d'agrément et plus d'esprit, tous ces petits riens qui ne laissent pas d'occuper une assez grande place dans le cadre des conversations ordinaires. C'est d'elles que l'on apprenait encore à rendre les idées les plus raisonnables et les plus importantes avec plus de clarté, parce que c'est à cette seule condition, que l'on pouvait espérer d'en être entendu. On apprenait d'elles encore à les exprimer avec plus de grâce et de facilité, parce que c'est à cette seule condition que l'on pouvait se flatter de s'en faire écouter. Il n'appartenait qu'à l'heureux génie de leur société d'inspirer ce joli vers de la Chaussée :

La raison même a tort quand elle ne plaît pas [1].

Des compliments, des louanges maladroites ou recherchées sont sans doute une des ressources les plus insipides de la conversation ; mais le talent de dire des choses agréables, d'écarter ou d'adoucir celles qui pourraient blesser, contribue infiniment au charme de l'entretien le plus vif et le plus intéressant. L'art de louer, comme l'a dit Bernard :

L'art de louer commença l'art de plaire,

mais c'est l'art de bien louer, celui de saisir adroitement, et de faire ressortir de même les qualités que l'on est le plus flatté de faire remarquer aux autres, et qui le méritent le plus en effet. C'est peut-être au besoin de la louange, que l'éloquence et la poésie doivent les plus aimables et les plus ingénieuses de leurs conceptions.

1. *La Gouvernante* (1747). Acte Ier, sc. II. — Nous n'avons pas su retrouver, dans les Œuvres de Gentil Bernard, le vers qui est cité un peu plus loin.

C'est peut-être à la justesse, à l'à-propos d'une louange bien sentie, que beaucoup de gens doivent tout l'esprit qu'ils ont jamais montré. S'il est beaucoup d'hommes que la louange a pu corrompre, il en est peut-être encore davantage qu'elle a formés. Car, malgré tout l'amour-propre qu'on reproche à la plupart des hommes, il en est sûrement un grand nombre qui n'ont pas tout l'esprit qu'ils pourraient avoir, par la seule raison qu'on ne les a jamais avertis de celui qu'ils avaient; mais de qui, pour qui, ce bel art de louer s'apprendrait-il, si ce n'est des femmes, et par elles, et pour elles?

Rien n'anime davantage l'intérêt d'un cercle plus ou moins nombreux que la variété des sentiments, des caractères et des opinions que l'on y rencontre; mais l'opposition qui doit naître entre ces sentiments, ces caractères, ces opinions, pour ne pas devenir trop vive ou trop tranchante, pourrait-elle être plus habilement modérée, plus heureusement adoucie, que par la présence d'une femme dont la grâce en impose, dont on craint d'offenser le goût ou la sensibilité, qui réunit, au moins sous un rapport, ces prétentions si diverses et quelquefois si diamétralement opposées, le désir de lui plaire et de gagner son suffrage. Ce n'est que dans la bonne compagnie de Paris que j'ai souvent entendu les discussions les plus animées, soutenues avec autant d'égards et de politesse que de force et de chaleur. On ne craignait point de s'y montrer fortement persuadé de son opinion; mais on se gardait au moins de la présenter comme une masse de puissance physique, que rien dans le monde ne pourrait ébranler. On se souvient du mot de Fontenelle, qui, après avoir passé plusieurs soirées de suite dans une société de jeunes philosophes, disait : *Je suis accablé de l'affreuse certitude que je vois depuis quelque temps autour de moi.*

Au lieu de repousser par avance les objections ou les difficultés auxquelles on devait s'attendre, on les invitait, pour ainsi dire, à l'attaque, dans l'espoir de donner à ses moyens de défense plus de lumière, plus d'intérêt ou plus d'éclat. On ne cherchait pas toujours à peser gauchement sur le point qui divisait son opinion de celle de son adversaire, on s'efforçait encore de trouver la nuance par laquelle l'une pouvait se rapprocher de l'autre. On discutait bien plus qu'on ne disputait, ou plutôt on ne disputait que pour rendre la discussion plus vive et plus attachante. Une femme qui s'amusait passionnément de ce genre de lutte était fâchée de voir qu'un homme de beaucoup d'esprit, le docteur Gatti, n'y prenait jamais aucun rôle : *Mais, docteur, vous n'aimez donc pas la dispute? — Très fort, madame, rien ne me plaît davantage.... Mais j'ai si rarement un avis!* Ce mot donne, ce me semble, une idée assez juste du genre de disputes que l'on se permettait dans la bonne compagnie.

Un des talents qui, comme ailleurs, y réussissait plus qu'aucun autre, était celui de raconter. Et l'on conçoit sans peine combien le mouvement continuel d'une population immense, la variété des spectacles, les intrigues multipliées de la ville et de la cour devaient fournir d'aliment et de ressources à ce genre de talent. Le premier avantage qui résultait de cette extrême abondance de sujets, et pour l'observateur et pour le conteur, était de pouvoir en faire un choix plus sévère et plus heureux, d'être dispensé de recourir à tous ces rapports indiscrets, à toutes ces petites médisances qui sont une source éternelle de divisions et de tracasseries dans les sociétés des petites villes. On médisait bien à Paris, mais c'était plus en grand, c'était avec moins d'inconvénients. Le peintre pouvait aller prendre ses modèles au loin, il n'avait pas besoin de lever le voile sous lequel ils auraient voulu se cacher; ils étaient ordinairement sur un théâtre où leurs vertus et leurs vices, leur mérite et leur ridicule ne pouvaient échapper aux regards de la censure ou de la louange. Ce qu'on entend par la sûreté du commerce dans les liaisons particulières, était peut-être plus respecté dans cette capitale que dans aucun autre lieu du monde.

Une manière agréable de conter, de préparer le trait d'une histoire par toutes les circonstances qui peuvent le faire saisir plus rapidement, en ménager mieux la surprise, en augmenter plus sûrement l'effet, suppose une tournure d'imagination, une facilité d'esprit, une justesse de goût toute particulière. La bonne société de Paris fournissait de rares modèles dans ce genre de talents, et nulle société dans le monde n'était plus propre à les former. On attachait tant de prix au charme d'un conte bien fait qu'il arrivait souvent de le redemander, comme on redemande un bel air parfaitement bien chanté. On ne se lassait pas de l'entendre répéter; il est vrai que souvent on y pouvait remarquer aussi des variations qui en renouvelaient l'agrément, qui en augmentaient le mérite. Le charme de ces contes tenait quelquefois beaucoup plus à l'art du conteur qu'au fond même de ses récits. J'ai vu plusieurs fois un homme de la cour, l'abbé de B*** [1], réussir à fixer l'attention de tout un cercle de gens d'esprit, par un conte qu'il eût été tout à fait impossible de répéter après lui sans risquer d'ennuyer ce cercle et tout autre, si l'on n'eût pas eu l'esprit doné précisément de la même grâce, de la même finesse ou de la même facilité.

Un autre grand conteur, mais qui n'avait pas à beau-

1. L'abbé de Boufflers (?).

coup près cet heureux don, faisait désirer souvent avec trop d'impatience le dénouement de ses longs récits. Il allait en commencer un de cette espèce à l'entrée du souper, lorsque la maîtresse de la maison lui dit avec cette brusquerie naïve qu'elle savait si bien se faire pardonner : *Ah! çà, l'abbé, vous contez à merveille; mais souvenez-vous qu'à table il faut de grands couteaux et de petites histoires* [1].

On rencontrait bien quelquefois, dans les meilleures sociétés, des hommes qui, par la chaleur de leurs idées, par l'impétuosité de leur imagination, se laissaient entraîner facilement à s'emparer seuls de la conversation [2]. Mais s'ils ne voulaient pas s'en voir bientôt exclus comme de vrais *seccatori*, que de titres ne leur fallait-il pas pour justifier une si haute prétention ! A peine la pardonnait-on à l'immense variété des connaissances d'un abbé Galiani, à l'originale gaieté de ses contes et de ses saillies. L'abondance même des idées de Diderot, l'étendue et la facilité de son génie, la chaleur tour à tour si violente et si douce de son enthousiasme et de son éloquence, ne trouvaient pas toujours grâce aux yeux de la société dont il faisait le plus habituellement les délices. Lorsque

1. Ce mot très connu, et de tout temps attribué à Mme Geoffrin, aurait été dit par elle, suivant Dufort de Cheverny (*Mémoires*, t. I, p. 160), au chevalier de Coigny qui débutait alors dans le monde.

2. On ne parle sûrement pas très bien sans avoir beaucoup de tact. Mais cette faculté manque presque toujours plus ou moins aux grands parleurs, même à ceux à qui l'on ne saurait refuser infiniment d'esprit et de talent. Plus on a le tact sensible et délicat, plus on trouvera de difficultés à parler avec abondance et même avec méthode, sans avoir eu le temps de s'y préparer. La crainte de blesser, celle de déplaire, celle de n'être pas entendu, de ne l'être pas au moins assez promptement, suffisent pour distraire un homme trop accoutumé à s'observer soi-même et les autres. Tous ces obstacles disparaissent également devant l'homme entraîné par une passion quelconque, et devant l'homme léger, insouciant, sans intérêt pour les autres, ou fortement préoccupé de lui-même et de son propre mérite. (*Note de Meister.*)

M. de Voltaire le vit pour la première fois, à son dernier voyage à Paris, il dit en le quittant : *Voilà sans doute un homme de prodigieusement d'esprit; mais il ne sait pas sortir du monologue.*

Il est vrai que M. de Voltaire, élevé dès sa plus tendre jeunesse dans le très grand monde, avait plus de droit que personne d'être frappé de cette inconvenance. Car, si personne ne parlait mieux que lui, le style de ses entretiens était aussi brillant, aussi naturel que celui de ses écrits; personne aussi ne savait mieux écouter, et l'un de ces talents n'est peut-être pas moins essentiel que l'autre, pour donner à la conversation tout le charme dont elle est susceptible. Une des perfections du théâtre français, l'art et le naturel du dialogue, doit être attribuée en grande partie aux exemples et aux leçons qu'en pouvait offrir la société. Ce n'est pas sans doute la seule influence heureuse qu'ait eue l'esprit de société sur le mérite particulier qui distingue les écrivains de la France de ceux de toutes les autres nations de l'Europe. Ce sont eux qui sûrement ont contribué le plus à débarrasser la science de tout ce qui pouvait en faire paraître l'étude pénible et révoltante; ce sont eux qui l'ont mise à la portée de tous les esprits et de tous les goûts, qui l'ont rendue, je ne dirai pas populaire, parce qu'on a trop abusé de ce mot, mais humaine et sociable. Ils ont simplifié toutes les méthodes. Ils nous ont appris à franchir toutes ces idées intermédiaires qui ne servaient qu'à prolonger la route; ils nous ont fait arriver au but par le chemin le plus droit, le plus facile, le plus uni. S'ils se permettent de nous y conduire quelquefois par des sentiers détournés, ce n'est jamais que pour nous distraire de la fatigue ou des ennuis du voyage. Quelque perfection qu'on puisse encore leur désirer, quelque tort qu'on ait à leur reprocher, ils ont oublié du moins rarement l'excellent conseil de Voltaire :

> Le secret d'ennuyer est celui de tout dire [1].

Il est temps de nous en souvenir....

1. *Discours sur l'homme*, VI.

APPENDICES

AVERTISSEMENT

Dans les pages qui suivent, nous avons rassemblé des morceaux inédits, d'autres qui ont été récemment publiés dans des revues; d'autres enfin qui étaient enfouis dans certains ouvrages de Meister, qu'on ne lit plus.

I. *Les Prodromes de la Révolution française* sont empruntés au livre intitulé : *Des premiers principes du système social, appliqués à la révolution présente* (première édition, pages 94 à 111). Cet ouvrage a eu deux éditions: Nice, 1790; Paris, 1791.

II. *Mes souvenirs personnels du commencement de la Révolution.* C'est un morceau inédit, tiré des papiers de Henri Meister, qui sont conservés à Winterthur, chez MM. Reinhart, ses arrière-petits-neveux.

III. *Le 18 fructidor* est un des chapitres des *Esquisses européennes*, Paris et Genève, 1818.

IV. *Paris au printemps de 1801 :* ce sont des lettres de Meister à un de ses amis d'Allemagne; elles ont été publiées dans la *Bibliothèque universelle*, Lausanne, mars 1906.

V. *Paris en 1804*, morceau inédit.

VI. *Paris en 1816 :* ce sont des lettres de Mme Diderot de Vandeul, adressées à Hess, le neveu de Meister. Elles font partie, comme les morceaux II, IV et V, des papiers conservés à Winterthur; elles ont été publiées dans la *Revue bleue* du 24 septembre 1904. Il nous a semblé qu'elles se joignaient naturellement aux autres appendices, et formaient une bonne conclusion de notre volume.

I.

LES PRODROMES DE LA RÉVOLUTION FRANÇAISE

Quelques aperçus sur les causes de la révolution actuelle

Ce 30 avril 1789.

Plusieurs circonstances ont favorisé sans doute la révolution qui se prépare.

L'esprit d'indépendance, si naturel à la jeunesse, était devenu le ton dominant de la cour, et cet esprit fut encore exalté par l'influence marquée de beaucoup de jeunes gens devenus les chefs de leur maison.

Plusieurs des plus illustres familles du royaume crurent avoir à se plaindre des distinctions exclusives de la faveur.

Pour avoir moins de gêne, il y eut moins d'étiquette.

Jamais la dépense peut-être n'avait été si excessive, et jamais elle n'avait servi moins utilement ni les branches les plus essentielles du commerce national, ni ce faste extérieur qui n'est pas de la dignité, mais qui en est la représentation la plus sensible et la plus imposante. La cour fut plus aimable peut-être, mais elle avait écarté sûrement les illusions les plus propres à entretenir cette espèce d'idolâtrie monarchique, dont Louis XIV avait su faire un des premiers appuis de son énorme puissance.

Le contraste de l'économie et de l'austérité des principes de M. Necker, avec la légèreté, l'inconsidération, les prodigalités de l'un de ses successeurs, ne pouvait manquer de faire une grande sensation; elle devint plus vive encore par la nécessité où se trouva le premier, d'appuyer sa consistance ministérielle de toutes les forces de l'opinion publique, par l'imprudence avec laquelle le second se permit de braver cette première puissance, source de toutes les autres, en révélant tout à coup l'excès du désordre, en l'exagérant peut-être pour se préparer de nouvelles ressources, en disant enfin à l'élite de la nation assemblée, à la face de toute l'Europe : « Depuis trois ans je vous ai trompés, mais c'était d'accord avec le Roi. Aujourd'hui nous sommes plus intéressés que jamais à vous tromper encore : croyez-nous donc! » C'est exactement le précis de l'étrange discours de M. de Calonne à l'Assemblée des notables; aussi le sage Pitt ne douta-t-il point, après la première lecture, que ce ne fût un pamphlet satirique contre le ministre qui en était l'auteur. Je ne pense pas, en effet, qu'un homme public ait jamais porté plus loin l'audace et la folie; et ce qui me semble plus évident encore, c'est que de toutes les extravagances ministérielles, c'était la plus propre à dégrader l'autorité, à l'avilir aux yeux de la nation et des puissances étrangères. Les suites qu'eut la disgrâce de ce ministre déprédateur, l'humeur et l'indiscrétion de ses créatures, les intérêts qui divisèrent alors la société la plus intime du Roi et de la Reine, ajoutèrent encore à cette impression funeste, en laissant éclater des secrets de l'intérieur, qu'il convenait plus que jamais de couvrir d'une ombre éternelle, en semant avec une adresse perfide des bruits absolument faux, mais qui, par leur liaison avec des faits avérés, pouvaient usurper plus ou moins de croyance, et blesser ainsi, sous plus d'un rapport, cette opinion publique devenue tout à la fois si redoutable et si susceptible.

Les Parlements, comme l'on sait, furent longtemps la seule barrière qu'il y eût en France contre l'autorité absolue; cette barrière n'avait aucune force réelle, aucune base solide, parce que l'existence de cette sorte de pouvoir intermédiaire n'avait jamais été ni déterminée, ni reconnue; ni par le Roi, ni par la nation. Il n'en est pas moins vrai que le génie législateur n'inventa peut-être jamais un moyen de résistance plus embarrassant pour un gouvernement faible, pour une administration incertaine. Par la nature même de leur composition, les Parlements embrassent toutes les classes de l'État; sortis la plupart des familles les plus riches et les plus considérables du Tiers État, les membres des cours souveraines tiennent encore aujourd'hui, par les magistrats qui les président, aux premières maisons du royaume; ils y tiennent aussi par leurs alliances; d'un autre côté, les dernières classes du peuple leur sont encore nécessairement dévouées par l'intérêt qui lie à leur puissance tous les suppôts des justices subalternes, et cette multitude innombrable d'avocats, de procureurs, de clercs, d'huissiers, répandus dans toutes les parties du royaume : c'est une armée toujours prête, non à combattre à la vérité, mais à faire quelquefois beaucoup pis, à répandre partout le trouble, la défiance et les alarmes, par ses plaintes, ses murmures et ses clameurs. Il en coûte peu pour la mettre en campagne, il suffit de quelques belles phrases patriotiques, qui annoncent la résistance respectueuse de Messieurs, et menacent leurs fidèles troupes d'une persévérance capable de les faire mourir de faim pendant plusieurs mois. Rien de plus ridicule en apparence que cette lutte qui s'est renouvelée si souvent entre les ministres de la Justice et ceux de l'Autorité; mais au fond rien de plus sérieux, rien de plus redoutable. Toutes les fois que les Cours souveraines n'ont employé que les armes qui étaient à leur usage, elles ont presque toujours été invincibles; leur force d'inertie a résisté à tous les efforts de la puissance royale; et les arrêtés des Parlements, motivés avec adresse, c'est-à-dire avec autant de mesure et de modération que de force et de courage, l'ont emporté le plus souvent sur les arrêts du Conseil, de quelque pouvoir qu'on ait entrepris de les appuyer. Un arrêté de la Cour, envoyé à cette foule de tribunaux qui en dépendent, suffit pour embarrasser tous les exercices du pouvoir exécutif; il arrête, pour ainsi dire, au même instant, tous les mouvements de l'administration; plus de justice, plus de police; et si l'on s'obstine même, plus d'impôts à percevoir. C'est une manière très commode et très légale de sonner le tocsin d'une extrémité du royaume à l'autre, et l'on voit aisément de quel effet pouvait être un pareil instrument entre les mains d'un génie factieux.

L'abbé de Mably a très bien prouvé que la puissance des Parlements était une puissance usurpée. Mille autres écrivains ont dit et répété avec beaucoup de raison qu'il n'y avait rien de si absurde que de voir les juges s'ériger en législateurs, et s'imaginer que pour quarante ou cinquante mille francs, ils avaient acquis le droit de prescrire des limites à l'autorité royale, le droit de représenter la nation sans son aveu; mais il n'en est pas moins constant que, si le pouvoir que les Parlements s'attribuent ne leur a jamais été confié, il leur a été certainement abandonné, puisqu'on les a vus l'exercer depuis longtemps, à la vérité suivant les circonstances, avec plus ou moins d'éclat. Ce qu'on ne peut contester encore, c'est que par le fait aucun autre ordre, aucune autre assemblée, pas même celle des États généraux, n'a décidé de plus grandes questions nationales que le Parlement de Paris; car il a cassé le testament de Louis XIV plus arbitrairement qu'il n'oserait casser celui d'un particulier; il a disposé deux fois de la Régence; il a consenti bien sûrement plus d'impôts que n'en avaient jamais accordé tous les États généraux réunis. Après cela, comment se trouver conseiller au Parlement, et ne pas se croire, au moins dans certaines circonstances, un peu plus que Roi?

Cette puissance parlementaire tour à tour si faible et si redoutable, jamais reconnue, mais toujours assez inquiétante, s'est vue souvent tourmentée, exilée, bannie, humiliée, renversée même, sans que le principe essentiel de sa force en eût éprouvé la moindre atteinte; c'était toujours le palladium de la liberté nationale, parce qu'il n'en existait plus aucun autre. L'ancienneté de l'abus qui l'avait élevé à cette dignité, en était le titre le plus respectable, et tout le monde se croyait intéressé à respecter un corps si fort intéressé lui-même à maintenir tous les abus consacrés en quelque sorte par son silence ou par son aveu.

Ce n'est qu'en essayant de remplacer par quelque chose de réel ce qui, pour tout ministre habile, n'était qu'un fantôme plus ou moins importun, que la nation pouvait être amenée à désirer véritablement un autre état de choses. C'est ce que le Parlement crut voir dans l'établissement des administrations provinciales, quelque prudente, quelque monarchique qu'en fût la première constitution; c'est ce qu'il vit avec plus de terreur encore dans la convocation d'une Assemblée de notables; il ne douta plus que le projet de l'autorité ne fût de se passer de lui; et voilà quelle fut évidemment la première époque du plan de résistance, ou pour mieux dire d'insurrection manifeste de toute l'aristocratie parlementaire, à laquelle crut devoir se réunir bientôt celle des nobles et du clergé. Toutes ces puissances subalternes se crurent menacées à la fois par celle de l'autorité ministérielle, toutes ne virent plus d'autres ressources que celle d'en appeler à la nation; et la nation qui depuis si longtemps n'était plus rien, sentit enfin qu'elle devait, qu'elle pouvait être quelque chose.

Jamais aucun ministre n'avait montré autant de talent que M. de Brienne pour décomposer une grande machine politique. Il en désunit, il en faussa tous les ressorts; on peut dire que dans l'espace de peu de mois, grâce à l'heureux ascendant de son génie, on ne vit plus un seul corps en France rester à sa place, ou conserver son mouvement naturel. Le Parlement adopta tout à coup le système le plus contraire à ses intérêts, un système qu'il avait anathématisé cent et cent fois. La noblesse, dont l'existence tient le plus intimement aux droits du trône, eut l'air de vouloir s'en séparer. L'esprit militaire parut dominé lui-même par je ne sais quel patriotisme, louable au fond peut-être, mais difficile à concilier avec ce caractère de subordination, sans lequel il n'y aura jamais ni discipline ni armée. Le clergé ne prêcha plus l'obéissance, le soldat se montra moins disposé à la maintenir; ce qu'il y a de très remarquable encore, c'est que ce mécontentement universel avait été précédé des déclarations les plus favorables à la liberté publique. Le Roi venait de faire plus de sacrifices de son autorité qu'on n'en avait jamais osé attendre d'aucun de ses prédécesseurs. Les Parlements avaient appelé à grands cris le secours qu'ils avaient le plus à redouter; entraînés par la voix d'un seul homme d'abord à peine écouté [1], tous, comme pressés par quelque puissance surnaturelle, avaient demandé la convocation des États généraux, et fait, pour ainsi dire, amende honorable aux pieds de la nation, pour avoir usurpé si longtemps le plus beau de ses droits. Dans l'Assemblée des notables, la noblesse et le clergé avaient déjà reconnu la justice d'une répartition égale de tous les impôts. Comment imaginer que tant de résolutions désintéressées, tant d'actes solennels de patriotisme et de vertu, ne serviraient qu'à fomenter le trouble, accroître le désordre, porter au comble les embarras et le désespoir de l'administration ? D'abord on crut, et peut-être était-il assez naturel de croire que de si grands sacrifices ne pouvaient avoir été offerts de bonne foi. Ce sentiment vague d'inquiétude et de défiance ne put manquer de s'accroître, lorsqu'on vit la marche incertaine du ministre essayant tour à tour de la politique de Richelieu, et de celle de Mazarin, sans avoir assez d'art pour jouer ni l'une ni l'autre, défaisant le lendemain ce qu'il avait fait la veille, croyant réparer sans cesse un acte de violence par un acte de faiblesse, et presque toujours l'acte de faiblesse par un acte de violence plus révoltant que ceux qui l'avaient précédé; entreprenant, au milieu du désordre le plus alarmant des finances, ce qu'il eût même été difficile de faire réussir avec les ressources les plus abondantes; aliénant enfin toute la cour, et bientôt après toute la nation, par des réformes et des suppressions dont le résultat achevait de tarir tous les canaux de la richesse et du crédit.

C'est dans ces circonstances désespérées que fut rappelé M. Necker, et plutôt comme le ministre de la nation, que comme celui de l'autorité. Il ne dépendait plus de son choix de remplir un de ces ministères sans s'imposer en même temps

1. Duval d'Éprémesnil, dans la séance royale du 19 novembre 1787.

toutes les obligations de l'autre; ce n'est qu'en les réunissant avec toute la sagesse de son génie et toute la conscience de sa vertu qu'il pouvait justifier le prix le plus glorieux qu'aucun particulier ait jamais obtenu de l'estime publique.

Jusqu'ici nous n'avons indiqué, pour ainsi dire, que les circonstances locales et personnelles qui paraissent avoir contribué le plus à la Révolution présente, parce que ce sont des causes dont l'influence plus prochaine est par là même plus sensible et plus marquée; mais on ne saurait se dissimuler que le principe d'une révolution si étonnante doit tenir à des causes plus générales, dont l'action moins rapide, moins facile à saisir, est essentiellement plus forte, plus irrésistible. Il en est deux surtout dont il est impossible de ne pas être frappé, c'est le progrès immense des lumières et l'accroissement de la dette publique. Une nation très éclairée ne peut supporter longtemps l'empire si peu raisonnable d'un pouvoir illimité; la confiance que doit inspirer le plus juste et le meilleur des rois ne peut soutenir longtemps seule le poids énorme d'une dette de plusieurs milliards. Le crédit, après avoir servi quelque temps à étendre la puissance des souverains, finit toujours par la restreindre lorsqu'il a passé de certaines bornes. L'influence de ce crédit réveille encore nécessairement l'esprit de patriotisme par le grand nombre d'individus dont elle lie l'intérêt personnel à celui de la chose publique. On croit la nation plus pauvre, elle n'a jamais été si riche. Il semble que le souverain n'ait jamais été plus riche, car ses revenus sont immenses, et de fait il ne fut jamais plus pauvre. Le plus pauvre dépend toujours du plus riche; c'est donc de la nation que dépendra désormais le souverain.

L'impossibilité d'atteindre ou de surpasser, dans les arts du génie et de l'imagination, cette foule de chefs-d'œuvre que vit naître en France le siècle dernier, a porté dans celui-ci tous les bons esprits à diriger leurs efforts et leurs études vers les hautes sciences. Il n'est aucun genre de connaissances utiles qui n'ait été cultivé avec plus ou moins de succès; les Buffon, les Rousseau, les Montesquieu ont remplacé les Racine, les

Boileau, les Corneille; et Voltaire lui-même, le plus bel esprit de tous les siècles, est devenu philosophe; il a surtout mérité ce titre par le talent unique qu'il eut, non seulement de mettre de grandes vérités à la portée de tout le monde, mais encore d'y intéresser vivement toutes les classes des lecteurs, depuis le trône jusqu'à l'antichambre. Il en est résulté un foyer de lumière qu'aucun pouvoir humain ne pouvait éteindre, une liberté de penser que les entraves qu'on cherchait à lui donner ne rendaient que plus hardie et plus attrayante. Ces dispositions furent encore exaltées par le goût des voyages, par l'établissement des clubs, par l'habitude que les hommes prirent de vivre davantage entre eux, par tous les ridicules de l'anglomanie; car quelle est la révolution qui pourrait se faire en France, sans que la mode y eût plus ou moins de part?

La guerre d'Amérique, cette guerre qui ruina les deux nations les plus riches de l'Europe, pour assurer à jamais l'indépendance du peuple le plus pauvre de l'univers; cette guerre, si folle pour les rois qui l'entreprirent, ne pouvait manquer d'être utile à leurs peuples; elle a sauvé la constitution de l'Angleterre, elle en va donner une à la France : car qui ne voit pas que sans l'énorme déficit de ses finances, il n'y aurait jamais eu ni États généraux, ni Assemblée de notables, ni Necker, ni Calonne[1]? Quelque justice qu'on soit disposé à

1. Quel admirable enchaînement des passions, des événements, des circonstances! Ce n'est qu'avec le crédit établi par l'économie et les sages dispositions de M. Necker, que M. de Calonne a pu se procurer les ressources qui ont rendu son ministère si facile, si brillant et si désastreux. C'est l'énormité même des besoins produits du désordre et des faux calculs des administrations précédentes, qui vient d'ouvrir les yeux du souverain et de la nation, et qui, par l'impulsion générale et pour ainsi dire soudaine donnée à tous les esprits, a mis entre les mains du ministre actuel les moyens de fonder la prospérité publique sur les bases d'un plan d'ordre et de constitution auquel toute la sagesse des Sully, des Colbert, abandonnée à ses propres forces, n'aurait pu se flatter d'atteindre que par une succession de mesures lentes, isolées, et par là même toujours d'un effet plus ou moins incertain. Qui aurait imaginé que deux ministres tels que M. Necker et M. de Calonne fussent si bien faits l'un pour l'autre, et tous les deux peut-être pour le bonheur de la France! (*Note de Meister.*)

rendre aux déprédations de ce dernier, sans la dépense d'une guerre où l'on eut à combattre une puissance qui disposait des richesses et du crédit des deux mondes, il est bien clair que les ressources ordinaires auraient suffi pour réparer tout le mal qui ne peut être imputé qu'aux vices de son administration.

Les liaisons qu'eut la France avec l'Angleterre et l'Amérique ont été pour elle, disait un homme de beaucoup d'esprit, ce que sont pour le fils d'un bourgeois les liaisons de quelques grands seigneurs : elles le ruinent communément, mais elles le forment toujours plus ou moins, donnent à ses manières plus d'aisance et de liberté, quelquefois même à sa façon de penser, plus de noblesse et d'élévation.

Quelques vues sur les suites probables des États généraux

Ce 12 juin 1789.

Si le parti des princes, de la noblesse, du clergé, des Parlements, des privilégiés de toutes les classes, si ce parti pouvait encore l'emporter, on verrait bientôt ces mouvements qui étonnent aujourd'hui la France et l'Europe entière n'aboutir à rien, et les États généraux réduits à l'inaction la plus complète, et le prompt retour de tous les abus dont la destruction paraît si nécessaire et si prochaine.

Si au contraire le fanatisme républicain prenait tellement le dessus qu'il parvînt à subjuguer tout à la fois la sage modération du ministre [1], et l'opiniâtre résistance de nos antiques maximes, de nos vieux préjugés, de tous les intérêts divers qui en dépendent, son triomphe serait de peu de durée; car

1. Il en existe deux monuments que le temps et l'envie ne pourront détruire : c'est son rapport au Conseil le 27 décembre 1788, c'est son discours sur l'ouverture des États généraux de 1789. Les principes en ont été consacrés de la manière la plus touchante par le sublime discours du Roi à l'Assemblée nationale, au mois de février de cette année. — *C'est évidemment en 1790, que Meister a ajouté cette note au texte daté du 12 juin 1789.*

en brisant tous les appuis de la monarchie, il précipiterait l'État dans un abîme de désordre et de confusion.

Ce que cette alternative offre de plus affligeant, c'est que l'on peut prévoir que ces deux partis, si fort opposés en apparence, sont également bien servis par des hommes dont les talents et l'ambition ne fondent leurs espérances que sur les périls d'un bouleversement général.

. . . .

II.

MES SOUVENIRS PERSONNELS DU COMMENCEMENT DE LA RÉVOLUTION [1]

La dette publique avait été fort augmentée par les énormes dépenses de la guerre d'Amérique. Grâce aux emprunts obtenus par la confiance qu'avait inspirée l'administration de M. Necker, il n'y eut peut-être jamais un aussi grand nombre d'intéressés au maintien de la fortune et du crédit de l'État, du moins dans la capitale, dont l'opinion avait acquis sur celle des provinces plus d'influence qu'elle n'en eut, je crois, dans aucune autre époque. Les principes de réforme et d'économie annoncés d'une manière si solennelle dans les préambules des édits de M. Turgot, développés encore avec une éloquence plus vraie et plus imposante dans ceux de M. Necker, venaient d'exalter toutes les têtes des créanciers du fisc, et les possesseurs de fonds de terre ne rêvaient plus qu'aux mesures à prendre pour assurer l'exécution de ces belles promesses, pour prévenir par des moyens efficaces le retour des désordres et des abus éprouvés sous les deux derniers règnes. La grande masse du peuple parisien ne songeait qu'au paiement exact de ses rentes, à la diminution progressive d'impôts fort onéreux, fort vexatoires par leur nature même, et que l'inégalité de leur répartition rendait encore plus odieux. Les hommes à systèmes, les admirateurs passionnés de la Constitution anglaise, de celle des États-Unis d'Amérique, les grands seigneurs mécontents de la cour, les meneurs des Cours sou-

1. Ce morceau a été écrit après 1815.

veraines, voulaient tout autre chose. Ces différents partis avaient chacun leur vue particulière; mais toutes divergentes qu'étaient ces vues l'une de l'autre, elles s'accordaient cependant toutes à fomenter, avec des intentions plus ou moins décidées, un mouvement général d'inquiétude, de trouble et de mécontentement.

Grâces au ciel, je restai toujours fort étranger aux intrigues qui préparèrent les premières explosions de la grande crise révolutionnaire; mais j'en étais assez près pour être à même de les suivre, de les observer sans trop d'illusion. Je voyais journellement, pour ainsi dire, les hommes qui en furent les premiers auteurs, les agents les plus actifs, et dans les clubs nouvellement établis, et dans un comité plus intime qui se rassemblait tous les soirs à un quatrième étage au-dessus du café de Foi. J'en rencontrais plusieurs des plus marquants, non seulement dans les salons de Mme Necker et de Mme de Staël, mais encore chez le marquis de Villette, chez Mlle Clairon, toute bonne royaliste qu'elle était; dans la boutique de Mme Le Jay, l'amie alors du comte de Mirabeau, depuis Mme de P.[1].

La manière dont j'entendais discuter, dans ces différentes sociétés, les plus légères comme les plus importantes questions politiques, ne m'avait pas donné, je l'avoue, une trop favorable idée des dispositions de la nation française à supporter le régime de la liberté, à savoir en jouir sous l'égide austère d'une Constitution sagement combinée et véritablement analogue à son caractère, à ses ressources et à ses besoins.

Je me rappelle qu'au moment où tout le monde se félicitait de la convocation des États généraux, promise au nom du roi par M. le cardinal de Brienne, M. Necker, en me menant dîner à sa campagne de Saint-Ouen, me fit l'honneur de me demander, et d'une manière qui devait m'encourager à dire franchement mon avis, ce que j'augurais de cette auguste Assemblée.

1. Nous n'avons pu retrouver le nom que Mme Le Jay porta en secondes noces.

Je répondis : « Si l'antique fantôme de la royauté peut imposer encore, rien ou peu de chose; dans toute autre hypothèse, une impulsion si forte et si violente, qu'aucune sagesse humaine ne sera capable de l'arrêter ou de la diriger raisonnablement. » Il éleva et fronça ses sourcils si remarquablement expressifs, et l'accent de sa voix, encore plus que ses paroles, me fit entendre qu'il craignait bien que ce sinistre augure ne fût que trop bien justifié, — du moins si lui-même ne se voyait pas remis à la tête des affaires.

De tous les écrits publiés, d'après l'invitation même du ministère avant la fameuse Assemblée des notables, il n'en est point qui fit une plus grande sensation que les deux petits pamphlets de l'abbé Sieyès : *Sur les privilèges*, et *Qu'est-ce que le Tiers État?* quoique des juges de sang-froid y dussent trouver plus de métaphysique, d'esprit et de fiel, que de sagesse ou d'idées vraiment applicables à la situation où se trouvait alors la France. On n'a point vanté celui qu'il fit paraître peu de temps après, intitulé : *Moyens d'exécution;* mais le style en étant encore plus pénible et plus obscur que celui des premiers, il eut bien moins de lecteurs. J'ai tâché de peindre cet illustre apôtre des théories révolutionnaires dans les *Souvenirs de mon dernier voyage à Paris.* Je n'en dirai donc rien de plus ici.

Un de ses grands admirateurs, Chamfort, était bien autrement aimable que lui. Les observations, les anecdotes qu'il avait recueillies dans la meilleure et dans la plus mauvaise compagnie de Paris, et qu'il racontait de la manière la plus spirituelle et la plus piquante, m'amusaient et m'intéressaient bien plus que les raisonnements à perte de vue du trop fameux abbé, les calculs encore plus secs du marquis de Caseaux, les demi-confidences et les sorties populacières de quelques autres membres de la société qui se rassemblait tous les soirs dans le galetas du folliculaire Artaud [1]. Cette réunion quelquefois fort

1. Le choix de ce local était assez singulier. Au rez-de-chaussée de la maison était le fameux café de Foi, que fréquentaient habituellement des curieux de toute classe, des agents de police et des agents subalternes du

resserrée, mais quelquefois assez brillante, assez nombreuse, rassemblait des hommes de tous les rangs, de tous les partis, de toutes les couleurs, des ducs et pairs très libéraux, des bourgeois très aristocrates, des militaires, des hommes de robe, des amis de M. Necker, des amis du comte de Mirabeau, des affidés du comte d'Artois, des conseillers secrets et des agents du duc d'Orléans [1]. Parmi ces derniers, il y avait un architecte qui, très jeune, avait eu le bonheur d'assister au tremblement de terre de Lisbonne, et ne parlait qu'avec ravissement de ce superbe spectacle. Quoique au fond peut-être fort honnête homme, et même assez instruit, je n'ai jamais vu de révolutionnaire qui le fût autant par goût, de cœur et d'âme. Avant qu'on eût rêvé même la possibilité des terribles scènes qui devaient bouleverser la France, je lui disais : « Oui, je le conçois, vous redoutez peu les explosions funestes dont nous menacent vos principes ; vous n'y verriez qu'une nouvelle représentation de l'effroyable spectacle dont vous conservez de si délicieux souvenirs. »

parti révolutionnaire. Après le 14 juillet, on y voyait arriver presque tous les soirs des gens fort mal vêtus qui heurtaient doucement aux croisées, disant du ton le plus emphatique : « La nation veut savoir ce qui se passe. » — Au premier étage était alors le plus ancien des clubs, où j'avais entendu pour la première fois M. de Lally-Tolendal. Il y vint plaider avec beaucoup d'éloquence contre le conseiller d'Éprémesnil, qui avait intrigué pour l'en faire exclure. La majorité de cette réunion passait pour être passablement démocrate. Au second, le club des échecs réunissait plusieurs vieux aristocrates et quelques zélés parlementaires. Quel bizarre assemblage des intérêts et des partis les plus discordants! (*Note de Meister.*)

1. Ce prince avait été fort désappointé des espérances qu'il avait conçues d'obtenir la main de Madame pour son fils. Il avait été vivement blessé de la manière dont la reine s'était prononcée à ce sujet. Il fut trop facile aux personnes qui l'entouraient de nourrir, d'exciter ce ressentiment et de le faire servir à l'accomplissement de leurs projets.

Mme de Genlis assure que ce mariage avait été assuré très positivement, et que le contrat devait être signé peu de jours avant que la Révolution eût éclaté. Je n'en ai pas moins tout lieu de persister à croire que ce mariage n'avait été nullement approuvé par la reine, et qu'elle s'était expliquée à cette occasion sur le duc d'Orléans d'une manière trop franche pour ne pas lui faire craindre que la négociation ne serait rompue d'une manière ou d'une autre. (*Note de Meister.*)

Je n'ai jamais connu personne dont la conversation fût aussi vive, aussi variée, aussi amusante que l'était celle de Chamfort, lorsqu'il pouvait s'abandonner à toute la liberté de son humeur, à toutes les hardiesses de ses pensées. D'une naissance fort obscure (son nom de famille était Nicolas), il n'en avait pas moins débuté dans le monde de la manière la plus brillante, grâce aux agréments de sa figure, à la séduisante amabilité de son esprit et de son talent, peut-être encore grâce à son goût effréné pour les femmes; mais les excès auxquels cette passion l'avait livré, ne tardèrent pas à ruiner en peu de temps une constitution naturellement fort robuste. L'épuisement qui en fut la suite, quoique dans la plus grande vigueur de la jeunesse, arrêta durant plusieurs années le cours de ses travaux littéraires et des premiers succès qu'il avait obtenus de très bonne heure au théâtre et à différents concours académiques. Après que sa santé parut entièrement rétablie, il était encore sujet à de fâcheux retours d'abattement et de langueur. Il n'était tout à fait lui-même que lorsqu'un vif intérêt rendait à son âme, à son esprit, l'heureux ressort qu'il avait reçu de la nature. La mémoire de tout ce qu'il avait vu, de tout ce qu'il avait observé dans le monde et dans des rapports très intimes avec plusieurs personnages marquants de son temps, avait laissé dans sa tête un trésor inépuisable. Et il semblait n'avoir retenu que ce qu'il avait aperçu de plus singulier, de plus original, de plus sage et de plus fin. On pouvait conter, si l'on veut, plus agréablement; mais il était impossible de conter avec plus de précision, avec plus de sel. Durant les dernières années de mon séjour à Paris, je le voyais, pour ainsi dire, tous les jours. Il m'avait pris en grande amitié, peut-être pour avoir remarqué que je l'écoutais mieux qu'un autre. Eh bien! je ne me rappelle pas de l'avoir entendu répéter deux fois le même trait, la même anecdote. Son humeur, son caractère, ses principes portaient l'empreinte d'une véritable antipathie pour tout ce qui s'appelait noble ou riche. Cependant son esprit et son goût supportaient avec peine tout autre ton que celui de la société la plus distinguée. Les hommes avec lesquels il s'était le plus intimement lié dès sa première jeunesse, étaient tous de la plus haute naissance : l'abbé de Périgord, depuis le prince de Talleyrand, le comte de Choiseul-Gouffier, Mirabeau, M. de Vaudreuil, etc. C'est dans l'hôtel de ce dernier qu'il était logé depuis qu'il avait renoncé à sa place de secrétaire des commandements de M. le prince de Condé.

Il n'était pas doué, je crois, d'un cœur fort tendre et fort sensible; il n'aimait guère la personne de M. Necker. Mais je ne l'ai jamais vu plus touché, plus profondément ému qu'en lisant l'édit où ce ministre annonçait au peuple français que le roi venait d'adopter la double représentation du Tiers État dans la prochaine convocation des États généraux. Il n'en put achever la lecture qu'en sanglotant, et ses larmes, ses sanglots étaient mêlés de transports de joie et d'admiration.

Il est sans doute assez remarquable que cet édit eût fait la même impression sur l'abbé Maury, depuis, l'orateur le plus exalté du côté droit de l'Assemblée nationale. J'ai vu la lettre qu'il adressa dans le temps à M. Necker pour le féliciter d'une résolution si salutaire et si courageuse. Au reste, qui connaît le caractère de ce fameux prélat n'en sera guère étonné. Les vrais amis du trône devaient l'être encore moins, s'ils voulaient bien se rappeler qu'à cette époque c'était surtout contre les attaques des ordres privilégiés qu'il semblait urgent de se défendre.

Le sort a voulu que j'aie contribué pendant quelques années à l'entretien du meilleur des hommes, que les circonstances jetèrent en 1789 dans un rôle qui ne semblait nullement analogue à ses moyens, encore moins à son caractère. C'était M. Pitra, de Lyon; il avait été à la tête d'une fabrique de fils d'or, où il parfila bientôt le peu de fortune qu'il avait héritée de ses parents. Étant venu à Paris, j'ignore avec quel projet, il fit la connaissance de quelques hommes de lettres, et comme le Francaleu de la *Métromanie*, devint poëte à quarante ans passés. Il mit l'*Andromaque* de Racine en opéra pour Grétry, et l'*Oreste* de Voltaire pour Piccini. Le premier de ces ouvrages eut assez de succès; l'autre, malgré la réputation de son compositeur, n'a, je crois, jamais été représenté. Ces essais dramatiques l'avaient tiré d'embarras pour le moment, mais sans lui laisser aucune ressource assurée. M. Suard, qui l'avait employé dans son bureau de censeur des spectacles, me le recommanda, lorsque, obligé de faire un voyage de plusieurs mois, je cherchai quelqu'un qui pût fournir à ma *Correspondance* de bons extraits des pièces nouvelles qu'on donnerait pendant mon absence. Je trouvai ses analyses dramatiques fort bien quant au fond, car mon *jeune poète* avait été doué par la nature d'un sentiment très juste des effets de la scène, des moyens qui pouvaient en préparer le succès, l'affaiblir ou le détruire; mais son éducation littéraire ayant été fort négligée ou fort tardive, le style de sa prose était si diffus, si rempli de négligences et d'incorrections, qu'il ne m'en coûtait guère moins de peine et de temps pour corriger ses brouillons, qu'il ne m'eût coûté pour les refaire à neuf. Cependant, comme à mon retour je me croyais assez riche pour ne pas me priver d'une aide dont j'aurais pu me passer, mais dont ce brave homme avait grand besoin, je le priai de continuer à s'en charger aux mêmes conditions, quoique très souvent je ne fisse aucun usage de son travail.

Eh bien! c'est ce même homme, incapable d'écrire quatre phrases sans faute, et qui dans la conversation ordinaire ne disait que des choses assez communes, dont vous auriez été forcé d'admirer la chaleur et l'éloquence lorsqu'il était animé par un intérêt propre à échauffer sa tête, bien plus encore au milieu de la foule d'une cohue bruyante que dans un cercle borné, quelque peu même que ce cercle dût paraître imposant à ses yeux.

Eh bien! c'est ce même homme, du caractère le plus probe et le plus droit, de l'âme la plus douce, la plus sensible, qui peut être regardé comme un des premiers promoteurs de la révolution du 14 juillet 1789. Car c'est bien lui qui, suivi de quelques domestiques d'un ami chez lequel il demeurait, et de ceux du docteur Guillotin, qui, locataire de la même maison,

— depuis, l'inventeur ou le restaurateur de la guillotine, — le matin de ce terrible jour, s'empressa de courir à sa section et d'y sonner le premier le tocsin : exemple qui ne tarda pas d'être suivi dans toutes les autres. La véhémence patriotique avec laquelle il parla dans l'assemblée de cette section du Cloître Saint-Honoré le fit nommer son député à la Commune de Paris, et peu de jours après, président de cette municipalité provisoire, alors de fait la première autorité du royaume [1]. C'est à la popularité que s'était acquise dans cette circonstance un homme dont la destinée politique avait été jusque-là parfaitement obscure, que le marquis de La Fayette dut, au moins en grande partie, sa nomination au commandement général de la force armée. Ciel ! en quelles mains avez-vous laissé tomber une si grande puissance !

Depuis, mon pauvre et excellent ami, quelque bonnes que fussent ses intentions, a pleuré bien amèrement toute la part qu'il avait eue à cette fatale journée.

Au moment où M. de La Fayette était parvenu, Dieu sait comment, à mettre sous les armes toute la population de Paris et de la France, qui pouvait en paraître plus ou moins susceptible, je ne me crus pas digne de prendre moi-même l'habit de garde national ; mais j'en fis revêtir deux de mes copistes à mes frais, et je disais modestement aux chefs du nouveau peuple-roi, comme Philoctète :

> J'ai fait des souverains, et n'ai point voulu l'être [2].

Parmi tous les hommes qu'a produits la Révolution, parmi tous ceux qui l'ont produite ou secondée, citerait-on un plus honnête homme que M. de La Fayette ! Cependant, quel autre

1. Je possède encore un manuscrit de lui, contenant plusieurs détails curieux sur la prise de la Bastille. (*Note de Meister.*)

Le texte original de cette relation, après avoir été traduit deux fois en allemand (1793 et 1865), a été publié en français par Jules Flammermont sous ce titre : *La Journée du 14 juillet 1789* (Paris, 1892, in-8), aux frais de la Société de l'histoire de la Révolution française. L'introduction est beaucoup plus importante que le document qu'elle précède.

2. Voltaire, *Œdipe*, acte II, scène IV.

pourrait-on accuser, sans prévention, d'avoir contribué davantage, soit directement, soit indirectement, aux plus grands crimes, aux plus grands malheurs de cette déplorable Révolution? D'abord, si la faveur accordée par la France à l'indépendance américaine, et la guerre qui en fut la suite, doivent être regardées comme une des principales causes de la grande crise, n'est-ce pas notre jeune héros qui donna la première impulsion à l'enthousiasme avec lequel fut embrassée une cause aussi antimonarchique, aussi antieuropéenne?

N'est-ce pas encore, au mois de juillet 1789, M. de La Fayette, qui de concert dans ce moment avec le duc d'Orléans, fit armer tout le peuple français d'un bout du royaume à l'autre? N'est-ce pas à lui qu'on doit principalement l'organisation de cette garde nationale qui, sous le prétexte de défendre les propriétés, ne servit bientôt qu'à les envahir, à renverser la plus sacrée de toutes, le trône, en paralysant la seule force armée capable d'en maintenir le respect, d'en garantir la sûreté!

Quoique, monté sur son cheval blanc, M. de La Fayette parût, près d'une longue année au moins, maître absolu de la capitale, et bien plus roi que l'infortuné Louis XVI, quels désordres, quels excès a-t-il su prévenir?

Pour avoir protégé, le 5 octobre 1789, les jours de son souverain avec beaucoup de courage et de dévouement, l'a-t-il moins laissé traîner en triomphe comme un malheureux captif de Versailles à Paris, au milieu des cris sauvages et des clameurs insultantes d'une populace effrénée?

Le plus heureux, le plus noble moment de sa destinée politique fut, sans contredit, celui où sans autre autorité que celle d'une résolution ferme et vertueuse, il obligea le duc d'Orléans de s'exiler lui-même en Angleterre, au lieu de se faire proclamer régent du royaume, comme l'avait osé projeter le parti qui ne croyait pouvoir assurer le nouvel ordre de choses que par un changement de dynastie.

Entraîné tantôt par une ambition dont l'objet ne fut jamais assez décidé, retenu tantôt par la faiblesse de son caractère ou par l'honnêteté naturelle de ses sentiments et de ses principes, M. de La Fayette ne faisait pas un pas en avant dans aucune des routes où il s'était laissé engager de force ou de gré, sans reculer bientôt après dans un sens ou dans un autre. Voulant servir tour à tour la monarchie et la Révolution, il risquait sans cesse de compromettre l'une et l'autre par de fausses démarches. Une des plus dangereuses, et qui sans doute eut les suites les plus funestes, fut l'idée aussi bizarre que désintéressée de mettre en votation le commandement de la garde nationale [1].

Il paraît fort douteux qu'il n'ait été plus ou moins informé du malheureux départ du roi pour Varennes. Ce qu'il y a de certain, c'est qu'il ne sut ni le protéger, ni le prévenir. Ce qui paraît aussi certain, et plus déplorable encore, c'est que, dans ce fatal moment, pour ressaisir une popularité qu'il se croyait menacé de perdre, il ne craignit point d'appuyer de toute l'influence qui lui restait, les décrets les plus violents, et surtout celui qui mit le comble aux horreurs de la situation de Saint-Domingue.

Comment s'expliquer une conduite aussi peu conséquente dans un homme à qui l'on ne saurait refuser des intentions très nobles et très vertueuses? Les chances de sa destinée ne l'avaient-elles pas porté à se charger d'un rôle politique au-dessus de ses talents, et peut-être encore moins analogue à ses qualités morales? Il aurait voulu rester le protecteur d'un monarque auquel il se trouvait attaché par sa naissance et par ses serments, mais, en même temps, passer dans l'histoire pour le Washington de la France, deux partis difficiles à concilier, et qui ne convenaient pas plus à la médiocrité de ses talents qu'au repos de sa patrie [2].

1. C'était, vu les circonstances où elle fut prise, la mesure la plus propre à favoriser tous les vœux et toutes les espérances de l'anarchie et de la rébellion. (*Note de Meister.*)

2. Les torts qu'on s'est permis de reprocher à la conduite politique de M. de La Fayette dans l'ancien monde, n'altèrent aucun des titres de gloire qu'il s'était acquis dans le nouveau. La hardiesse avec laquelle, si jeune encore, il conçut le projet de son entreprise, la persévérance avec

Son extérieur au premier coup d'œil a quelque chose d'assez imposant; mais en l'examinant avec un peu de sagacité physionomique, on y découvre tout à la fois des indices d'un caractère niais et têtu.

Une des plus jolies femmes de la cour, Mme du N., l'avait jugé ainsi, avant son départ pour l'Amérique; mais elle le traita plus favorablement lorsqu'il revint, le front ceint des lauriers de l'autre monde. On assure que c'est le désespoir d'avoir échoué dans les premiers vœux adressés à cette dangereuse sirène, qui lui fit embrasser le projet d'aller en Amérique. Ce seraient donc les beaux yeux de Mme du N. qui seraient une des grandes causes secondes de la Révolution française, et de tous les bouleversements qui l'ont suivie et la suivront encore [1].

Est-ce par un excès de générosité patriotique ou de charité chrétienne, ou d'aveugle confiance aux promesses d'une monarchie puissamment constitutionnelle, que M. de La Fayette ne dédaigna point de servir sous le gouvernement des Cent-Jours, en dépit de toutes les défaveurs, de tout le mépris, de toutes les humiliations dont l'empereur revenant n'avait cessé de l'abreuver durant l'éclat de son premier règne?

Les deux mois qui suivirent les violences exercées par le peuple de Paris après la conquête de la Bastille, présentèrent toutes les apparences d'un état de calme. On crut voir, dans les mesures prises sous le nouveau régime, plus de folie et de

laquelle il sut la poursuivre, font infiniment d'honneur à son caractère. Et par l'ardeur dont on vit son exemple enflammer un grand nombre de ses jeunes compatriotes en faveur de l'indépendance américaine, il lui rendit sans doute un service éminent. Toute sa conduite, durant la guerre d'Amérique, fut aussi sage que noble et généreuse. Là son rôle ne se trouva point au-dessus des forces de sa tête et de son courage. Mais....

Tel brille au second rang, qui s'éclipse au premier.

(*Note de Meister.*)

1. Ni les mémoires, ni les pamphlets du temps ne font allusion à cette intrigue, mais A. Bardoux, dans son livre sur *La Jeunesse de La Fayette*, a rappelé qu'à son retour d'Amérique, le jeune héros fit la conquête de Mme de Simiane, née de Damas, conquête aussi difficile, au dire du vieux duc de Laval, que « celle des principes de 1789 ».

ridicule que de sujets de crainte et d'alarmes. Tout le monde, à peu d'exceptions près, se flattait de pouvoir désormais faire et dire tout ce qui lui passait par la tête, sans en redouter les conséquences. Et c'est là justement le genre de liberté dont raffolait la nation française, et nommément le peuple de Paris. Le feu révolutionnaire couvait sous la cendre. On entendait à la vérité l'orage gronder dans le lointain. Mais chaque parti s'imaginait qu'il parviendrait aisément à le conjurer, et, comme on peut croire, chacun selon ses vues particulières, si quelque grande explosion se trouvait inévitable, chacun se persuadait encore qu'elle n'écraserait que le rival ou l'ennemi dont on désirait la ruine, ou dont on était intéressé du moins à déjouer les projets.

L'instant où l'on apprit le brusque renvoi de M. Necker, fut l'apogée de sa gloire et de sa popularité. Le superbe triomphe de son rappel et de son retour en devint le terme déplorable. Car le soir même du beau jour où il avait paru à l'hôtel de ville pour remercier le peuple de la confiance dont il daignait l'honorer, ses ennemis surent trouver dans l'éloquence touchante avec laquelle il avait osé plaider la cause du baron de Besenval, les moyens les plus noirs, mais aussi les plus sûrs de le dépopulariser dans l'opinion trop dominante alors, dont il venait de se voir la première idole.

J'ignore quel concours de craintes et d'intrigues, de mesures également mal prises pour en assurer le succès, comme pour le faire échouer, amena les terribles journées du 5 et du 6 octobre. Mais il y a tout lieu de croire qu'il existait un projet bien décidé dans ce moment, de renverser la branche régnante de la dynastie et d'y substituer celle d'Orléans.

« Croyez-vous, disait-on dans plus d'un cercle de la plus haute et de la plus basse classe, croyez-vous que le nouvel ordre de choses puisse s'établir solidement sous un monarque élevé comme le fut Louis XVI ? Le généreux parti qu'embrassa, dès le commencement de la Révolution, le duc d'Orléans, ne prouve-t-il pas qu'il serait bien plus propre à justifier les espérances des vrais amis de la liberté ? Entouré de ministres choisis parmi les hommes auxquels il paraît avoir accordé jusqu'ici toute sa confiance, que n'oserait-on pas attendre d'un prince qui ne devrait le trône qu'aux partisans les plus zélés d'une monarchie constitutionnelle ? »

Les avis que pouvait avoir reçus le ministère sur les mouvements dont la cour se trouvait menacée, semblent avoir été bien vagues ou bien perfides. Dans le nombre des premiers agents du pouvoir, des meneurs alors les plus puissants de l'opinion publique ou populaire, n'en était-il pas encore plusieurs qui, tout attachés qu'ils étaient bien sincèrement au maintien de l'ordre, à la personne même du roi, pouvaient bien penser que, vu son caractère, la faiblesse, l'incertitude, et s'il est permis d'employer ici le mot propre, l'impuissance, l'imbécillité de sa volonté, ce prince, dans sa capitale, serait plus à l'abri de toutes les séductions aristocratiques qu'il ne l'était dans son château de Versailles?

Si M. de La Fayette ne sut pas prévenir de si dangereux mouvements, il en arrêta du moins les derniers excès. Son courage personnel en imposa tout à la fois aux violences de la canaille des faubourgs et aux velléités ambitieuses du chef dont cette tourbe servait la cause, ou plutôt les intérêts du parti qui voulait se couvrir de son nom.

C'est de ce moment que le comte de Mirabeau rompit toutes ses relations avec le duc d'Orléans. La meilleure amie du comte me dit quelques jours après : « Il n'aurait tenu qu'au duc d'Orléans de se faire déclarer lieutenant général du royaume; mais il ne l'a pas osé, parce qu'il n'a pas plus de courage que le dernier de ses laquais. Aussi l'abandonnera-t-on désormais au sort que mérite tant de bassesse et tant de lâcheté. »

Toutes les relations du comte de Mirabeau avec le parti d'Orléans décidément rompues, il se montra dès lors assez disposé à se rapprocher de celui de la reine, et le comte de la Marck (depuis le prince d'Aremberg) devint l'intermédiaire le plus actif et le plus zélé de ces nouvelles négociations; mais la marche en fut fort lente, et croisée souvent par d'autres intrigues. Les jacobins ne tardèrent pas d'en découvrir et d'en suivre la trace. Lorsqu'on les crut enfin près d'obtenir une issue favorable, Mirabeau mourut, emportant avec lui, comme lui-même ne craignit pas de l'annoncer, les derniers lambeaux de la monarchie. Cette mort précipitée ne manqua pas d'être attribuée, non sans beaucoup de vraisemblance, à la crainte qu'inspirait au parti révolutionnaire l'apostasie d'un chef aussi marquant, aussi dangereux. Mais on imagine bien que les jacobins démentirent hautement la réalité du secret qu'ils avaient surpris, et le cachèrent tout aussi soigneusement que les moyens de leur vengeance. L'enterrement du comte fut une espèce d'apothéose, où l'on vit les partis les plus opposés se réunir, si ce n'est avec les mêmes sentiments, du moins avec le même faste, avec la même hypocrisie. A tout ce qui s'empressa de prendre part à cette farce solennelle, il ne manqua, dit-on, que la douleur. Elle était retirée auprès de la couche solitaire de Mme Le Jay qui, réconciliée avec le comte peu de jours avant sa dernière maladie, gémissait de sa perte dans l'abattement et le délire du plus profond désespoir. Elle se reprochait peut-être encore les sacrifices trop répétés par lesquels l'amour avait expié les torts d'une malheureuse brouillerie, et qui seuls, pour tout autre du moins que le comte, auraient pu suppléer au poison dont on accusait assez généralement la conscience peu scrupuleuse du jacobinisme.

M. de Narbonne m'a dit lui-même [1] qu'étant ministre de la guerre, après qu'on ne pouvait plus avoir aucun doute sur les résultats de la conférence de Pilnitz, il avait obtenu du roi d'oser offrir au malheureux duc de Brunswick le commandement général des armées, en le laissant entièrement maître des conditions auxquelles il se déciderait à l'accepter. J'ai lieu de croire que le jeune comte de Custine fut chargé de cette mission. Il avait toutes les qualités nécessaires pour la bien

1. A Tubingue, où je passai quelques jours avec lui, en 1798. (*Note de Meister.*)

remplir; mais les choses, dès lors, étaient trop avancées dans un autre sens pour obtenir le succès désiré.

Il faut l'avoir vu de ses yeux pour le croire (car pour le comprendre, ou pour l'expliquer, c'est ce qui me paraît encore aujourd'hui tout à fait impossible) que sept ou huit cents bandits de Marseille aient eu le pouvoir de terroriser quarante mille hommes de la garde nationale de Paris, et parvenir à se rendre maîtres du château des Tuileries défendu par plusieurs pièces d'artillerie, par un bataillon de gardes suisses très dévoués à la cause qu'ils étaient chargés de défendre, et par je ne sais combien de gentilshommes restés fidèles à leur roi, et que les révolutionnaires ont honorés du titre de chevaliers du poignard. Le succès de cette horrible journée est d'autant plus incroyable que, trois mois d'avance, M. Dupont de Nemours en avait révélé le sombre mystère dans une lettre au maire Pétion, le plus éloquent écrit qui soit jamais sorti de sa plume, et que la sensation qu'il fit dans le moment où il parut avait fait répandre plus généralement qu'aucun autre pamphlet de ce genre.

Je me rappellerai toute ma vie avec horreur les infâmes chansons et les cris de sang et de mort que faisait retentir cette horde de bandits, en parcourant joyeusement les arcades du Palais-Royal, la veille du 10 août, sans qu'aucune des autorités, dont le fantôme existait encore, parût faire le moindre mouvement pour contenir et réprimer tant d'audace [1]. On fermait les boutiques, on craignait d'être pillé par ces brigands; les restaurateurs avaient enterré toute leur argenterie; on ne trouvait plus chez eux que des cuillères et des fourchettes de fer-blanc. Mais de tout ce grand nombre de citoyens militaires organisés par M. de La Fayette, on ne voulut ou l'on n'osa pas faire marcher un seul détachement pour envelopper cette troupe de gueux très légèrement armés, et dont

1. « Ha! ha! que de gens, criaient-ils avec les accents d'une gaîté féroce, que de gens qui mangent aujourd'hui de bon appétit, ne dîneront pas demain! » (*Note de Meister.*)

il semble que le corps-de garde d'une seule section aurait pu facilement se rendre maître.

L'époque de ma vie où je vis de près le plus de crimes, où j'éprouvai le plus d'angoisses et d'horreur, ce sont les trente derniers jours que je vécus à Paris, depuis le 10 août jusqu'au 10 septembre 1792. Je me trouvais renfermé dans cette vaste capitale comme dans l'antre de Polyphème, quoique, pour moi-même, jusqu'au moment qui ne précéda mon départ que de peu d'heures, j'ignore par quel pressentiment ou par quelle illusion, je n'eusse pas même rêvé la possibilité d'aucun danger personnel. Je pouvais croire en effet n'avoir encouru ni la haine ni les soupçons des hommes les plus révolutionnaires. Il en est plusieurs avec qui j'avais conservé des liaisons assez suivies, sans leur cacher mes opinions, mais aussi sans leur permettre de penser que j'eusse la moindre idée de m'immiscer dans leurs projets, ou de les trahir. Il en était même quelques-uns dont les sentiments de bienveillance et d'amitié qu'ils ne cessaient de me témoigner, malgré l'extrême opposition de nos vues politiques, ne pouvaient me laisser aucun doute. Cependant, l'affreux spectacle de toutes les atrocités, de toutes les barbaries, de toutes les terreurs dont je me voyais entouré, me déchirait l'âme, et souvent la nuit, comme le jour, j'avais de la peine à retrouver ma respiration. Pour me tenir éloigné du théâtre de tant d'horribles scènes, elles n'en étaient pas moins présentes à mes yeux. J'en étais instruit par les feuilles du jour, on venait m'en raconter les plus cruels détails dans ma retraite que je quittais le moins possible. J'en voyais la trop hideuse image sur le feuillet que j'essayais d'écrire, sur ceux que je m'efforçais de lire pour m'en distraire. La seule lecture, durant l'éternité de ces épouvantables semaines, qui pût attacher mon attention, fut l'*Enfer* de Dante. L'énergie de ces sombres fictions était en rapport avec les réalités dont mon âme était agitée, et l'emportait quelquefois sur les impressions d'horreur et de pitié dont elle était remplie.

Je me rappelle encore en ce moment la précipitation et l'effroi de l'immense cohue qui traversa le boulevard de la

Madeleine dans la matinée du 10 août, en fuyant de la cour des Tuileries, après la première décharge des gardes suisses, et criant : « Les Suisses, les infâmes Suisses assassinent la nation ! »

J'ignorais ce qui venait d'arriver, et je me gardai d'arrêter les fuyards pour m'instruire. Je me hâtai seulement de remplir un devoir dont je n'avais cru pouvoir me dispenser, c'était de remettre en mains propres, à la légation danoise, une lettre qui m'avait été adressée par le ministre du duc de Brunswick [1]. J'en avais reçu, sous le même couvert, des couplets qu'avait composés Gleim pour servir de *Ça ira* à l'armée prussienne. Quel passeport pour parcourir dans ce moment les rues de Paris ! Je regagnai le plus promptement possible ma cellule, et ne tardai pas d'apprendre tous les désastres qui venaient de suivre un premier moment de succès et d'espoir. Le monarque s'était décidé, ou s'était laissé entraîner par de lâches ou de perfides insinuations, à se soustraire lui-même au courage, à la fidélité des braves qui s'étaient dévoués pour sa défense. Il voulut épargner un grand crime à son peuple, et ce généreux mouvement rompit la dernière barrière qu'eussent encore à franchir tous les forfaits, tous les malheurs auxquels la France allait être livrée, malheurs qui servirent dans la suite à élever plus haut que jamais sa puissance, mais dont l'imposant fantôme ne tarda pas à s'évanouir par les fautes mêmes de l'être extraordinaire qui l'avait créé avec tant de génie, de gloire et de bonheur.

Le lendemain de la terrible journée, mon compatriote et mon ami Schweizer vint me proposer de nous présenter à l'Assemblée législative, comme Anacharsis Cloots, l'ambassadeur du genre humain, pour demander justice des cruelles vengeances exercées contre les Suisses, et de celles qui les menaçaient encore, quoiqu'ils n'eussent fait qu'obéir à leur serment. Je lui représentai l'inutilité comme le danger d'une pareille démarche, sans nous y trouver autorisés par aucune mission,

1. M. Féronce de Rothenkreuz.

ayant même tout lieu de craindre qu'un zèle trop précipité ne fût plus ou moins blâmé par notre gouvernement, peut-être même formellement désavoué. Je lui dis que je connaissais un homme qui pouvait avoir quelque ascendant sur les chefs des Marseillais, M. Audibert. J'allai le trouver de suite, et je parvins sans peine à l'engager d'user de tout son crédit pour adoucir la rage des brigands, et prévenir de nouvelles horreurs. Cette intervention secrète ne fut pas entièrement perdue, mais elle ne put conjurer le sort réservé par l'affreux tribunal aux officiers de la garde suisse qu'on avait arrêtés et jetés dans les cachots de la Conciergerie. Je recevais tous les courriers des lettres de mon ami Vermenoux, qui me pressaient vivement de venir le joindre à Londres. Je n'ai point le courage d'avouer quel charme trop puissant, et dont le souvenir m'est encore bien cher, m'avait retenu jusqu'alors au milieu de tant d'horreurs et de dangers. Mais, grâce au Ciel, le voile qui fascinait mes yeux fut enfin douloureusement déchiré; et Mme de Vandeul, la plus désintéressée et la plus généreuse des amies, m'écrivit presque au même moment, et plus fortement encore que mon ami émigré, pour me décider à partir. J'en pris enfin la résolution, et me présentai modestement à la section dans le ressort de laquelle je demeurais, pour solliciter mon passeport. Protégé là par quelques anciens domestiques, entre autres par le cocher de M. de Vermenoux [1], je l'obtins d'assez bonne grâce, mais

1. C'est par lui que j'appris les premiers massacres de la Conciergerie dont il venait d'être témoin. En m'en faisant le déplorable récit, lui-même sanglotait d'angoisse et de pitié. Cependant il se sent entraîné de nouveau vers cet horrible spectacle. Et, quelques heures après, à son retour, il me fait frémir du sang-froid avec lequel il m'en raconte la suite, dont il avait recueilli les épouvantables circonstances sans autre émotion que celle de la plus vive curiosité. Il est donc vrai que des âmes mêmes qui ne semblaient pas tout à fait insensibles, peuvent céder bien promptement à l'ascendant trop contagieux des impressions les plus déchirantes et les plus féroces.

Je rencontrai dans la même matinée une femme du peuple, mais fort bien mise, qui criait en passant à l'une de ses voisines d'un air fort tranquille : « Hé! ne voulez-vous pas venir avec moi voir comme on met là-bas nos aristocrates à la crapaudine? » (*Note de Meister.*)

il fallait l'envoyer à la municipalité pour être visé par elle. J'y courus le lendemain, à l'heure où l'on m'avait fait espérer qu'il pourrait m'être délivré. La première réponse du président fut que mon passeport avait été mis au rebut, parce qu'on n'en donnait plus aux étrangers domiciliés depuis quelque temps à Paris. Très heureusement, ce fatal passeport m'avait été expédié par un secrétaire qui ne savait pas un mot d'orthographe. Citoyen était écrit *sitoyen*, Angleterre *angletaire*, etc. Je tirai parti de la méchante rédaction de l'acte, pour prouver au citoyen président que c'était par ignorance qu'on avait écrit *domicilié*, au lieu de *logé*, puisque je n'avais jamais eu l'honneur de faire aucun acte de citoyen français et que je n'étais véritablement domicilié que dans ma patrie. Mon éloquence, ou la bonhomie naturelle de mon juge, me firent triompher de ses scrupules, et j'eus mon visa. J'étais prêt à rentrer chez moi, bénissant le Ciel d'avoir obtenu ce brevet de liberté, car les difficultés qu'on m'avait faites pour me l'accorder m'en rendaient encore la possession plus précieuse, lorsque je rencontrai M. Oelsner à ma porte, qui venait me faire une confidence assez grave. Renfermés dans mon cabinet, il me dit : « Quoiqu'il y ait bien longtemps que la différence de nos idées et de nos rapports politiques m'ait éloigné de vous, j'ai cru devoir à l'intérêt de nos anciennes liaisons de vous avertir que vous avez été dénoncé hier au comité secret des Jacobins, comme ayant une correspondance avec le duc de Brunswick », — dont on venait d'apprendre l'arrivée à Verdun. Je lui témoignai combien j'étais touché d'une preuve si distinguée de sa bienveillance et de son amitié. Je lui rappelai qu'il n'ignorait pas lui-même quel était l'objet très inoffensif du genre de correspondance que j'adressais depuis plusieurs années à la cour de Brunswick, comme à différentes autres cours du Nord et de l'Italie. Je l'assurai que je n'abuserais point de son avertissement; mais je le priai en même temps d'instruire les personnes qui l'avaient mis à même de me le donner, de la pure vérité du fait qui pouvait avoir fourni le prétexte d'une si dangereuse dénonciation. Il me fit entendre avec beaucoup de loyauté que son témoignage en détruirait difficilement l'impression funeste, et que je ferais bien de recourir à d'autres mesures. C'est aussi ce que je ne manquai pas de faire. A peine m'avait-il quitté, que je montai en fiacre, les genoux un peu tremblants. Au lieu d'aller demander les chevaux de poste pour le lendemain, je les demandai pour l'entrée de la nuit, et partis pour Boulogne [1], où j'arrivai très heureusement le surlendemain matin, n'ayant été arrêté qu'à Abbeville, pour aller faire viser mon passeport par la municipalité, où l'on me fit beaucoup de questions sur les derniers événements de Paris, auxquelles j'eus le bonheur de répondre sans me compromettre.

Pour excuser un peu l'impression des genoux tremblants dont je n'ai point voulu dissimuler la faiblesse, je prierai mes amis de se rappeler le *Ça ira* de l'armée prussienne, que ce jour-là j'avais par hasard encore dans ma poche. Je ne dois pas leur cacher non plus qu'indépendamment de la correspondance littéraire que j'envoyais depuis plusieurs années au duc de Brunswick, j'en avais une plus confidentielle avec son digne ministre, M. Féronce de Rothenkreutz. Il m'avait même écrit peu de jours auparavant : « Je vous recommande très particulièrement le jeune officier que vous ne tarderez pas de voir arriver à Paris, et qui désire fort de faire votre connaissance ».

Hélas! cet espoir devait être cruellement déçu; mais que de gens d'esprit, et plus éclairés que moi, le partageaient avec la plus grande confiance! M. Schweizer, à qui j'offris la veille de mon départ une partie des petits rouleaux de louis que j'avais ramassés depuis quelque temps, et cachés dans mon secrétaire, ne voulut point les accepter; mais il osa me demander une lettre pour l'illustre jeune officier, et je m'empressai de la lui donner. Je cite ce trait pour prouver à quel

1. J'y trouvai M. de Talleyrand, fort inquiet de s'y voir retenu depuis deux jours par des vents contraires. Il n'avait pu s'échapper de Paris qu'à la faveur d'un passeport obtenu par la protection des bonnes grâces de Mme Danton. *(Note de Meister.)*

point les personnes qui jugeaient la situation de la France avec le plus de sang-froid, ne pouvaient s'empêcher de croire au succès de la coalition dont les armées venaient de franchir si facilement les premières barrières du royaume. Quelque déplorable même qu'ait été l'issue de cette première campagne, je suis encore persuadé que, si de perfides négociations n'en avaient pas ralenti la marche, ne l'avaient pas arrêtée même entièrement au moment le plus décisif, elles seraient parvenues à Paris avec moins de sacrifices, avec moins d'efforts qu'en 1814, et qu'en dépit de l'odieux manifeste [1] que le duc de Brunswick avait été forcé de signer malgré lui, son armée victorieuse s'y serait vue alors bien mieux accueillie que ne l'a été celle de la ligue européenne dans ces derniers temps. Car en 1792, les trois quarts de la France étaient aussi royalistes, aussi fortement attachés à la dynastie régnante qu'ils le furent depuis, qu'ils risquent de l'être encore actuellement aux intérêts, aux opinions dont l'ascendant avait obtenu durant près de trente ans une si puissante influence.

La reconnaissance que je dois à M. Oelsner n'a pu être altérée au fond de mon cœur par l'imputation, si ce n'est tout à fait fausse, au moins très fâcheuse, dont il lui plut de me gratifier peu de temps après, dans un cahier de la *Minerve* d'Archenholz. Il assure hardiment ses lecteurs que la manière dont le duc de Brunswick avait jugé de l'état de la France fut malheureusement égarée par les rapports de M. de Meister, d'un homme de beaucoup d'esprit, mais qui n'en avait point assez, puisqu'il allait consulter l'opinion publique dans les salons des belles dames et des beaux esprits de Paris, au lieu de la chercher, comme lui, dans les réunions populaires et surtout dans le club des Jacobins, dont les journaux de Carra et de Laclos révélaient pourtant à peu près tous les secrets.

En attendant les chevaux de poste, j'allai passer une demi-heure au Club de 89. Plus rassuré, je ne sais trop pourquoi,

1. Ce manifeste avait été rédigé par M. de Limon, ci-devant attaché à la cour d'Orléans, — et le Ciel sait dans quelles vues. (*Note de Meister.*)

sur ma situation personnelle, j'y causai même avec beaucoup d'intérêt avec M. de Custine, revenu depuis peu de sa mission en Allemagne. Ce fut ma dernière conversation dans le pays auquel m'attachaient tant d'heureux souvenirs, tant de douces habitudes, et où je me flattais alors de pouvoir revenir bientôt. Je n'y revins qu'en 1795; ce fut pour m'assurer qu'il ne me convenait plus d'y vivre, et le jeune homme intéressant avec qui je venais de m'entretenir n'était déjà plus, il s'était vu immolé sur l'échafaud révolutionnaire, victime du noble zèle avec lequel il avait osé prendre la défense d'un père qu'il ne pouvait respecter que comme l'auteur de ses jours, non comme l'exemple du noble caractère et des qualités qui l'avaient fait connaître d'une manière si distinguée dès son entrée dans le monde.

Le pouvoir de la Terreur était déjà tellement établi dans ce moment, qu'une maison de banque de laquelle j'étais bien connu ne voulut accepter la valeur d'une lettre de change de mille écus pour Londres qu'en assignats. Je fus donc obligé pour l'obtenir d'aller échanger, la veille de mon départ, ces pauvres louis que j'avais ramassés avec tant de peine, contre du beau papier-monnaie, et ce n'est qu'au fond d'une sombre allée, voisine du fameux perron de la rue Vivienne, que l'on consentit à faire avec moi ce troc alors si dangereux.

Il y eut encore après le 10 août plusieurs projets formés pour enlever le roi captif et le conduire à Rouen, et de là en Angleterre ou en Amérique. L'honnête M. de Monciel et le duc de Liancourt et l'intrigant Brémont croyaient avoir déjà réuni des moyens suffisants pour en assurer l'exécution. Mais, le secret trahi, les auteurs du complot [1] ainsi que leurs agents furent bientôt dispersés, et ne durent leur salut qu'à la fuite la plus précipitée. L'un d'eux, le sieur Brémont, fut caché plusieurs jours dans l'hôtel de mon compatriote Schweizer. Il venait à peine de quitter l'appartement qu'une amitié trop

1. On trouvera des renseignements sur ce complot dans l'ouvrage de Bächtold, *Johann Caspar Schweizer*. Berlin, 1884.

confiante avait bien voulu lui céder, qu'on y vint mettre le scellé sur tous ses papiers. J'ignore avec regret comment s'y prit son généreux hôte pour ne pas se trouver compromis.

Un plan, j'ose croire, mieux combiné pour délivrer à cette époque l'infortuné Louis XVI, fut celui qu'un de ses derniers et de ses plus zélés ministres, M. le marquis de Sainte-Croix, ne craignit pas de présenter au ministère anglais. D'après ce projet, un sacrifice de quelques millions aurait pu prévenir, selon toute apparence, le plus injuste, le plus révoltant des régicides, peut-être même les suites de la guerre la plus désastreuse; mais la politique insulaire jugea sans doute alors qu'il y avait bien plus à gagner pour elle à laisser déchirer la France, à s'en partager les superbes lambeaux, qu'à sauver si ce n'est le meilleur, du moins le plus vertueux, le plus saint de ses rois.

III.

LE 18 FRUCTIDOR

(Écrit en 1799)

Je n'ai pas été présent aux événements du 18 fructidor; mais j'en ai vu tant de témoins et tant de victimes, on m'en a si bien développé les principaux ressorts, que j'ose me croire assez à portée de les considérer sous leur véritable point de vue. Si l'esquisse que j'essaierai d'en tracer ici ne les développe pas dans tout leur jour, ce sera bien faute de talent, et non pas de données nécessaires pour y réussir.

Quelque étonnant que soit le résultat d'un mouvement aussi brusque, aussi violent, aussi terrible dans ses moyens comme dans ses conséquences, et cependant d'une exécution si simple et si facile, les hommes les plus intéressés à le prévenir ne devaient-ils pas depuis longtemps le prévoir et le craindre?

La lutte entre les deux pouvoirs, celui du Directoire et celui des Conseils, était établie par la Constitution même, qui n'avait su les diviser qu'en les rendant hostiles, en les forçant à se faire éternellement une guerre ouverte ou cachée, jusqu'à ce que l'ambition de l'un eût achevé d'engloutir les ressources de l'autre.

A cette lutte, effet naturel de leur organisation, il s'en joignait une autre qui n'était que de circonstance, mais dont l'énergie ne pouvait manquer d'être encore plus dangereuse.

Le Directoire avait été nommé par les vainqueurs du 13 vendémiaire, la majorité des Conseils par les vaincus.

Longtemps avant la querelle engagée entre les deux autorités, antérieurement même à la convocation des assemblées primaires de l'an V, le Directoire, se voyant déjà menacé par l'esprit qui semblait prédominer tous les jours davantage dans le Corps législatif, avait dès lors conçu le projet qu'il vient d'exécuter [1] avec tant d'audace et tant de bonheur.

On retrouve dans plusieurs mesures du gouvernement, et dans plusieurs écrits publiés à cette époque, des traces manifestes de la fermentation violente qu'avaient excitée ces craintes et ces divisions intérieures. Mais l'esprit conciliant du ministre Pétiet entreprit de conjurer l'orage, en ménageant une entrevue secrète entre un des Directeurs, La Revellière-Lépeaux, et deux députés qui jouissaient alors d'une grande considération personnelle et d'une grande confiance dans leur parti : Portalis et Tronson du Coudray. Ces deux hommes engagèrent leur parole d'honneur, d'abord à La Revellière, ensuite à Carnot, qu'ils emploieraient tous leurs efforts, tout leur crédit, à modérer la marche des Conseils, à repousser non seulement toutes les résolutions nuisibles, mais encore celles qu'ils ne pouvaient se dispenser de trouver justes, lorsqu'on aurait raison de les juger trop prématurées.

« Et si l'on ose nous dénoncer, leur dirent les deux Directeurs, promettez-vous de nous défendre ? — Oui, sur le passé. Nous en prenons l'engagement le plus sacré, nous le prenons encore pour l'avenir, tant que vous ne violerez pas la Constitution. »

Carnot leur dit à la fin de cette conférence : « En m'unissant à vous, je sens que je me perds ; mais la justice et le bien de mon pays doivent l'emporter sur mes considérations personnelles : je me dévoue. » — Depuis ce moment, il n'a plus varié, dit-on, ni dans sa marche, ni dans ses principes.

Jusqu'à l'entrée du nouveau tiers au Conseil des Cinq-Cents,

1. Les mots *qu'il vient d'exécuter* ne s'accordent pas bien avec l'annotation : « Écrit en 1799 », que Meister a mise en 1818 au titre de ce morceau. Il semble qu'il ait été rédigé à un moment plus rapproché du 18 fructidor (4 septembre 1797).

la conduite de cette Assemblée fut passablement mesurée, si ce n'est par sagesse, du moins par timidité. Le parti de la modération s'y trouvait encore en minorité très décidée; il était bien soutenu par l'opinion publique; mais il était en même temps contenu par la violence de la majorité conventionnelle. C'est dans le Conseil des Anciens que ce parti se voyait réduit à chercher l'appui dont il avait besoin. Plusieurs résolutions du Conseil des Cinq-Cents, qu'il n'avait pas eu le crédit d'arrêter, il les vit combattues et repoussées par les Anciens.

Après les élections de l'an V, tous les rapports du Corps législatif parurent absolument changés. Le parti modéré se vit renforcé de la plus grande partie du nouveau tiers, et crut pouvoir si bien compter sur la puissance que lui donnaient ces dernières élections, qu'il eut l'air de n'avoir désormais plus rien à craindre, plus rien à ménager. Il s'applaudit en quelque sorte d'échapper à la tutelle des Anciens, et promit à ceux qui l'avaient servi dans ce Conseil de les protéger à son tour.

L'écueil le plus dangereux pour le caractère du Français le plus raisonnable, sous le nouveau comme sous l'ancien régime, c'est un sentiment trop vif de sa force et de son indépendance. Toutes les fois qu'il ne sera pas retenu par quelque lien de circonstance ou de préjugé, par quelque pouvoir physique ou moral, capable d'en imposer à sa vivacité naturelle, vous le verrez toujours se livrer à la sécurité la plus folle, à l'activité la plus dangereuse et la plus extravagante.

Il y a beaucoup de raisons de croire que les assemblées primaires, les corps électoraux de l'an V, ont été parfaitement à l'abri de toute influence étrangère; que l'infortuné Louis XVIII, avec tous ses protecteurs et tous ses agents, avait bien peu de ressources et bien peu de moyens pour les agiter en sa faveur. Mais ce qui doit être plus évident encore pour quiconque a vu l'intérieur de la France, sans prévention, sans esprit de parti, c'est que ces assemblées primaires, ces corps électoraux n'avaient besoin d'aucune influence extérieure pour les déterminer aux choix qu'on leur a vu faire.

On a vu nommer à la vérité quelques députés royalistes, parce qu'il reste encore beaucoup de royalistes en France; mais en portant le nombre de ces députés antirépublicains aussi haut qu'on peut le porter, il n'irait pas même à vingt. Le vœu qu'on a vu dominer dans les assemblées primaires et qui devait y dominer tout naturellement, parce qu'il était inspiré par tous les sentiments et par tous les besoins de la nation, c'était un vœu général pour le retour de l'ordre, de la justice et de la paix. On n'eut pas tort, sans doute, de croire que des hommes probes et modérés dans leurs principes, conduiraient le plus sûrement la nation vers ce but. Mais on n'a pas assez calculé que dans les fonctions publiques, et surtout au milieu des orages de la plus terrible des révolutions, la plus grande probité, la plus grande sagesse ne pouvaient lutter seules contre l'audace du crime, l'intérêt et la puissance des passions. On a choisi beaucoup d'hommes honnêtes; mais dans cette classe il s'est trouvé malheureusement peu d'hommes d'un grand caractère, d'un talent et d'une prudence à la hauteur des événements.

Il paraît que Pichegru lui-même n'était plus hors des camps ce qu'il était à la tête de son armée. Incapable en politique d'une décision prompte et vigoureuse, il a trop prouvé que le meilleur général pouvait n'être qu'un assez mauvais chef de parti.

Pourquoi l'énergie de l'action est-elle si rare dans les hommes sages et vertueux? Pourquoi le courage de la vertu la plus pure n'est-il presque jamais que lent et passif? C'est que la raison voit toujours beaucoup plus clairement ce qu'il est défendu que ce qu'il est permis de faire; c'est que la vertu se défie toujours beaucoup trop de la puissance avec laquelle on renverse, on obtient tout sur la terre : l'audace opiniâtre d'une volonté passionnée. Une volonté de ce genre est tout ce qu'il y a de plus sublime et de plus dangereux dans la nature humaine; elle semble tenir au principe universel, au principe créateur du bien et du mal.

Je n'entreprendrai point ici d'examiner en détail la conduite morale et politique des Conseils; on peut leur reprocher, je le crois, tous les torts d'une assemblée nombreuse, et qui ne sait pas encore distinguer et choisir ses guides; on peut leur reprocher quelques décrets inutiles, imprudents, ou même prématurés; beaucoup de motions inconsidérées, propres à troubler, à gêner mal à propos la marche du gouvernement, plus sûrement encore à donner de l'inquiétude aux gouvernants sur la durée de leur autorité, sur la jouissance plus ou moins limitée de leurs pouvoirs.

Mais je ne pense pas qu'on puisse les accuser d'une seule résolution, d'une seule mesure vraiment factieuse. Quelles que fussent les intentions ou les espérances secrètes d'un très petit nombre d'individus, la majorité du Corps législatif ne parut pas s'écarter un instant de la ligne constitutionnelle. Il est même trop évident aujourd'hui que rien n'a contribué davantage à décider sa ruine, que ce respect superstitieux pour une Constitution faite, ce semble, tout exprès, à l'exemple de ses aînées, pour écraser ceux qui voudraient se ranger avec confiance sous son égide, comme pour servir de rempart à ceux qui sauraient la violer avec audace.

Cependant, si l'on veut être de bonne foi, suffisait-il de la modération, de la probité, du patriotisme que nous osons attribuer encore dans ce moment aux Conseils, pour rassurer le Directoire et son parti ? N'entendait-il pas retentir sans cesse autour de lui les cris de la vengeance et ceux des remords, les plaintes amères du désespoir, et les éclats bruyants des plus folles espérances? Ne s'appliquait-on pas à l'effrayer continuellement de la marche rétrograde du mouvement révolutionnaire, de l'affreux danger des réactions politiques? Enfin, sans toutes ces clameurs ambitieuses, sans toutes ces craintes imaginaires, le Directoire ne devait-il pas voir trop clairement qu'en abandonnant désormais la Constitution à son propre mouvement et à celui de l'opinion publique, lui-même, et tout son parti, devait se trouver dépouillé de toute sa puissance et de tout son crédit? Le résultat des dernières élections ne pouvait laisser aucun doute sur celui des élections prochaines. Tous les conventionnels allaient se voir exclus de la représentation nationale; et dans le Directoire même, grâce aux nouvelles dispositions connues de Carnot, au caractère invariable de justice et de modération du vertueux Barthélemy, n'était-il pas évident que ce parti serait au moins en minorité très décidée?

Je ne sais ni comment on oserait contester la vérité de ces faits, ni comment on pourrait se refuser aux conséquences qui devaient en résulter nécessairement. Quelque irréprochable, quelque politique qu'eût été la conduite des Conseils, le parti conventionnel se voyait également vaincu, sans lutte et sans combat, par la seule puissance de l'opinion, par la force même des circonstances, par le simple mouvement de la Constitution. Quel intérêt n'avait-il donc pas à tout risquer pour violer cette Constitution qu'il avait tant de fois juré de maintenir, mais qui le menaçait aujourd'hui de toute son ingratitude! Quel intérêt n'avait-il pas à prévenir par toutes sortes de moyens, même les plus violents et les plus audacieux, le terrible orage qui s'assemblait sur sa tête, et que chaque jour, grâce à la marche rapide des événements et de l'opinion, semblait rendre encore plus inévitable et plus alarmant!

Sans entrer encore dans aucun détail d'intrigues ou de faits particuliers, n'est-ce pas assez de voir l'état des choses tel qu'il était évidemment aux yeux de l'univers, pour juger quel est le parti, celui des Conseils ou celui du Directoire, qui devait sentir le plus vivement le besoin, la nécessité de conspirer, non seulement pour défendre son pouvoir, mais encore pour assurer son existence, son repos, l'impunité de ses conquêtes et de ses jouissances? C'est à ce besoin même qui, l'éclairant sur tous ses dangers, lui donnait en même temps une plus grande énergie de courage et de résolution, que ce dernier dut essentiellement sa victoire; l'autre ne s'est perdu que par une trop grande confiance dans la force toujours plus ou moins chimérique de l'opinion, dans ce respect des formes qu'il est si facile à l'audace heureuse d'enfreindre ouvertement, ou de plier à son gré.

La catastrophe du 18 fructidor n'est bien réellement que le triste résultat de la lutte établie, non pas, comme on a voulu le faire croire, entre le royalisme et la République, mais entre la République et la Révolution, ou pour mieux dire, entre deux partis, dont l'un voyait dans la Constitution nouvelle le commencement de sa puissance, et l'autre le terme de la sienne. De ces deux partis, l'un cherchait à garder le pouvoir en continuant, sous toutes sortes de prétextes, la Révolution qui le lui avait donné; l'autre se flattait de conquérir ce même pouvoir à son tour, en dérévolutionnant sans cesse la Révolution, au gré de l'opinion qui l'avait appelé, dans cette espérance, aux honneurs de la représentation nationale.

Avant de parler de l'événement d'une grande bataille, il est sans doute indispensable de passer en revue les forces et les ressources des deux partis combattants. L'énumération de celles du parti des Conseils n'est pas longue; constitutionnellement, il n'en avait point d'autres qu'un décret d'accusation contre le Directoire pris en masse, ou contre quelques-uns de ses membres en particulier. Et l'exécution de ce décret ne pouvait avoir lieu qu'en vertu d'une proclamation du Corps législatif pour la formation de la Haute Cour de justice. Cette mesure était donc soumise à des formes dont la lenteur laissait beaucoup de chances ouvertes aux manœuvres de la faction directoriale. Les Conseils avaient évidemment pour eux la voix de l'opinion publique, que les meilleurs journaux de la capitale ne cessaient de soulever encore en leur faveur. Mais dans ces temps de trouble, cette puissance de l'opinion est bien vague, bien faible, bien incertaine. Il est d'ailleurs si facile d'en étouffer les organes, ou d'opposer à leurs plus justes, à leurs plus énergiques réclamations, les cris toujours plus perçants de la calomnie, de la menace, de la violence ou des fausses terreurs de l'esprit de parti. Tandis que l'éloquence de la raison éclairait doucement la partie du public qui ne se trouvait déjà que trop convaincue des vérités qu'on prenait tant de peine à lui persuader, on faisait crier de tous côtés à la trahison, au royalisme, à la contre-révolution; on répandait dans les dernières classes du peuple, et surtout dans les armées, les pamphlets les plus absurdes, mais les plus séditieux, contre le Corps législatif. On ne négligeait rien surtout pour épouvanter les prétendus patriotes sur les suites terribles d'une réaction du parti opprimé contre le parti oppresseur.

On ne saurait nier cependant que l'influence de quelques journaux n'ait paru véritablement redoutable, puisque, même longtemps avant l'événement, ce sont ces journalistes que les partisans du pouvoir exécutif crurent devoir attaquer avec le plus d'acharnement et de fureur, et qu'au moment de la victoire, on les vit placés par la vengeance dans la même catégorie que les principaux chefs du parti vaincu.

Les Conseils ne se dissimulèrent pas sans doute la faiblesse des ressources que leur laissait la Constitution pour résister aux entreprises du Directoire. Ils tentèrent de s'en assurer de plus puissantes par une meilleure organisation de la garde nationale, par l'établissement d'une surveillance particulière, confiée au comité des inspecteurs de la salle. Mais ne dépendait-il pas du Directoire de retarder, tant qu'il le jugerait à propos, cette organisation de la garde nationale, puisque c'est encore de lui seul qu'il fallait obtenir les moyens de l'armer?

Le titre d'inspecteur de la salle était assurément fort modeste, mais était-il bien propre à rallier autour de lui l'esprit militaire? Et cependant l'éclat des noms des généraux qu'on voyait à la tête de ce comité n'avertissait-il pas trop clairement le parti opposé, des entreprises auxquelles on pourrait avoir le dessein de l'employer? Je ne serais pas très surpris, je l'avoue, que l'on eût encore compté, dans un moment d'explosion, quoique bien vaguement, sur le secours des nombreux émigrés rentrés dès lors dans le sein de la capitale. C'était peut-être l'arrière-réserve de ce parti, comme les terroristes formaient celle de l'autre. Mais quelques dispositions chevaleresques qu'on puisse supposer encore à des infortunés que le désespoir et la misère avaient si cruellement abattus, il faudra toujours convenir que ce corps de réserve était au moins d'une très faible ressource, en ce qu'il n'avait presque aucun moyen de se réunir avec confiance, avec sûreté, en ce qu'il n'avait pas, comme les terroristes, le suprême avantage de pouvoir se coaliser d'un instant à l'autre, par tous ses rapports d'intérêt et d'habitude, avec les passions fougueuses de la plus vive populace; au reste, je suis convaincu que l'un et l'autre parti voyaient parfaitement l'extrême faiblesse de l'un de ces corps de réserve, et le terrible danger de l'autre. Mais on se flattait peut-être en secret de pouvoir s'en servir au besoin, pour s'inquiéter et se menacer mutuellement.

Le Directoire avait pour lui les forces d'une faction très active, et la puissance d'un gouvernement nouvellement établi, que la Constitution même avait investi de pouvoirs très étendus, et à qui les circonstances en avaient laissé de plus étendus encore, dans tous les instruments, dans tous les ressorts du régime révolutionnaire auquel il venait de succéder. Il tenait dans ses mains les rênes d'une force armée prodigieuse, toutes celles d'une administration immense, par les départements et les tribunaux qu'il pouvait destituer à volonté. Il disposait encore du trésor national, qui ne renfermait pas, il est vrai, de grosses sommes d'argent comptant; mais il y pouvait suppléer par beaucoup de manœuvres particulières, et plus sûrement encore par le produit secret des négociations qu'il était le maître de hâter ou de retarder à son gré. Tous les fils tendus pour diriger, non l'opinion publique qui ne peut jamais dépendre que d'elle-même ou de l'empire de la raison, mais cette opinion beaucoup plus entreprenante et beaucoup plus impérieuse de la classe qu'on affecte d'appeler le peuple par excellence : tous les fils de cette grande machine étaient encore en son pouvoir.

Pour soulever une si grande puissance, pour la faire agir décidément en sa faveur, il n'avait plus qu'un léger obstacle à vaincre : c'est d'oser risquer un moment de paraître avoir violé la Constitution. Entre son danger et la conquête d'un despotisme absolu, l'on voit donc qu'il n'existait d'autre barrière qu'une feuille de papier, un seul article de la charte constitutionnelle.

Un obstacle plus embarrassant peut-être était l'opposition qui s'était élevée dans le sein même du Directoire, pour défendre et pour soutenir la majorité du Corps législatif. Mais la Constitution même avait indiqué les moyens d'échapper à ce puissant obstacle en déclarant :

1° Que le Directoire exécutif peut délibérer, pourvu qu'il y ait trois membres présents;

2° Qu'il peut délibérer quand il le juge à propos, sans l'assistance de son secrétaire;

3° Qu'en ce cas les délibérations sont rédigées sur un registre particulier par un des membres du Directoire.

Grâce à cette admirable prévoyance, trois directeurs ne sont-ils pas les maîtres d'ordonner tout ce qui pourrait favoriser la plus violente des injustices, même une conspiration contre l'État, ou seuls, ou d'accord avec leurs collègues, avec la plus grande facilité pour en faire disparaître les preuves, si le succès de l'entreprise ne répondait pas à leurs vœux ?

Je ne puis m'empêcher d'observer ici que, parmi les germes multipliés de dispositions factieuses que renferme la Constitution de 1795, c'en est un assez puissant sans doute que cette organisation du Directoire, au moyen de laquelle, vu le petit nombre des hommes qui le composent et l'énorme pouvoir qui leur est délégué, une majorité décisive doit être fort rare dans les circonstances difficiles ou douteuses, et la minorité toujours trop forte et trop redoutable. Sans quelques faiblesses, ou sans quelques animosités personnelles, à quoi tenait-il que la minorité du Directoire, peu de temps avant le 18 fructidor, n'en devînt la majorité ? Si soixante mille francs n'avaient pas décidé Le Tourneur (de la Manche) à consentir de bonne grâce à s'arranger avec le sort pour sortir le premier, ou si la terrible haine de Barras et de Carnot [1]

1. Rien de comparable, dit-on, à la rage avec laquelle ces deux hommes, liés longtemps par les mêmes intérêts, par les mêmes opinions, par les mêmes crimes, se détestèrent. S'il eût été possible de les rapprocher l'un

avait laissé quelque voie de conciliation ouverte entre eux, qui sait si la révolution du 18 fructidor n'eût pas été faite en sens inverse ?

Lorsque les attaques continuelles et souvent très inconsidérées des Conseils eurent engagé le Directoire à recourir à la terrible mesure de former de grands rassemblements de troupes aux environs de Paris, et de leur faire dépasser même la ligne déterminée par la Constitution (la distance de six myriamètres du lieu de la résidence du Corps législatif), une grande explosion dut paraître dès lors absolument inévitable. L'espèce de désaveu, fait par le Directoire, d'un ordre qu'une autre autorité que la sienne n'eût osé risquer, la circonspection sage et modérée à laquelle la majorité du Corps législatif semblait vouloir revenir, ne pouvaient inspirer aux hommes clairvoyants une grande confiance; on s'était menacé trop

de l'autre, le 18 fructidor n'eût pas eu lieu peut-être, ou n'aurait pas eu du moins les mêmes suites. Oh ! combien l'on s'aime, ou l'on se hait, lorsqu'on s'est assez éprouvé pour savoir tout ce dont on est capable !

Barras est un jacobin aristocrate, il n'a jamais pour maîtresses que des femmes de l'ancien régime; dans ce moment, Mme de Contades, fille du marquis de Bouillé. Il est violent en gros, mais doux en détail. La liste des proscrits faite par lui ne comprenait tout au plus que dix-neuf à vingt personnes; elle fut augmentée par la haine et par la peur des autres, lorsque, revenus de leur première frayeur, ils osèrent s'emparer à leur tour de l'entreprise dont ils avaient consenti d'abord à laisser la conduite au courage seul de Barras, dirigé lui-même par les conseils de Benjamin Constant et de l'abbé Sieyès. Quand l'éloquence de ce dernier avait épuisé vainement tous les moyens de persuasion, il se livrait à son humeur et finissait toujours par dire : « Eh bien ! si l'on ne fait pas cela, vous serez pendus, je serai pendu, nous serons tous pendus ! » Et ce résultat rapide ne manquait jamais de produire son effet.

Reubel, ancien constituant, ci-devant avocat de Colmar, homme révolutionnaire, disciple aveugle de la doctrine de Sieyès, plus opiniâtre que son maître, n'est, dit-on, guère moins timide dans l'action, mais de la fermeté la plus inflexible dans la poursuite de ses idées et de ses projets.

La Revellière-Lépeaux, fanatique froid, portant la haine du christianisme jusqu'au ridicule, puérilement ambitieux de l'honneur de fonder une religion nouvelle, voudrait être le grand prophète des théophilanthropes; du reste, assez bon homme, bon père et bon époux.

Merlin est un tyran légiste. Toute sa morale et toute sa politique est contenue, dit-on, dans ce mot du comte Almaviva : *Un bon arrêt bien juste me vengera de tous ces coquins-là.* (*Note de Meister.*)

ouvertement, on s'était fait mutuellement une trop grande peur, les haines de parti s'étaient trop prononcées, pour qu'il fût possible de se pardonner et de se rapprocher de bonne foi.

Les Conseils laissèrent échapper le seul instant où, sans sortir de la ligne constitutionnelle, ils auraient pu, selon toute apparence, s'assurer de la victoire en poursuivant avec plus de fermeté la dénonciation relative à l'approche des troupes. Un des ministres, interrogé sur-le-champ, leur eût fourni, dit-on, des preuves suffisantes de la forfaiture du Directoire, pour autoriser les démarches les plus promptes et les plus décisives. Mais, soit que l'influence même de quelques hommes de leur parti ait redouté le danger des résolutions qu'eût nécessitées une pareille mesure, soit que, de part et d'autre, on ne crût pas avoir assez rassemblé tous ses moyens d'attaque, on eut l'air de se rapprocher. On se contenta d'une explication fort équivoque, fort insignifiante; on s'applaudit peut-être encore une fois en secret d'avoir pu réussir du moins à donner une vive alarme et de l'avoir fait impunément.

Mais il s'en faut bien que la partie fût égale. Lorsqu'on n'a pas su profiter d'une grande faute de son adversaire, en politique comme au jeu, cette faute même donne communément un prodigieux avantage à celui qui l'a commise.

On fit élever les poteaux qui devaient marquer l'enceinte dans laquelle aucun corps de troupes ne pouvait pénétrer sans un décret du Corps législatif. Mais, sous différents prétextes, on laissa toujours cantonner les mêmes troupes à une fort petite distance de la ligne constitutionnelle. D'un autre côté, n'est-il pas à présumer du moins que l'on avait aussi tenté d'engager quelques négociations avec l'armée de Moreau? Peut-être même les eût-on vues réussir, si ce malheureux parti, dont l'intention du moins était bien évidemment de garantir partout la sûreté des personnes et des propriétés, n'eût pas été dépourvu d'argent au point de ne pouvoir trouver une somme de cent mille écus, dans une circonstance où une somme si peu considérable eût probablement suffi pour assurer le succès de la mesure la plus importante. Un état de tension pareil dans les intérêts et dans les dispositions des deux partis ne pouvait subsister longtemps. Tous deux, après s'être flattés plus ou moins qu'on pourrait être contenu par des craintes mutuelles, virent bientôt qu'une explosion devenait inévitable. Il y a même tout lieu de croire qu'on se détermina presque en même temps à risquer le combat : mais avec quelle inégalité de mesures et de moyens!

On assure que l'argent nécessaire que le parti des Conseils ne put trouver dans la bourse de ses avares et pusillanimes clients, le parti directorial l'obtint sans peine pour prix de la négociation précipitée qu'il voulut bien conclure alors avec le ministre de Portugal.

La veille, la nuit même du jour qu'il avait été résolu d'attaquer ouvertement le Directoire au Conseil des Cinq-Cents, le comité des inspecteurs de la salle se vit arrêté par le général Augereau, mandé tout exprès à Paris pour cette expédition, comme un club de conspirateurs. Au même instant, ses satellites enlevèrent ou dispersèrent autant de députés qu'il en fallait faire disparaître pour que la minorité du Corps législatif en devînt bien sûrement la majorité. Cette étrange majorité de la représentation nationale, ouvrage d'une seule nuit, fut rassemblée dans un autre local, dans la salle de l'Odéon, sous les yeux et sous la garde du triumvirat directorial; car, victimes du même complot, frappés du même coup de foudre, Carnot et Barthélemy s'étaient déjà vus proscrits sans avoir été ni jugés ni même accusés. Le premier s'était soustrait par la fuite au plus injuste pouvoir; l'autre en attendit l'arrêt avec la plus noble résignation. Peut-être son âme douce et vertueuse se refusait-elle encore à croire à tant d'injustice et d'atrocité. Dès le matin, tout Paris fut couvert de placards qui annonçaient la découverte de la plus terrible conspiration, à la vérité sans aucune preuve, mais avec l'assurance la plus imposante et tout l'appareil d'une grande force armée pour la soutenir ou pour y suppléer.

Avant qu'on eût le temps d'être instruit des mesures extraordinaires que venait de prendre le Directoire, il en avait déjà reçu le pouvoir par la nouvelle majorité du Corps législatif. Et ce ne fut pas un seul instant, pour ainsi dire, que la responsabilité de ces grandes mesures reposa sur la tête des triumvirs. Les premiers ordres exécutés par le général Augereau [1] n'étaient signés d'aucun des Directeurs [2]; et tous les autres avaient été légalisés par un décret du Corps législatif.

La grande force déployée dans cette circonstance le fut avec tant d'énergie et de promptitude qu'elle ne trouva nulle part la moindre résistance. Et l'on ne vit jamais un plus grand mouvement politique exécuté non seulement avec moins de violence et de trouble, mais avec une plus grande apparence d'ordre et de tranquillité. Il n'y eut pas une goutte de sang répandue.

Paris ne parut éprouver qu'une morne surprise; l'effroi d'une attente encore plus funeste le disposa sans doute à supporter avec plus de soumission la perte de ses dernières espérances et le nouveau joug qu'il venait de subir.

Quelque violente qu'eût été cette révolution, de quelques suites terribles qu'elle menace et la destinée de la France et celle de l'Europe entière, elle ne ressemble en rien à toutes celles qui l'avaient précédée. Ce n'est point, comme les autres, au dehors qu'on la voit éclater; c'est dans l'enceinte même du palais directorial qu'elle fut conçue et consommée. Elle porte tout le caractère des révolutions du Divan de Constantinople.

Passé les premiers jours où Paris, plus désarmé qu'il ne le fut jamais au temps de la monarchie, se vit contenu de tout côté par une très grande force militaire, cette partie du peuple, dont l'attention n'est jamais vivement frappée que par les

1. C'est le fils d'une marchande fruitière. On l'avait déjà demandé quelques mois auparavant, pour épouvanter Paris. Il fut tellement furieux de ne pas se voir mieux récompensé des services qu'il venait de rendre aux triumvirs, il s'emporta si haut contre leur ingratitude, que peu de jours avant de lui donner le commandement de l'armée d'Allemagne, on fut sur le point de le faire arrêter. (*Note de Meister.*)

2. On sait positivement que l'ordre présenté à Siméon, président du Conseil, n'était signé que d'Augereau. (*Note de Meister.*)

objets extérieurs, n'aperçut pour ainsi dire aucun changement remarquable; elle ne vit autour d'elle aucun mouvement sensible, aucun nouveau pouvoir. Le même drapeau flottait toujours devant ses yeux. La République était toujours là pour ceux qui l'aimaient, comme pour ceux qui la détestaient; entourée en apparence des mêmes autorités, de son Directoire et de ses deux Conseils. Encore entendait-on crier de toute part qu'elle venait d'être sauvée du plus imminent de tous les dangers, que par un nouveau miracle de prudence et d'énergie elle avait enfin triomphé de ses plus terribles ennemis.

Et peut-être étaient-ce en effet les plus ardents républicains qui, dans le fond du cœur, se trouvaient le plus affligés de ce cruel triomphe : quels que fussent les intérêts de leur opinion ou de leur parti, pouvaient-ils se dissimuler que si la République avait été véritablement menacée, c'est au moins par les moyens les plus indignes d'elle qu'on avait entrepris de la sauver!

Ils ne pouvaient se dissimuler encore que des secours aussi violents, aussi parricides, n'étaient pas moins propres à renverser la République qu'à la rétablir; et qu'enfin le succès d'un grand exemple venait d'apprendre aux factieux de toutes les classes par quelles manœuvres, avec quelle impunité l'on pouvait violer la Constitution, pourvu qu'on en eût l'audace et qu'on en sût bien saisir le moment.

N'était-il pas trop évident que la République n'était plus qu'un nom; que sous ce nom un petit nombre de démagogues pouvait usurper d'un moment à l'autre la puissance la plus absolue qu'aucun gouvernement eût jamais exercée; que toute la majesté de la représentation nationale se trouvait soumise à l'oligarchie la plus oligarchique et la plus militaire qui eût jamais existé, et que cette oligarchie d'un nouveau genre ne devait pas trouver encore dans l'incertitude et l'extrême mobilité de son existence des principes de sagesse, de justice et de modération bien rassurants.

Aucune crise de la Révolution n'a paru moins sanguinaire,

à la vérité ; mais il n'en est peut-être aucune qui soit signalée par des actes de violence plus arbitraires, plus révoltants, par des déportations plus injustes, par des émigrations plus nombreuses, par un acharnement plus barbare contre cette foule de malheureux que la loi même avait forcés d'abandonner leurs foyers, par des arrestations plus fréquentes et plus despotiques, par des mesures plus destructives au dedans et plus alarmantes au dehors. La journée du 18 fructidor fut le dernier triomphe des idées extrêmes sur les principes qui ont fondé jusqu'ici la sûreté de tous les gouvernements et de tous les peuples; il fut accompagné de crimes moins éclatants, mais d'une plus terrible puissance. Il y a tout lieu de craindre que ses suites ne s'étendent encore beaucoup plus loin, qu'il ne soit le 31 mai de l'Europe entière.

L'inconcevable inertie du peuple de Paris dans cette circonstance ne peut s'expliquer que par le profond accablement où l'ont plongé tant d'années de misère et de calamités de tout genre. Où les malheurs particuliers sont si grands et si multipliés, il n'y a plus d'esprit public. Chacun est trop occupé de ses propres dangers pour considérer ceux de la patrie. Sous l'apparence de se rallier à la volonté générale, on ne se rallie en effet qu'à soi. « Sauve qui peut ! » est la morale du jour. Cette morale perfide a perdu la France, et perdra le reste de l'Europe si l'on n'y rappelle pas les nations et les individus à des sentiments plus patriotiques et plus généreux.

IV.

PARIS AU PRINTEMPS DE 1801

En revenant à Paris au temps du Consulat, Meister eut le plaisir de retrouver la ville brillante qu'il avait connue dans sa jeunesse. Le gouvernement du Premier Consul, qui n'avait que seize mois de date, ne semblait pas complètement assis, et n'avait pas porté tous ses fruits : le Concordat était encore à venir.

Étranger à la France, Meister n'avait pas à prendre parti; mais il était heureux de voir le nouveau régime et le rétablissement de l'ordre. Il a décrit ses impressions dans les pages qui suivent, adressées à un de ses amis d'Allemagne. Nous y avons fait quelques coupures.

« Je partis pour Bâle vers la fin de février [1801] et m'embarquai là dans la diligence, comme la voiture la plus sûre et la plus commode, lorsqu'on ne peut pas voyager à la manière des généraux ou des commissaires, avec un grand équipage et beaucoup de suite. Nous avions pour escorte quatre fantassins et un caporal, bien armés, mais si péniblement juchés sur l'impériale, qu'avant de pouvoir se mettre en défense contre une troupe de brigands, ils en eussent été selon toute apparence les premières victimes [1].

1. Depuis l'établissement des tribunaux spéciaux, on a réformé cette embarrassante et pénible escorte; dans les routes où l'on croit encore en avoir besoin, les conducteurs peuvent requérir la protection des gendarmes à cheval. (*Note de Meister.*)

« Depuis Belfort jusqu'à Troyes, nous trouvâmes des chemins si horribles, si mal entretenus en dépit des sommes considérables que doivent rendre les droits de péage qu'on vous fait payer pour ainsi dire à chaque poste, que je ne pus m'empêcher d'observer plus d'une fois que de pareils chemins gâtaient furieusement un des beaux droits que nous avait assurés la Révolution, — qu'elle nous avait promis du moins, comme tant d'autres : le droit d'aller et de venir. Et plût à Dieu qu'elle ne l'eût pas restreint de mille manières infiniment plus pénibles encore !

« Je fus sensiblement touché de voir plusieurs églises réparées, et d'apprendre en même temps que le culte public avait été rétabli presque partout, avec plus de simplicité sans doute, mais sans trouble, et peut-être avec une ferveur plus pure et plus édifiante.

« Il était près de dix heures du soir, lorsque nous passâmes les barrières de Paris. Mais quelque obscure que fût la nuit, je crus déjà, dans le premier moment, retrouver le Paris que je n'avais pas revu depuis dix ans, quoiqu'il n'y en eût que cinq que j'y étais retourné pour la dernière fois. Même bruit, même mouvement, même folie et même sécurité que dans le bon temps où l'on n'y rêvait pas même révolution.

« Le lendemain, et tous les jours qui suivirent cet heureux lendemain, m'ont confirmé la vérité de ce premier aperçu. L'état actuel de ce magique séjour ne tient pas moins du miracle que n'en tenait l'horrible métamorphose qu'il avait subie depuis l'époque de 1790 à celle de 1795.

« Cette même immense population qui, durant le règne de la Terreur, et même encore quelque temps après, se vit plus d'une fois menacée de périr de faim et de misère, paraît aujourd'hui nager dans l'abondance. Je ne me rappelle pas avoir jamais vu, dans aucun temps, à Paris, autant de grands et vastes magasins de comestibles, autant et d'aussi magnifiques cafés. Le seul genre de luxe que je n'ai point trouvé, dans le nouveau Paris, au même degré que dans l'ancien, est le luxe des chevaux et des voitures particulières. Un équipage à soi tient peut-être à un état de richesse plus stable que ne croient l'être beaucoup de fortunés de fraîche date; plus marquant aussi peut-être qu'il ne convient encore à d'autres de l'afficher. Aux fêtes de Longchamp, le temps était superbe; il y eut un monde prodigieux, et l'on n'y vit pas une voiture d'une élégance remarquable.

« — *Comment va-t-on cette année à Longchamp?* disait-on devant M. de Narbonne. — *Mais, je crois*, répliqua-t-il, *que les personnes de qualité y vont à pied.*

« En voyant tous les piétons de Longchamp, on aurait pu croire, en vérité, que beaucoup de personnes avaient entendu la décision, et l'avaient prise à la lettre, comme M. Jourdain celle de son tailleur [1].

« Les coiffures à la Titus, à la Caracalla, sont toujours à la mode; mais pour être du dernier goût, il faut qu'il y ait sur la tête une touffe de cheveux bien ébouriffée; aussi ne voyez-vous jamais nos merveilleux du moment s'approcher d'une glace sans se gratter la tête ou la perruque, de manière à lui rendre toutes les grâces de ce beau désordre.

« La plupart du temps, les hommes sont en bottes, mais bien cirées et bien parfumées. Cet usage est même si commun qu'il a produit une branche d'industrie nouvelle : celle des décrotteurs en boutique. Dans ces boutiques, plus ou moins élégantes, vous trouvez des fauteuils faits tout exprès pour cet usage, où vous reposez commodément, tandis qu'on nettoie et qu'on parfume vos bottes. De peur que la longueur de l'opération ne vous ennuie, on vous offre à lire, en attendant, les gazettes et les journaux.

« L'habit des hommes est fort uni, fort simple et peu cher. Ce n'est qu'à la broderie de son pantalon que vous pouvez

1. *Le Bourgeois gentilhomme*, acte II, sc. 8 : *Le maître tailleur :* Tenez, voilà le plus bel habit de la cour, et le mieux assorti. — *M. Jourdain :* Qu'est-ce que c'est que ceci? Vous avez mis les fleurs en en-bas. — *Le maître tailleur :* Toutes les personnes de qualité les portent de la sorte. — *M. Jourdain :* Les personnes de qualité portent les fleurs en en-bas? — *Le maître tailleur :* Oui, Monsieur.

reconnaître, dans le monde, un tribun, un législateur [1], un général, au dessin plus ou moins riche de leur broderie d'or ou d'argent.

« La parure des femmes est non seulement plus agréable, plus élégante qu'elle ne l'a jamais été : depuis quelque temps elle est encore fort riche. Aux robes de mousseline et de linon, on a substitué celles de soie. Les couleurs foncées, même un peu sombres, et plus ou moins tranchantes, comme toutes les nuances de boue rouge et jaune d'Égypte, sont celles que les jeunes personnes portent de préférence. La mode des diamants a si bien repris que leur valeur, dans le commerce, a presque doublé depuis un an.

« Si la plupart des femmes ont renoncé aux poches et aux jupons, il est rare d'en rencontrer, à la promenade ou dans les rues, sans ridicule [2] et sans châle. Ces châles sont une espèce de draperie qui sied singulièrement bien aux femmes qui savent en tirer parti; et, du moins dans ce moment où elles ont la gorge et les épaules presque entièrement découvertes, une parure tout à fait indispensable pour se garantir un peu des rigueurs de la saison et des regards du profane vulgaire.

. . . .

« Le lieu de l'Europe où l'on paraît avoir conservé le moins de souvenirs pénibles du règne de la Terreur, du 13 vendémiaire, du 18 fructidor, de tous les crimes et de tous les malheurs de la Révolution, c'est Paris. Même lorsqu'on y parle encore de ces époques désastreuses, ce n'est que pour en rappeler quelques scènes singulières et piquantes, comme d'un événement mémorable arrivé dans un autre hémisphère, ou dans un autre siècle.

« Peut-être un pareil état d'indifférence est-il ce fleuve du Léthé qu'il est indispensable de traverser, en sortant des enfers d'une révolution, pour arriver à de nouveaux Champs-

1. Un membre du Tribunat, du Corps législatif.

2. C'est une espèce de sac à ouvrage dans lequel on met une partie de ce qu'on portait dans ses poches, entre autres son mouchoir. (*Note de Meister.*)

Élysées, c'est-à-dire à quelque établissement stable, d'ordre et de paix. Comment pourrait-on exister en France au milieu de tant de bourreaux, *de tant de victimes*[1], si l'on conservait toute la juste indignation que méritent les uns, toute la pitié que devraient inspirer les autres? On devient forcément indifférent et léger, lorsque ce n'est plus qu'à ce prix qu'il est possible de vivre et de supporter la vie.

« En 1795, je vis la Révolution dévorer encore tout le monde; aujourd'hui, tout le monde à son tour ne paraît occupé qu'à dévorer la Révolution, à ressaisir, de force ou d'adresse, soit quelques lambeaux de ce qu'elle n'a pas détruit, soit quelqu'une des riches dépouilles qu'elle sut conquérir au dedans et au dehors. Ceux qui ne peuvent en arracher du crédit et de la puissance tâchent d'en obtenir du moins de l'argent et du plaisir; et plus d'un ci-devant grand seigneur s'estime encore assez heureux d'en recevoir un morceau de pain, quelquefois même au prix le plus avilissant : car ce n'est qu'en faisant le métier d'espion dans la bonne compagnie, qu'un chevalier de Luxembourg, par exemple, a retrouvé, dit-on, de quoi vivre.

. . . .

« Je ne crois pas que l'affectation du langage de la morale la plus sévère ait jamais été plus à la mode dans les conversations, ni dans les écrits qui prétendent donner ou saisir le ton du jour. On prêche la dévotion jusque dans les romans; et le conte ou le petit poème d'*Atala* ne doit certainement la meilleure partie de son prodigieux succès qu'à l'éloquence religieuse du père Aubry.

« Aux fêtes de Pâques, j'ai vu toutes nos merveilleuses et

1. La première fois que je dînai avec l'excellent M. Barthélemy, je le trouvai placé justement à côté de l'un des hommes qui avaient eu le plus de part à l'affreux décret du 18 fructidor. *Il est pourtant un peu dur*, me dit-il tout bas, *de dîner à côté de ses bourreaux*. Cependant nous n'en fîmes pas moins un très bon dîner. (*Note de Meister.*)

Barthélemy, le neveu de l'auteur d'*Anacharsis*, avait été ambassadeur en Suisse, et c'est alors qu'il était entré en relations avec Meister. Nommé plus tard membre du Directoire, il avait été proscrit au 18 fructidor, et déporté à la Guyane, où il faillit périr.

tous nos incroyables courir avec empressement à la messe ; et dans une de nos plus grandes paroisses de Paris, à Saint-Roch, c'est la beauté la plus célèbre du moment, Mme Récamier, qui s'était chargée de faire la quête, précédée, comme autrefois les femmes de la cour, par le suisse de l'église avec sa grande hallebarde.

« Il a été *sérieusement question* de recréer une espèce de hiérarchie ecclésiastique, composée de vingt-quatre évêques et d'un patriarche gallican ; de donner par conséquent au culte catholique le caractère d'une institution nationale, et d'assigner des fonds publics à l'entretien de ce culte et de ses ministres. Sans l'horrible attentat du 3 nivôse (24 décembre 1800), peut-être l'exécution de ce projet aurait-elle déjà eu lieu. Mais ce crime des chouans a jeté quelque défaveur sur les partisans les plus purs d'une religion dont ces mêmes chouans avaient osé couvrir la coupable audace de leurs complots.

« Dans l'espèce d'inquiétude que laisse encore une puissance nouvellement établie qui ne repose que sur la tête d'un seul homme, sans présenter aucune autre garantie que le prodige inouï de sa gloire et de sa fortune, comment les plus heureux n'auraient-ils pas un besoin continuel de se distraire ? comment les autres ne chercheraient-ils pas, dans un ordre de choses supérieur, les consolations, l'espoir, le repos que ne leur assure point l'ordre actuel ?

« La mauvaise humeur des républicains se permet de dire que Bonaparte a mis la tranquillité publique sur sa tête, et la liberté sous ses pieds : rien de plus injuste assurément ; car depuis le commencement de la Révolution, il serait impossible de citer une seule époque où la France ait joui de plus de gloire et de prospérité, de plus de repos, d'une liberté plus douce.

« Le contraste qui frappe aujourd'hui le plus fréquemment l'observateur, c'est celui de l'ancien et du nouveau régime, qui ne cessent de se rencontrer, dont l'un tantôt devance l'autre, et tantôt se trouve devancé par lui, mais toujours d'une façon assez bizarre ; — de pauvres ci-devant dont, malgré leur humiliation, de nouveaux parvenus affectent de singer le langage et les manières ; — de purs citoyens jadis, voulant être traités aujourd'hui de messieurs ; et des messieurs d'autrefois, se piquant encore d'être appelés citoyens ; — des philosophes devenus minutieusement dévots, et des prêtres devenus philosophes ; — partout encore des formes et des formules républicaines, avec une puissance heureusement plus que monarchique ; — le luxe d'une cour, et surtout l'appareil imposant d'une cour militaire ; — des femmes de généraux ou de fournisseurs vêtues comme des princesses, mais laissant échapper encore de temps en temps des expressions familières à leur première condition. C'est ainsi qu'à la fête donnée par M. de Talleyrand, une de ces dames de nouvelle date, entrant dans la salle à manger, ne put s'empêcher de s'écrier : *Sacré nom de D...., quel souper !*

« — *Ah ! madame !* lui répondit le ministre, qui sait si bien prendre le ton de tout le monde, *croyez-moi, ce n'est pas le Pérou !*

. . . .

« J'ai rencontré dans le monde un officier de la suite de M. le comte de Kalitchef, le jour même qu'il avait été présenté au Premier Consul. Ce jeune Russe, plein d'esprit et de naïveté, ravi de tout ce qu'il venait de voir aux Tuileries, ne pouvait se lasser de répéter à tous ceux qui lui parlaient de cette audience : *Mais c'est une cour, je vous assure, absolument une cour !* »

Le jeune officier avait saisi la situation d'un coup d'œil, et son mot la résume parfaitement. Ce résultat n'était pas pour déplaire à Meister : dans le tableau qu'on vient de lire, on a vu se dessiner ses préférences. Ce n'est pas lui qui aurait dit avec le frère d'André Chénier :

Un Corse a des Français dévoré l'héritage !
Élite des héros au combat moissonnés,

Martyrs avec la gloire à l'échafaud traînés,
Vous tombiez satisfaits dans une autre espérance!

Meister était l'ami de Necker, de Mme de Staël, qui étaient restés fidèles à leur idéal politique de libre discussion; mais il se séparait d'eux sur ce point, et ne demandait que l'ordre et le repos, après les longs troubles dont il avait souffert.

V.

PARIS EN 1804

J'avais eu de la peine à reconnaître en 1801 le Paris que j'avais tâché de décrire dans mon voyage de 1795. Les changements survenus les trois dernières années ne sont pas à beaucoup près aussi frappants.

Le cortège chargé d'annoncer à la capitale de l'empire le plus grand événement historique de ses fastes depuis Charlemagne [1] n'a pas attiré, je crois, plus de curieux que dans notre petite ville l'annonce d'une foire ou d'un nouveau spectacle. Il est vrai que cette mémorable proclamation s'est faite d'une manière assez inattendue, et sans beaucoup de préparatifs. Sur la place du Palais de Justice où il y eut un peu plus de monde rassemblé qu'ailleurs, c'est-à-dire quarante à cinquante personnes, un mauvais plaisant, après la publication du décret, s'avisa de dire aux voisins dont il était entouré : *Vous l'avez entendu, messieurs. Eh bien! Personne ne dit mot ? Une, fois, deux fois, trois fois, personne n'en veut plus : adjugé!*

Cette grande indifférence du peuple de Paris dans cette occasion est au fond beaucoup plus concevable qu'elle ne le paraît d'abord. Toute la nouvelle solennité n'apporte à ses yeux aucun changement réel à l'ordre de choses établi. Il n'a vu ni changement de pouvoir, ni changement de personne.

1. Proclamation de l'Empire, 15 prairial an XII (lundi 4 juin 1804).

Napoléon Ier, empereur des Français, n'en aura pas plus de puissance que Napoléon, premier Consul.

Du repos et de la sécurité, voilà plus que jamais la devise et le vœu le plus constant des trois quarts et demi des habitants de l'empire français.

Parmi tous les partis très multipliés qu'enfanta la Révolution, il en est deux qui sont et qui seront encore longtemps d'une opiniâtreté désespérée : ce sont les républicains de système, et les royalistes purs. Mais les premiers, quoique avec plus de ressources et d'audace que les autres, sont en si petit nombre qu'on doit les regarder plutôt comme l'état-major d'un parti que comme un parti réel. Les royalistes purs sont plus nombreux, mais plus faibles.

VI.

PARIS EN 1815

LETTRES DE MADAME DE VANDEUL

La fille de Diderot, Mme de Vandeul, a vécu jusqu'aux premiers temps du règne de Charles X. Quelques semaines avant sa mort, on la voit faire de beaux rêves à propos de ce nouveau roi; elle est pleine d'une espérance qui fait sourire : « Le règne de Charles X promet le bonheur, écrivait-elle le 9 octobre 1824; j'aime à me bercer de l'espérance que mes enfants et petits-enfants ne verront aucun trouble, et que ce prince jouira de la félicité que doit donner à un monarque celle de la nation qu'il gouverne. »

Grâce à la longue correspondance, pleine de confiante intimité, que Mme de Vandeul a soutenue avec Henri Meister [1], qui avait été l'ami de son père, on peut suivre les vicissitudes de son existence à travers les longues années de l'âge mûr et de la vieillesse; on y observe avec intérêt ce qu'était devenu, dans l'âme d'une fille très attachée à la mémoire de son père, et dans un esprit pacifique, rassis, l'héritage intellectuel d'un philosophe exubérant. Elle avait su au moins garder l'équilibre, tandis que tout à côté, tel autre qui, comme elle, était l'enfant d'un des coryphées philosophiques du XVIIIe siècle,

1. Nous en avons donné quelques extraits dans les *Lettres inédites de Mme de Staël à Henri Meister*, Paris, lib. Hachette, pages 55 à 60, et 190.

l'avait décidément perdu. Stapfer écrivait à Meister le 10 juin 1822 : « Chez Mme de Vandeul, toujours parfaite de bonté pour ses amis et d'équité pour leur déraison, on trouve M. d'Holbach, qui ne trouve pas le Roi assez royaliste, ni les Jésuites assez actifs. »

Les lettres que nous publions aujourd'hui ont été écrites par Mme de Vandeul au neveu de Meister, Jean-Gaspard Hess, de Zurich, qui vivait à Genève en homme de lettres, et qui a traduit en français quelques ouvrages allemands : *Marie Stuart*, de Schiller, et l'*Histoire universelle*, de Jean de Muller.

Au commencement de l'année 1815, Hess avait fait à Paris un séjour chez Mme de Vandeul, qui avait aimablement accueilli le neveu de son vieil ami.

Dans les mois qui suivirent, elle se plut à s'entretenir avec lui des événements qui bouleversaient l'Europe, et dont le contre-coup troublait sa vie paisible. On a dans ces lettres un coin du tableau de l'invasion de 1815; il est vu par une fenêtre étroite, mais avec un coup d'œil rapide et juste. La fille et le petit-fils de Diderot ont leur vie dérangée, et presque bousculée par l'ennemi; et les arrière-petits-fils du philosophe, dans l'insouciance de leur âge enfantin, demeurent « gais et heureux » au milieu du brouhaha.

Le gendre de Diderot, M. de Vandeul, était à cette date mort depuis quelque temps, laissant à son fils des forges, établies dans le pays de montagnes où l'Aube prend sa source, près de Langres. C'est là que la famille de Vandeul possédait des propriétés où les troupes ennemies avaient passé.

La première de ces lettres a été écrite six semaines avant la bataille de Waterloo; la seconde, six semaines après.

I.

Paris, rue Saint-Lazare, n° 57, 5 mai 1815.

Je vous remercie, Monsieur, de votre bon souvenir; vous êtes parti dans une si mauvaise saison, que j'eusse eu de l'inquiétude si je n'eusse su par votre oncle votre arrivée chez vous.

C'était une vraie joie pour moi de voir le neveu d'un ami de mon père, dont je ne cesserai jamais de regretter l'aimable et douce société. C'est perte irréparable et qu'on ne remplace jamais, qu'un ami d'un grand nombre d'années.

Je ne cesse de penser au temps où je le voyais fixé à Paris. J'étais alors plus heureuse, et ce n'était que par la lecture de l'histoire que je me doutais qu'il eût existé des révolutions dans le monde. J'étais loin de soupçonner que toute ma destinée serait bouleversée par celle qui m'a séparée de presque tous ceux auxquels je portais autant d'attachement, que leur amitié pour moi répandait sur ma vie de charme et d'agrément.

Je suis trop vieille, trop faible, mes facultés morales sont trop usées, pour n'être pas accablée des idées de guerre, et des fléaux que la plus juste peut entraîner. Le repos du jour n'existe plus, quand on ne peut calculer sur celui du lendemain.

Vous savez que je ne vis point dans le monde; je ne puis donc rien savoir d'exact sur les affaires politiques. Mais ce n'est pas la paix que je vois dans les journaux.

Je n'ose aller à la campagne; et depuis que j'ai vu des troupes étrangères au milieu de Paris, il me reste une terreur qui me rend tout séjour triste. Je m'en irais dans mes montagnes si, l'année dernière, je n'eusse pas été dévastée par ceux que vous avez laissés passer [1].

A votre âge, on voit un long avenir, et l'on peut jouir des illusions et des charmes de l'espérance; au mien, il ne faudrait que pouvoir cheminer, doucement et paisiblement, vers le dernier asile de repos.

Il faut que vous ayez l'indulgence de vous accommoder de

1. Les Suisses avaient laissé les troupes autrichiennes franchir le Rhin sur le pont de Bâle, dans le mois de décembre 1813, filer le long du Jura, et entrer en France par Genève.

la bonne et franche amitié. Recevez l'expression de ce sentiment, et de l'estime que vous m'avez inspirée, sans que j'ajoute autre compliment, ou formule de politesse.

DIDEROT DE VANDEUL.

II.

Paris, 1er août 1815.

Hélas ! Monsieur, il est dans ma destinée de n'échapper depuis trente ans à aucune des époques cruelles de cette terrible et éternelle Révolution. A peine nous aviez-vous quittés, que l'on a fait autour de Paris les plus grands travaux de fortification : cela me remplissait d'effroi.

Je n'essaierai pas de vous peindre la terreur que me faisait éprouver le canon, si près de moi qu'il semblait être dans ma rue, et l'épouvante dont j'étais saisie en pensant à une bataille décisive que l'on attendait chaque matin. Vainqueurs ou vaincus, je voyais Paris perdu, livré à un pillage inévitable; et pour qui a supporté cette idée et les images qu'elle offrait à ma pensée, tout était supportable.

Figurez-vous que j'entendais sans cesse, dans le petit cabinet que j'habite, les tambours et les cris des troupes qui ne cessaient d'arriver par milliers pour la défense de Paris; tous les faubourgs armés et fédérés. On ne saurait trop louer et bénir la garde nationale, pour avoir préservé les habitants de cette immense ville des maux divers qu'ils pouvaient éprouver.

Aussi ne pensais-je absolument à rien : ce genre de terreur, de fièvre violente, absorbait toute autre idée. Mais il en est de ces secousses comme des incendies : hors des flammes, on regarde le lendemain autour de la contrée dévastée, et une tristesse douloureuse vous montre tous les maux qu'il reste à souffrir.

Les souverains n'ont, à mon sens, ni plus de foi, de loyauté et de générosité, que le commun des humains; car après avoir dit et répété de mille manières qu'ils n'en voulaient qu'à l'homme *(Napoléon)*, et non à la nation, on devait présumer qu'en effet ils ne se plairaient pas à épuiser, à abîmer, à tâcher d'anéantir toutes les ressources, tous les moyens de bonheur de ce royaume; qu'ils le ménageraient pour le souverain qu'ils ont ramené, et qui doit être désolé en voyant toutes ses provinces la proie de cette inondation. Je croyais qu'aussitôt que l'on serait sûr de la chute de Buonaparte, on ferait rebrousser chemin à ces innombrables colonnes, et qu'on serait satisfait des maux causés par leur arrivée.

Tous les environs de Paris, où l'on s'est battu plusieurs jours, sont abîmés; partout où l'on a pu piller, briser, détruire, on n'y a fait faute. On ne peut se figurer la fureur des Prussiens, encouragés par un chef qui ne veut que la destruction de la France, et que les sollicitations mêmes du Roi n'ont pu arrêter sur rien. Paris est couvert de quatre nations. Les Anglais n'ont commis aucun excès. J'ai quatre militaires dans un hôtel garni; mon fils en a autant, faute de place dans nos logements.

Il n'y a que peu de jours que j'ai reçu des nouvelles de mon pauvre pays : là, comme dans beaucoup de villes, ce n'est pas pour Buonaparte que l'on se bat; c'est tout bonnement contre les troupes étrangères. Beaucoup de pays ne supportent pas de rendre les villes à d'autres qu'au Roi.

On a capitulé à Langres, pour conserver le matériel de guerre. Tout revenu est encore anéanti pour nous, par les réquisitions qui ont tout emporté. Ce qui est effroyable, c'est qu'ils font des demandes et forcent à des contributions en argent, qu'il est impossible de fournir; alors ils pillent, ils prennent tout.

Je tremble que la disette n'arrive à la suite de tant de maux, car tout se dévore pour la nourriture des armées, et je ne vois pas comment grains, bestiaux, enfin toute espèce de denrées, ne s'épuiseront pas. Rien ne peut se régulariser; les municipalités ne savent auquel entendre. Il y a peu de jours, quarante-cinq Prussiens arrivèrent le soir, dans le petit gîte d'un de nos amis, absent avec sa famille; ils battirent la servante, forcèrent cave et armoires; dans une nuit, ils firent un dégât considérable, ayant emporté linge, nippes, etc.

La semaine passée, mon fils me quitta en hâte, ayant avis que quatre Autrichiens étaient avec leurs chevaux dans sa cour, et voulaient coucher dans le logis; il eut bien de la peine, avec argent et discours, de les mener en hôtel garni. Ils arrivent sans billets ni ordre, et se fourrent partout.

Pendant que je vous écris ceci, on vient de me signifier qu'on allait établir des chevaux dans mon écurie : cela est commode à un étranger qui n'a pas assez (*de place*) dans la maison qu'il a vis-à-vis (*de chez moi*).

Encore, si l'on voyait un terme prochain, dans le lointain une lueur du bonheur! Puisse le ciel mettre un terme à tous les maux de cette malheureuse France!

Mourir en repos, et, en fermant les yeux, espérer pour mon fils, pour ses enfants, un sort paisible : je ne puis avoir autre désir. J'ai peu de besoins, nulle fantaisie; je ne souffre réellement que pour la destinée de mon fils; il n'a jamais connu le malaise, les embarras, les tourments de la vie, jusqu'à l'âge de trente-huit ans, époque de la mort de son père. Nous n'avions pas ce qu'on appelle à Paris de la fortune, mais une aisance raisonnable; nulle affaire de spéculation, pas un sou en portefeuille; le tout en fermes et forges.

Revenus, fonds, tout se détruit, se fond chaque jour; depuis le 18 janvier 1813 [1], nous n'avons éprouvé qu'angoisses et tourments de toute couleur; sans compter la tristesse que répand sur ma vie le peu d'amis que j'ai conservé.

Comme il faut que les humains s'amusent au sein des orages, j'entends, pendant que je vous écris, les bombes du feu d'artifice de ma rue; une musique guerrière chez le prince d'Orange, qui habite la maison de l'oncle de Buonaparte, à côté de moi. Les spectacles n'ont cessé qu'un seul jour; les boulevards sont couverts de monde; à la vérité, je pense que les étrangers composent partout la foule.

1. C'est la date, sans doute, de la mort du vieux M. de Vandeul, le gendre de Diderot.

Je reçois une lettre d'un coin de la Normandie : c'est un ami qui est écrasé de Prussiens qui font trembler sa petite ville, et qui veulent *quinze* cent mille francs, dans un lieu où toutes les fortunes réunies n'en donneraient pas *deux*.

Quatre-vingt mille Autrichiens viennent de passer en Champagne, à côté de la forge de mon fils, où ils n'ont rien laissé en vivres; ils se promènent dans toutes les provinces.

Mon fils est fatigué; Eugénie (*belle-fille de Mme de Vandeul*) est dans l'âge où, n'ayant pas souffert dans le passé, on n'est pas effrayé de l'avenir; et je ne me plais pas à rembrunir son âme. Les trois enfants sont bien portants, gais, heureux.

Vous allez bénir le ciel de la fin de ce papier; que ce griffonnage vous prouve au moins ma confiance dans votre indulgence et votre amitié.

DIDEROT DE VANDEUL.

INDEX DES NOMS CITÉS

TABLE DES MATIÈRES

BESANÇON. — IMPRIMERIE JACQUIN.

PUBLICATIONS DE LA SOCIÉTÉ D'HISTOIRE CONTEMPORAINE

En vente à la librairie A. Picard et Fils, rue Bonaparte, 82.

Au prix de 8 fr. le volume

Correspondance de M. et Mme de Raigecourt avec M. et Mme de Bombelles (1790-1800), publiée par M. de la Rocheterie, 1892. 1 vol.

Captivité et derniers moments de Louis XVI. Récits originaux et documents officiels, publiés par le marquis de Beaucourt, 1892. 2 vol.

Lettres de Marie-Antoinette. Recueil des lettres authentiques publié par MM. de la Rocheterie et de Beaucourt, 1895-1896. 2 vol. T. I *épuisé.*

Mémoires de Michelot Moulin sur la chouannerie normande, publiés par le vicomte L. Rioult de Neuville, 1893. 1 vol.

Mémoires de famille, de l'abbé Lambert (1791-1799), publiés par M. Gaston de Beauséjour, 1894. 1 vol.

Journal d'Adrien Duquesnoy, député du tiers-état de Bar-le-Duc (mai 1789-avril 1790), publié par M. R. de Crèvecœur, 1894. 2 vol.

L'invasion austro-prussienne (1792-1794). Documents publiés par M. Léonce Pingaud, 1895. 1 vol. avec héliogravure et carte.

18 fructidor. Documents inédits publiés par M. Victor Pierre, 1893. 1 vol.

La déportation ecclésiastique sous le Directoire. Documents inédits publiés par M. Victor Pierre, 1896. 1 vol.

Mémoires du comte Ferrand (1787-1824), publiés par le vicomte de Broc, 1897. 1 vol. avec héliogravure.

Collectes à travers l'Europe pour les prêtres français déportés en Suisse (1794-1797). Relation publiée par M. l'abbé Jérôme, 1897. 1 vol.

Mémoires de l'abbé Baston, chanoine de Rouen, publiés par M. l'abbé J. LOTH et M. CH. VERGER, 1897-1899. 3 vol. 1 héliogravure.

Souvenirs du comte de Semallé, page de Louis XVI, publiés par son petit-fils, 1898. 1 vol. avec héliogravure. *Épuisé.*

Louis XVIII et les Cent-Jours à Gand. Recueil de documents inédits, publié par MM. E. ROMBERG et ALBERT MALET, 1898-1902. 2 vol.

Mémoires du comte de Moré (1758-1837), publiés par M. GEOFFROY DE GRANDMAISON et le comte DE PONTGIBAUD, 1898. 1 vol. 5 héliogravures.

Mémoire de Pons de l'Hérault aux puissances alliées, publié par M. L.-G. PÉLISSIER, 1899. 1 vol. avec héliogravure.

Correspondance de Le Coz, évêque constitutionnel d'Ille-et-Vilaine, archevêque de Besançon, publiée par le P. ROUSSEL, 1900-1903. 2 vol. 1 héliogravure.

Souvenirs politiques du comte de Salaberry (1821-1830), publiés par le comte DE SALABERRY, 1900. 2 vol. 1 héliogravure.

Kléber et Menou en Égypte (1799-1801). Documents publiés par M. FRANÇOIS ROUSSEAU, 1900. 1 vol. avec carte.

Kléber en Vendée (1793-1794). Documents publiés par M. H. BAGUENIER-DESORMEAUX, 1907. 1 vol. avec carte.

Lettres de Mme Reinhard à sa mère, traduites de l'allemand et éditées par Mme la baronne DE WIMPFFEN, 1901. 1 vol. 2 héliogravures.

Mémoires de Langeron. Campagnes de 1812, 1813, 1814, publiés par L.-G. F., 1902. 1 vol. avec carte. *Épuisé.*

Correspondance du duc d'Enghien (1801-1804), et documents sur son enlèvement et sa mort, publiés par le comte BOULAY DE LA MEURTHE, 1904-1910. 3 vol. 3 héliogravures et 2 cartes. T. I *épuisé.*

Correspondance du comte de La Forest, ambassadeur de France en Espagne (1808-1813), publiée par M. GEOFFROY DE GRANDMAISON, 1905-1910. T. I-IV (avril 1808-mars 1811), avec 2 héliogravures.

Souvenirs du marquis de Bouillé (1769-1812), publiés par M. P.-L. DE KERMAINGANT, 1906-1908. T. I et II (1769-février 1800), avec 2 héliogravures. T. I *épuisé.*

Journal politique de Charles de Lacombe, député à l'Assemblée nationale, publié par M. l'abbé A. HELOT, 1907-1908. 2 vol. 2 héliogravures.

Anecdotes historiques par le baron Honoré Duveyrier, publiées par M. MAURICE TOURNEUX, 1907. 1 vol.

Souvenirs d'une mission à Berlin en 1848 par Adolphe de Circourt, publiés par M. GEORGES BOURGIN, 1908-1909. 2 vol.

Lettres d'Alphonse d'Herbelot à Charles de Montalembert et à Léon Cornudet, publiées par ses petits-neveux, 1908. 1 vol.

Au prix de 4 fr. le volume

Les Étapes d'un soldat de l'Empire (1800-1815). — Souvenirs du capitaine Desbœufs, publiés par M. CH. DESBŒUFS, 1901. 1 vol.

P.-Fr. de Rémusat. — Mémoire sur ma détention au Temple (1797-1799), publié par M. VICTOR PIERRE, 1903. 1 vol. avec plan.

Journal de Mme de Cazenove d'Arlens. — Paris-Lyon (février-avril 1803), publié par M. DE CAZENOVE, 1903. 1 vol. avec héliogravure.

SOCIÉTÉ D'HISTOIRE CONTEMPORAINE

La Société d'histoire contemporaine a pour but la publication de Mémoires et autres documents originaux, relatifs à l'histoire de la France et de l'Europe postérieurement à 1789.

Le nombre des membres de la Société est illimité. On fait partie de la Société après admission par le Conseil, sur la présentation de deux membres.

Chaque sociétaire paie une cotisation annuelle de 20 fr., qui lui donne droit à la réception gratuite des volumes publiés dans le courant de l'exercice. Pour les nouveaux sociétaires, le prix des volumes à 8 fr., antérieurement parus, est de 5 fr. 50 le volume.

La Société est administrée par un Conseil de vingt membres, nommés en assemblée générale des sociétaires.

S'adresser, pour avoir plus de renseignements ou pour donner son adhésion, au siège de la Société, 5, rue Saint-Simon, à Paris (VIIe).

www.ingramcontent.com/pod-product-compliance
Ingram Content Group UK Ltd.
Pitfield, Milton Keynes, MK11 3LW, UK
UKHW012204240726
13966UKWH00002B/566